ATACADO E VAREJO DE PRODUTOS FINANCEIROS

Stephanie Freire Brito
Dayanna dos Santos Costa Maciel

ATACADO E VAREJO DE PRODUTOS FINANCEIROS

Rua Clara Vendramin, 58 :: Mossunguê
CEP 81200-170 :: Curitiba :: PR :: Brasil
Fone: (41) 2106-4170 .
www.intersaberes.com
editora@intersaberes.com

Conselho editorial
Dr. Alexandre Coutinho Pagliarini
Drª. Elena Godoy
Dr. Neri dos Santos
Dr. Ulf Gregor Baranow

Editora-chefe
Lindsay Azambuja

Gerente editorial
Ariadne Nunes Wenger

Assistente editorial
Daniela Viroli Pereira Pinto

Edição de texto
Floresval Nunes Moreira Junior
Novotexto
Gustavo Piratello de Castro

Capa
Charles Leonardo da Silva (design)
Dmi T/Shutterstock (imagem)

Projeto gráfico
Bruno Palma e Silva

Diagramação
Iná Trigo

Designer responsável
Iná Trigo

Iconografia
Regina Claudia Cruz Prestes

Dados Internacionais de Catalogação na Publicação (CIP)
(Câmara Brasileira do Livro, SP, Brasil)

Brito, Stephanie Freire
  Atacado e varejo de produtos financeiros/Stephanie Freire Brito, Dayanna dos Santos Costa Maciel. Curitiba: InterSaberes, 2022.

  Bibliografia.
  ISBN 978-65-5517-424-3

  1. Administração de produtos 2. Comércio varejista 3. Comércio varejista – Administração 4. Finanças 5. Investimentos 6. Mercado de capitais I. Maciel, Dayanna dos Santos Costa. II. Título.

21-80325   CDD-332.024

Índices para catálogo sistemático:
1. Atacado e varejo: Produtos financeiros: Economia   332.024

Cibele Maria Dias – Bibliotecária – CRB-8/9427

1ª edição, 2022.
Foi feito o depósito legal.

Informamos que é de inteira responsabilidade das autoras a emissão de conceitos.

Nenhuma parte desta publicação poderá ser reproduzida por qualquer meio ou forma sem a prévia autorização da Editora InterSaberes.

A violação dos direitos autorais é crime estabelecido na Lei n. 9.610/1998 e punido pelo art. 184 do Código Penal.

sumário

Apresentação 9
Como aproveitar ao máximo este livro 13

Capítulo 1
Panorama do cenário econômico empresarial
1.1 O perfil da classe e o poder de compra 19
1.2 Como os bancos diferenciam seus clientes? 25
1.3 Perfil do público de varejo 35
1.4 Renda disponível por classe social 38
1.5 Educação financeira para o cliente do varejo 42
1.6 Porte de empresas 46

Capítulo 2
Os bancos de varejo como partículas do sistema financeiro nacional
2.1 Banco de varejo 55
2.2 Banco digital para o varejo 63
2.3 Desafio do setor bancário para o varejo 69
2.4 Vantagem competitiva dos bancos de varejo 72
2.5 Gestão financeira para o cliente do varejo 77
2.6 Aconselhamento financeiro 84

Capítulo 3
Técnicas de vendas de produtos financeiros para o cliente de varejo
3.1 Técnicas de vendas   93
3.2 Cobrança bancária   102
3.3 Título de capitalização   107
3.4 Seguro de vida e outros seguros   112
3.5 Operações de financiamento para o varejo   115

Capítulo 4
Perfil do banco de atacado
4.1 O perfil e o faturamento do cliente de atacado   123
4.2 Perfil do colaborador de uma instituição para atender clientes de atacado   129
4.3 Qualidade de serviços e produtos   134
4.4 Soluções em serviços e produtos financeiros para o cliente de atacado   141

Capítulo 5
Bancos de atacado
5.1 Banco de atacado   155
5.2 Competividade dos bancos de atacado   161
5.3 Desafio do setor bancário para o atacado   169
5.4 Banco digital para o atacado   173

Capítulo 6
Setor bancário de atacado
6.1 Temas emergentes no setor bancário de atacado   185
6.2 Técnicas de venda de produtos financeiros para o cliente de atacado   185
6.3 Aplicações financeiras e investimentos   196
6.4 Mercado de capitais e derivativos   207
6.5 *Cash management*   210
6.6 Agronegócio e negócios internacionais   216

Considerações finais   227
Referências   229
Bibliografia comentada   251
Sobre as autoras   253

apresentação

Vários fatores são determinantes para as questões de sobrevivência das pessoas durante sua vida, mas, no mundo moderno, os produtos e serviços bancários são elementos essenciais e estão presentes no dia a dia da sociedade contemporânea. Uma união de fatores históricos, sociais e econômicos dão origem a esse complexo sistema de movimentação monetária ao qual estamos acostumados.

A diversidade de classes sociais e os diferentes perfis de consumidores existentes no mercado são as peças-chave para a estruturação de um sistema mercadológico que guia as formas de segmentação dos serviços bancários. Essas instituições fazem parte do emaranhado bem organizado e lógico de órgãos que permitem seu funcionamento benéfico para a sociedade, sendo denominados *sistema financeiro nacional*. Entender como esse sistema se estrutura e como fazemos parte de sua sustentação é fundamental para compreender o papel social dos bancos, para os diversos atores que compõem a sociedade.

Nesse sentido, a elaboração de um material que envolva os diversos aspectos citados presenteia os envolvidos com uma intensa, ampla e desafiadora missão: a de esclarecer como as instituições financeiras funcionam e se adaptam às mudanças sociais (e vice-versa), em uma espécie de movimento retroalimentar. Além disso, podemos afirmar que esse trabalho traz, imbricado em sua concepção, uma rede de significados entre saberes, experiências e práticas, assumindo-se que tais conhecimentos podem ser vistos continuamente como elementos mutáveis que se caracterizam sob a forma de um processo de transformação constante e ininterrupto.

Dessa forma, embora seja uma missão desafiadora, cada novo olhar e cada nova relação realizada abre novas janelas de pensamento e amplia a percepção em torno da gestão e das atividades que os profissionais envolvidos podem trazer para o crescimento do mercado financeiro, por meio dos benefícios gerados à sociedade. A união desses pontos de observação permite a mobilidade em direção à ampliação e à revisão do conhecimento e da proporção que as atividades desse campo de atuação podem impactar em uma dimensão macro, relativa aos pilares econômicos e sociais.

Para a organização deste livro, selecionamos criteriosamente as temáticas a serem discutidas, considerando seu sentido e seu fundamento, de modo a possibilitar ao leitor que a ampliação de seus conhecimentos sobre o papel de um profissional do setor bancário impacte de forma relevante o complexo sistema no qual está inserido.

Para tanto, a primeira decisão foi a de contextualizar os principais perfis de clientes e, consequentemente, possibilitar a compreensão de uma breve caracterização da sociedade de informação e conhecimento da qual fazemos parte no mundo atual. Elementos de estudo como o perfil dos bancos de varejo e de atacado no contexto digital nos fazem compreender como contribuir para o bem-estar de uma sociedade na perspectiva dos serviços bancários.

No Capítulo 1, exporemos aspectos que relacionam perfis da sociedade em relação a sua classe e seu poder de compra, envolvendo na discussão não só o perfil da pessoa física, mas também o da pessoa jurídica.

Nos Capítulos 2 e 3, abordaremos com maior ênfase as particularidades e as principais características que envolvem os bancos de varejo e seu mercado de atuação. Dessa forma, discussões envolvendo fatores competitivos, principais desafios do setor, versões digitais da prestação de serviço bancário, técnicas de vendas e produtos financeiros mais relevantes desse segmento serão assuntos trabalhados nesse capítulo.

Já nos Capítulos 4 e 5, promoveremos uma abordagem mais fundamentada entre os estudos que envolvem os bancos do segmento de atacado. Na ocasião, demonstraremos as características e os fatores exclusivos do segmento, sob uma perspectiva tanto interna quanto macro do ambiente de atuação bancário.

Por fim, o Capítulo 6 promoverá um fechamento sobre técnicas de vendas e produtos financeiros de atacado. Nesse capítulo, o debate se concentrará mais em modalidades de investimentos que os clientes dos bancos de atacado podem realizar.

Tendo esclarecido alguns aspectos do ponto de vista epistemológico e apresentado a forma como as temáticas estão distribuídas pelos capítulos neste livro, é necessário pontuar que o estilo de escrita aqui presente é influenciado pelas diretrizes da redação acadêmica.

No entanto, é importante salientar que existem momentos de maior e outros de menor formalidade no tratamento e na exposição das informações sobre a temática. Sendo assim, há seções e trechos que estabelecem um diálogo com o leitor, nos quais temos a intenção de criar um ambiente de aproximação, como em uma aula expositiva, simulando reações, dúvidas e inquietações próprias de um contexto real de sala de aula. Ainda a respeito da estrutura da obra, importa frisar que os seis capítulos têm autonomia, uma vez que cada um contempla um subtema específico.

Embora haja essa divisão, ressaltamos que o leitor não terá dificuldade em entender a relação entre as seções trabalhadas no texto. A propósito, menções a passagens anteriores e posteriores serão recorrentes. O intuito aqui é estabelecer vínculos entre as diferentes seções do livro, de forma a facilitar a compreensão dos assuntos tratados. Distribuídos ao longo do texto, esses elementos possibilitam retornos para a revisão de conceitos e/ou saltos para a abordagem de temas de interesse específico. Em resumo, a leitura sequencial e linear da obra na íntegra, embora possível, não é obrigatória para um melhor aproveitamento e compreensão das informações aqui dispostas.

Sobre a estrutura dos capítulos, você encontrará inicialmente um parágrafo introdutório, seguidos de cinco seções, sendo que, em alguns casos, há a ocorrência de subdivisões. Porém, cada capítulo é encerrado por uma síntese dos principais assuntos abordados. Sugerimos maior dedicação de atenção nesses pontos de cada seção como uma oportunidade para fixar os conhecimentos em construção, revisar e aprofundar os tópicos mais importantes.

Por fim, é preciso salientar que esta obra não reduz ou realiza qualquer limitação sobre a discussão em questão. Trata-se, por outro lado, de uma sintetização estratégica, que reúne pontos de observação e conhecimento imprescindíveis à formação de qualquer profissional da área que deseja construir propósitos em seu trabalho, contribuindo com atividades e posturas que tragam benefícios a todas as partes envolvidas.

Para isso, buscamos valorizar a exploração das análises do comportamento do mercado em que a indústria bancária se encaixa, ressaltando as particularidades existentes para os bancos de perfis de atacado e de varejo. Esperamos que este material contribua para a formação de profissionais e gestores dispostos a estarem cada vez mais competentes e preparados para encarar esse mercado tão complexo e próspero.

A vocês, estudantes, pesquisadores, professores da área financeira e bancária e demais interessados no campo de atuação dos negócios, desejamos excelentes reflexões.

como aproveitar ao máximo este livro

Empregamos nesta obra recursos que visam enriquecer seu aprendizado, facilitar a compreensão dos conteúdos e tornar a leitura mais dinâmica. Conheça a seguir cada uma dessas ferramentas e saiba como estão distribuídas no decorrer deste livro para bem aproveitá-las.

Conteúdos do capítulo:
Logo na abertura do capítulo, relacionamos os conteúdos que nele serão abordados.

Após o estudo deste capítulo, você será capaz de:
Antes de iniciarmos nossa abordagem, listamos as habilidades trabalhadas no capítulo e os conhecimentos que você assimilará no decorrer do texto.

Introdução do capítulo
Logo na abertura do capítulo, informamos os temas de estudo e os objetivos de aprendizagem que serão nele abrangidos, fazendo considerações preliminares sobre as temáticas em foco.

O que é
Nesta seção, destacamos definições e conceitos elementares para a compreensão dos tópicos do capítulo.

Exercícios resolvidos
Nesta seção, você acompanhará passo a passo a resolução de alguns problemas complexos que envolvem os assuntos trabalhados no capítulo.

Perguntas & respostas
Nesta seção, respondemos a dúvidas frequentes relacionadas aos conteúdos do capítulo.

Exemplificando
Disponibilizamos, nesta seção, exemplos para ilustrar conceitos e operações descritos ao longo do capítulo a fim de demonstrar como as noções de análise podem ser aplicadas.

Para saber mais
Sugerimos a leitura de diferentes conteúdos digitais e impressos para que você aprofunde sua aprendizagem e siga buscando conhecimento.

Estudo de caso
Nesta seção, relatamos situações reais ou fictícias que articulam a perspectiva teórica e o contexto prático da área de conhecimento ou do campo profissional em foco com o propósito de levá-lo a analisar tais problemáticas e a buscar soluções.

Síntese
Ao final de cada capítulo, relacionamos as principais informações nele abordadas a fim de que você avalie as conclusões a que chegou, confirmando-as ou redefinindo-as.

Bibliografia comentada
Nesta seção, comentamos algumas obras de referência para o estudo dos temas examinados ao longo do livro.

Panorama do cenário econômico empresarial

Conteúdos do capítulo:

- O perfil da classe e o poder de compra.
- Como os bancos diferenciam seus clientes.
- Perfil do público de varejo.
- Renda disponível por classe social.
- Porte de empresas.

Após o estudo deste capítulo, você será capaz de:

1. identificar o papel dos bancos de dados e sistemas de informação na estratégia do negócio, alinhada ao perfil da classe de clientes adequado ao seu poder de compra;
2. conhecer e diferenciar os diferentes tipos de clientes nas instituições financeiras e saber como se conectar de forma eficiente com eles;
3. identificar e estabelecer comunicação adequada com o público de varejo;
4. compreender a relação entre o poder de consumo e a renda média disponível por classe social;
5. relacionar os diferentes portes de empresas e as maneiras de classificá-las.

As intensas modificações digitais e tecnológicas vêm modificando a vida das pessoas das mais variadas formas.

O trabalho, a educação, os negócios, as formas de comunicação, a economia e até o formato do dinheiro adotaram novas formas de existir e de funcionar no mundo contemporâneo.

Reconhecendo a importância do estudo da gestão inteligente no ambiente da sociedade, da informação e do conhecimento, vinculado aos mecanismos do mercado em que permeiam, predominantemente, a instabilidade e a incerteza do futuro, analisaremos neste capítulo a interação da informação e da utilização de dados para o conhecimento do mercado, as tomadas de decisão e o conhecimento do público-alvo na perspectiva do varejo de produtos e serviços oferecidos pelas instituições financeiras e dos diferentes portes de empresa.

capítulo 1

1.1 O perfil da classe e o poder de compra

As transformações globais e tecnológicas, associadas a condições adversas, como momentos instáveis e turbulentos, são motivo suficiente para fazer com que os gestores desenvolvam técnicas e conhecimentos de gestão sobre questões inerentes às novas versões do mercado, como concorrentes, produtos, novas formas de comunicação e tecnologias e, por que não, formas de moeda e patrimônio financeiro.

O debate sobre a importância da informatização na sociedade atual não é tão emergente e introduz diversas modificações no modo de viver da sociedade atual, tanto em relação aos novos relacionamentos no campo social quanto nas formas de trabalho e educação, institucionalização de novos mercados e novos modelos de negócios – consequentemente, nas esferas econômicas e financeiras de todo o mundo. O convívio com essas intervenções tecnológicas dá origem a dois termos bastante utilizados na literatura: *sociedade da informação* e *sociedade do conhecimento*.

Abdul Waheed Khan, subdiretor geral da Organização das Nações Unidas para a Educação, a Ciência e a Cultura

(Unesco) para Comunicação e Informação, afirma que o conceito de **sociedade da informação** tem relação direta com a ideia da inovação tecnológica e de comunicação (Silva; Oliveira, 2012). Já a definição de **sociedade do conhecimento** está relacionada à dinâmica da transformação social, cultural, econômica, política e institucional, tratando-se de uma ampla base para desenvolver novos conhecimentos na era da informação.

Figura 1.1 – Sociedade da informação

Nesse sentido, Werthein (2000, p. 71) reafirma o conceito de **sociedade da informação**, expondo que:

> A expressão "sociedade da informação" passou a ser utilizada, nos últimos anos desse século, como substituto para o conceito complexo de "sociedade pós-industrial" e como forma de transmitir o conteúdo específico do "novo paradigma técnico-econômico". A realidade que os conceitos das ciências sociais procuram expressar refere-se às transformações técnicas, organizacionais e administrativas que têm como "fator-chave" não mais os insumos baratos de energia – como na sociedade industrial – mas os insumos baratos de informação propiciados pelos avanços tecnológicos na microeletrônica e telecomunicações.

Os avanços tecnológicos e de comunicação produzidos no âmbito da sociedade da informação andam de mãos dadas com o desenvolvimento de novas formas de produção do conhecimento. De acordo com Moreno (2017), as inovações produzidas em contato com o sistema de informação resultam em ferramentas de conhecimento que implementam novas formas de trabalhar e de viver, como:

> Várias são as inovações da era do conhecimento como serviços de busca de dados online (como Google), redes sociais (como Facebook), marketing digital (como Google AdWorks), serviços virtuais de edição de documentos (como Google Docs), serviços de distribuição de áudio e vídeos sob demandas (como Netflix, Spotify,Youtube), serviços de localização e tráfego (como Google Maps e Waze) etc. (Moreno, 2017, p. 7-8)

Diante de um cenário adaptado a ferramentas de informação e conhecimento e recursos tecnológicos, o setor financeiro também passa, consequentemente, a acompanhar as transformações do mercado e do mundo contemporâneo. Segundo Moreno (2017), o setor financeiro sofre impactos relacionados à estruturação da informação, barateamentos dos custos computacionais, disponibilização e acesso à dados e informações de forma rápida e menos custosa, entre outros aspectos.

Adentrando no conceito de finanças e de mercado financeiro, convém conhecer melhor a definição dos termos que comentaremos daqui em diante. Sobre **mercado**, Ribeiro (2017) afirma que se trata de um processo pelo qual as pessoas de uma sociedade interagem com outras pessoas ou com instituições por meio de transações, ou seja, pela compra e venda de produtos e serviços, na busca de preencher as necessidades individuais ou institucionais e coletivas de modo satisfatório.

Além disso, Azevedo (2007) realiza uma **divisão do mercado financeiro** em quatro tipos, quais sejam:

1. **Mercado monetário**: Composto por bancos comerciais e empresas financeiras que negociam títulos, movimentando a liquidez da economia do país.
2. **Mercado de crédito**: Realiza operações de financiamentos e afins.
3. **Mercado de câmbio**: Envolve as negociações de compra e venda de moeda estrangeira e operações com moeda nacional abrangendo pessoas/empresas nacionais e estrangeiras.
4. **Mercado de capitais**: Consiste em um sistema de distribuição de títulos mobiliários que viabiliza a capitalização de empresas.

Os mercados sempre fazem operações com base em **medidas de moedas**. Essas operações realizadas no mundo contemporâneo, dentro do contexto de informação e conhecimento, sofreram alterações. A mais evidente delas é a criação das moedas digitais e as respectivas transações adequadas para sua operacionalização.

As **moedas digitais**, de acordo com Barbosa (2016), devem ter as seguintes características:

- ter existência independente de sua localização física;
- não poder ser utilizadas em duplicidade;
- garantir a privacidade de seu titular;
- não depender de uma conexão de rede;
- ser transferível para outros;
- ser divisível.

Embora o setor financeiro convencional mantenha ainda grande parte de suas operações atuando com o modelo tradicional de operação, a virtualização das operações de moedas digitais balançou o sistema e produziu diversas iniciativas que estabeleceram novos modelos de negócios fortemente apoiados na tecnologia da informação.

O surgimento dessas novas empresas, na opinião de Moreno (2017, p. 25), é "uma resposta às insatisfações da população com a forma de funcionamento do sistema financeiro atual, incluindo falta de transparência, altos custos para o usuário, falta de eficiência operacional, assimetria da informação, complexidade de entendimento etc.".

Nessa perspectiva financeira, os indivíduos da população que se encaixam nos aspectos da sociedade da informação e na sociedade da comunicação passam a adotar esse novo modelo de operações, que se alinha aos recursos tecnológicos e digitais.

Os **perfis dos investidores e clientes de produtos financeiros**, de acordo com Lagioia (2011), seguem três tipos: os **conservadores**, os **moderados** e os **investidores**.

De acordo com Bifano (2008, p. 79-80, grifo nosso), o mercado financeiro conta com **três grupos de receptores ou tomadores de investimentos**:

1 – **Investidores do mercado bancário ou financeiro** *stricto senso, cujos principais agentes são instituições financeiras ou as entidades a elas equiparadas e cujo papel é intermediar a aproximação entre investidores e tomadores, remunerados pelo chamado spread bancário ou diferença entre o custo do dinheiro tomado no mercado, junto aos aplicadores e a receita auferida pela transferência desses recursos aos tomadores. Esse mercado é caracterizado pelo investimento de renda fixa, remuneração certa contratada e que deve ser paga ao aplicador, juntamente com o capital investido, em qualquer circunstância, por independer de lucro ou resultados positivos;*

2 – **Investidores do mercado de capitais**, *que operam através de bolsas ou mercados secundários organizados em operações designadas, em geral com desintermediação bancária, uma vez que os tomadores recebem os recursos diretamente do investidor. Esse mercado, acima de tudo, é marcado pelo investimento de renda variável e pela participação societária cujo fruto depende do sucesso do investimento;*

3 – **Investidores domiciliados e não domiciliados**, *em sociedades onde aportam diretamente capitais, remunerados por renda variável, ou em contratos de mútuo, remunerados por renda fixa.*

No entanto, tratando-se de mercado de operações financeiras alinhado com os segmentos de moedas digitais, criptomoedas, *blockchain* e outras operações financeiras digitais, os perfis dos consumidores são alinhados às características do mercado de operações financeiras no ambiente digital. Para melhor compreensão sobre o tipo de consumidor e suas classificações, convém entender melhor a respeito desse mercado.

O que é

Blockchain é conceituado por Mougayar (2018, p. 27) da seguinte forma:

> Em sua essência, o blockchain é uma tecnologia que grava transações permanentemente de uma maneira que não podem ser apagadas depois, somente podem ser atualizadas sequencialmente, mantendo um rastro histórico sem fim. Essa descrição aparentemente simples de seu funcionamento, tem implicações gigantescas. Está

fazendo com que repensemos as maneiras antigas de criar transações, armazenar dados e mover ativos, e é apenas o começo. O blockchain não pode ser descrito apenas como uma revolução. É um fenômeno em curso, avançando lentamente como um tsunami, gradualmente envolvendo tudo em seu caminho pela força de sua progressão. Basicamente, é a segunda sobreposição significativa à internet, assim como a web foi a primeira camada nos anos 1990. Esta nova camada se relaciona muito com confiança, então poderíamos chamá-la de camada de confiança.

A visão que o conceito de *blockchain* proporciona é o de democracia e descentralização do controle de segurança dos serviços. Uma vez que, de acordo com Mougayar (2018), os proponentes do *blockchain* acreditam que a confiança entre os intermediários das operações pode livrá-los de estarem sempre nas mãos de forças centrais que aumentam os custos do controle de operações. Além disso, a confiança é assegurada por provas criptográficas que garantem a segurança sem necessidade de um sistema burocrático, de alto custo e desnecessário.

A possibilidade de menores custos atrai os consumidores destes produtos já que as instituições conseguem repassar a eles custos também menores e, portanto, mais atrativos. O tipo de característica e benefício oferecidos tende a designar o tipo de público que se adequa e adere ao produto. Segundo Katori (2017, p. 20) "para os consumidores, os benefícios são inúmeros: inclusão, redução de custos, diminuição do tempo da transação, maior diversidade de produtos e serviços disponíveis, além de maior comodidade e experiências cada vez mais personalizadas às suas necessidades".

O que é

Fintech ou *tecnologia financeira*, de acordo com Mattos e Guedes (2019), envolve a concepção e entrega de produtos e serviços financeiros por meio da tecnologia. Isso afeta instituições financeiras, reguladores, clientes e comerciantes em uma ampla gama de indústrias.

Além disso, Katori (2017, p. 21-22) comenta que:

> Portanto, para os consumidores, os benefícios são inúmeros: inclusão, redução de custos, diminuição do tempo da transação, maior diversidade de produtos e serviços disponíveis, além de maior comodidade e experiências cada vez mais personalizadas às suas necessidades. [...] Alt e Puschmann (2012) demonstram que os consumidores anseiam por mais transparência dos bancos, e que para se proteger comparam taxas e cobranças. Fato corroborado pela pesquisa realizada pela Universidade de Cambridge (2014) na qual se constatou que melhores retornos e garantias para empréstimos ou investimentos incentivam a utilização de modelos alternativos de finanças por leigos no assunto, enquanto aqueles que possuem algum grau de conhecimento tornam se mais favoráveis a aderir aos novos modelos caso recebam melhores retornos e maior transparência e entendimento como o seu dinheiro é usado.

Dessa forma, é possível entender que a rápida disseminação dos produtos financeiros digitais devido a suas características de acessibilidade, facilidade, baixo custo e rápida aprendizagem atrai o perfil de público alinhado aos preceitos da sociedade de informação e da sociedade de conhecimento, que, conforme vimos, são pessoas que têm acesso a ferramentas digitais e tecnológicas de informação, trabalham, aprendem e vivem utilizando-as. Ao mesmo tempo, um público que busca maior facilidade, baixo custo e menos dificuldade ao desenvolver as operações é o perfil de público que irá se direcionar aos produtos financeiros digitais.

1.2 Como os bancos diferenciam seus clientes?

Em um cenário de forte concorrência e extrema competitividade, em que todos os atuantes do mercado estão com foco nos clientes, a atenção e a adequação na corrida pela conquista de novos clientes se torna cada vez mais acirrada e exige habilidades estratégicas dos gestores.

Além das estratégias de fusões e aquisições entre grandes potências, no setor das instituições financeiras brasileiras, os bancos passaram a incorporar posturas que estreitem mais os laços dos clientes, mantendo-os ativos e fiéis a seus produtos e serviços.

Nesse sentido, Kondo et al. (2009, p. 131) comentam que:

> *Analisando-se o crescimento do setor bancário brasileiro pode-se observar que a grande massa dos clientes bancários foi formada, em sua grande maioria, por fusões e aquisições do setor. Isso gerou a necessidade de reformular as carteiras de clientes dentro dos bancos e para tanto foi preciso criar carteiras (sub-bancos) para atender da maneira mais adequada, acarretando a segmentação bancária. Essa segmentação foi o meio utilizado para posicionar os clientes em faixas específicas, tais como: renda, idade, patrimônio, servindo para adequar os produtos e serviços aos diversos tipos de clientes que os bancos hoje possuem.*

A atenção para os avanços tecnológicos e para as mudanças rápidas sobre as necessidades da sociedade da informação e da sociedade do conhecimento é um desafio e, ao mesmo tempo, uma oportunidade de diferenciação e de conquista de novos clientes.

A criação de produtos e serviços voltados para atender às questões dos clientes aderindo às características digitais democratiza o acesso e facilita o atendimento em massa dos clientes, proporcionando maiores ganhos e vantagens na corrida competitiva do mercado das instituições financeiras (Souza Neto; Fonsêca; Oliveira, 2005). De acordo com Zacharias, Figueiredo e Almeida (2008, p. 3), para garantir a efetiva execução da conquista de mercado e maior nível de satisfação dos clientes, nos últimos anos, "os bancos têm investido cada vez mais em tecnologia, procurando permitir o acesso do cliente aos seus serviços através dos mais diversos canais: via Internet, telefone, celulares, *palm-tops*, fax, centrais de atendimento etc.".

Para diferenciar seu público, as instituições bancárias utilizam mecanismos de estratégias que auxiliem na conquista e na fidelização, crescendo em vantagem competitiva. Para isso, os recursos digitais e de informação fornecem importante subsídio para maior precisão desde o planejamento até a execução.

A **estratégia competitiva** diz respeito a como a empresa decide competir em um determinado segmento. A forma como ela vai competir e o conteúdo do que ela deverá entregar ao cliente têm ligação direta com o posicionamento escolhido nas decisões da empresa. Na verdade, esta será reconhecida no mercado de acordo com o posicionamento escolhido.

Posicionamento significa "estratégia", que pode estar relacionada à escolha de um local ou de um produto específico em um determinado mercado de atuação. Especificamente, o sentido da palavra *posicionar* está relacionado à ação de localizar uma organização em um ambiente.

Aliando a abordagem estratégica à competitividade, temos uma das ferramentas mais consolidadas e trabalhadas no ambiente acadêmico e mercadológico, que são as **5 forças de Porter**. Essa abordagem foi concebida por Michael Porter em 1979, na Universidade de Harvard, e tem total atenção voltada à competitividade das empresas.

A ferramenta consiste em considerar as cinco forças que podem influenciar a posição competitiva da organização no mercado em que atua. A versatilidade da ferramenta permite que uma empresa de qualquer setor entenda aspectos relevantes de seus concorrentes e como o mercado em que está inserida se comporta. A utilização de um cuidadoso processo inteligente de competitividade torna as ações da ferramenta ainda mais eficazes, pois a análise será feita por meio de dados relevantes e confiáveis.

Figura 1.2 – Cinco forças de Porter

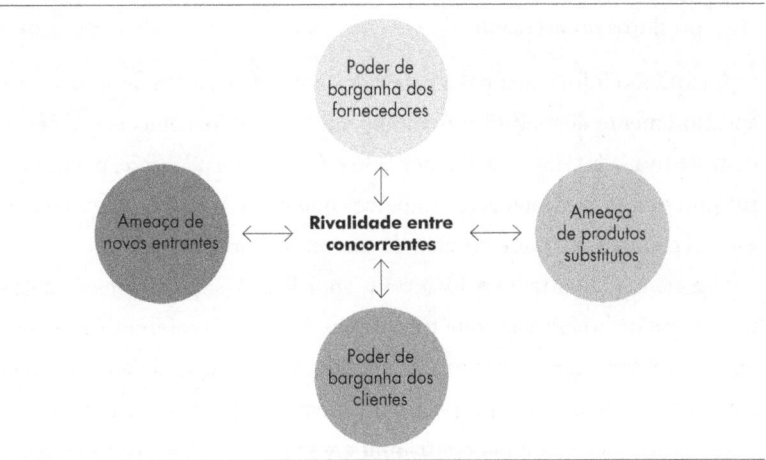

Fonte: Porter, 2004.

O primeiro conceito essencial de Porter identifica cinco forças competitivas que, segundo ele, determinam a intensidade da competição em um dado setor. "A meta da estratégia competitiva para uma unidade de negócios em um setor é encontrar uma posição no setor onde a empresa possa se defender melhor dessas forças competitivas ou influenciá-las a seu favor" (Brasileiro; Morandi, 2014, p. 5).

As **cinco forças de Porter** são:

1. **Rivalidade entre concorrentes**: Consiste em avaliar o grau de competição que existe entre dois ou mais concorrentes.
2. **Poder de barganha dos fornecedores**: Permite esclarecer ao gestor o quanto a sua empresa é dependente do seu principal fornecedor.
3. **Poder de barganha dos clientes**: Apoia-se na mesma lógica do anterior, invertendo para a análise da dependência da empresa nas mãos do principal ou de poucos clientes.
4. **Ameaça de novos concorrentes**: Avalia a possibilidade de entrada de novos concorrentes no respectivo ambiente de atuação que possam prejudicar a competitividade.
5. **Ameaça de novos produtos ou serviços**: Analisa a possível entrada de obsolescência do seu produto devido a entrada de novos produtos no mercado.

A explosão informacional a partir dos anos 2000, além de favorecer o aprimoramento de mecanismos inteligentes de gestão, como a inteligência competitiva, a inteligência de mercado e o *business intelligence*, permitiu o surgimento de fenômenos tecnológicos que mantém intensa ligação com essas ferramentas e com a gestão de um modo geral.

Um elemento bastante evidente a se abordar, considerando esse contexto de estudo, é o *big data*, que trata de um fenômeno referente à terceira época da informação, relacionada a grande volume e variedade de dados, além da velocidade com que os dados chegavam e poderiam ser acessados.

O avanço da tecnologia contribuiu enormemente com o processo de coleta de informações e análise de dados por disponibilizar uma amplitude de fontes de informação e programas auxiliares de análise. Um aspecto importante, diante da evolução tecnológica, é que a análise passou a envolver os dados coletados com o auxílio das redes sociais e ampliou o alcance para informações em uma perspectiva globalizada.

A operacionalização da inteligência de mercado consiste no processo de coleta de dados primários e secundários de forma coordenada e sistematizada. A iniciativa do processo parte, portanto, da compreensão sobre os tipos de dados que vão permitir ao profissional uma análise mais detalhada sobre o respectivo setor de atuação.

A execução da estratégia direcionada à inteligência de mercado é exposta por Schermann (2019) em quatro passos, conforme mostra a Figura 1.3.

Figura 1.3 – Procedimentos para inteligência de mercado

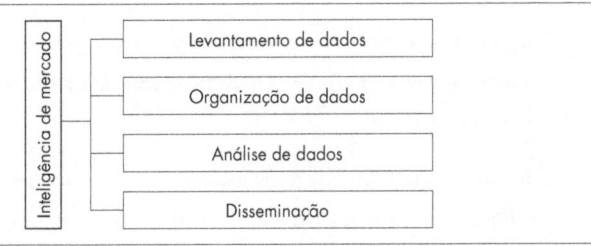

Fonte: Elaborado com base em Schermann, 2019.

A etapa inicial corresponde ao **levantamento dos dados** e se refere também ao planejamento das ações posteriores. Nesse primeiro momento, é necessário o conhecimento de todos os dados que já existem na empresa para saber quais estão faltando ser coletados.

A etapa seguinte, referente à **organização**, é sugerida por Schermann (2019) da seguinte forma:

> Faça uma revisão de todos os dados já existentes e padronize formatos de relatório, com periodicidade de atualização estabelecida e um responsável para manter aqueles dados organizados e atualizados. Lembre-se: esses dados vão embasar as decisões da sua empresa. Por isso, é muito importante que eles sejam dados confiáveis. Você possui um relatório que não está claro se as informações são verdadeiras? Talvez, o melhor seja descartar esse relatório e começar do zero.

Posteriormente, a etapa de **análise** para inteligência de mercado ocorre de forma muito semelhante à análise para a inteligência competitiva.

A simples coleta dos dados e informações não tem validade se não passar por um processo de raciocínio e análise. Nesse momento, a autora sugere que se deve considerar as tendências de queda e crescimento, bem como os períodos de sazonalidade, entre outras informações estratégicas, importantes para o negócio em questão.

Por fim, a última etapa do processo consiste na **disseminação dos dados** para auxílio na tomada de decisão. Schermann (2019) esclarece esse ponto com a seguinte afirmação:

> *A última parte para implantar uma estratégia de inteligência de mercado é disseminar a cultura de dados entre a sua empresa. Ou seja, incentivar os gestores e colaboradores a tomar decisões com base em dados e não em achismos.*
>
> *Sempre que for necessário tomar alguma decisão estratégica na empresa, é preciso consultar os dados relativos àquela decisão para que ela seja tomada de forma inteligente e racional.*
>
> *É importante que o seu time tenha pessoas que tenham uma personalidade mais analítica. Além disso, ao contratar novos talentos, preocupe-se em encontrar pessoas que já tenham uma cultura data-driven. Isso vai ajudar a implantação da inteligência de mercado na sua empresa.*

Do mesmo modo que o caso anterior, o efetivo resultado da prática de inteligência de mercado está na razão analítica que é exigida dos profissionais. Essa parte é o que possibilita ao gestor uma precisão em relação ao cenário comercial para direcionar os esforços da empresa a um caminho com maiores benefícios para ela.

A respeito do surgimento e da utilidade do *big data*, Fachinelle (2014, p. 22) aponta que:

> *Este fenômeno surge viabilizado pelo aumento do poder de processamento que de acordo com a lei de Moore, dobra a cada dois anos — quantidade de transistores num chip. Esta contínua melhoria tornou os computadores mais rápidos, e a memória mais profusa. O desempenho dos algoritmos também aumentou, segundo conselho de Ciência e Tecnologia da Presidência dos Estados Unidos. Entretanto, muitos dos ganhos com big data, acontecem não por causa de chips mais rápidos ou melhores algoritmos, mas sim pela existência de mais dados.*

No ambiente de negócios, a utilização do *big data* envolve a análise de dados para estudos e desenvolvimento de técnicas de gestão de modo a otimizar os resultados da inteligência empresarial. Os dados organizados e sob análise fornecem direcionamentos para as empresas alcançarem com maiores níveis de efetividade resultados melhores derivados do processo de tomada de decisão.

O apoio dos recursos tecnológicos pode fornecer subsídios ao processo de tomada de decisão. Com base em dados, é possível conhecer a realidade do ambiente empresarial. Diante de um cenário de alta complexidade e riscos, as empresas não podem mais arriscar tomar decisões com base em achismos. Nesse sentido, o processo de inteligência competitiva vem auxiliar os gestores e profissionais que lidam com as decisões estratégicas com a finalidade de que estas sejam mais positivas para a empresa.

Assim, surge outro fator importante: a necessidade da informação. Afirmamos que a internet é um poderoso sistema de informações. Mas, como a mídia se fundamenta no conceito de liberdade, temos de considerar que a internet aceita tudo. Isso equivale a dizer que temos na internet boa e má informação, tanto confiável como inconsistente. Valer-se, portanto, apenas da internet como sistema de informação, não conferindo segurança às organizações para a redução do risco nas tomadas de decisão.

É claro que os gestores das organizações devem ter algum conhecimento para saber discernir o que é bom e deve ser aproveitado do que é ruim e deve ser descartado. Entretanto, o que se vê na prática é que há muitos dirigentes e empresários que, por uma questão de economia, preferem valer-se de informações nem sempre confiáveis para tomar suas decisões. Do mesmo modo, há aqueles que confiam em sua intuição e tomam decisões simplesmente com base no *feeling* (Dantas, 2013).

Embora a intuição tenha sua validade quando contamos com a vivência de gestores mais experientes, a gestão efetiva com base em competitividade requer a existência de um processo analítico e racional.

De acordo com Almeida, Alves e Reis (2010, p. 11), as justificativas dos modelos usados concentram-se em, pelo menos, sete motivos:

1. *Modelos nos forçam a ser explícitos com relação a nossos objetivos;*
2. *Modelos nos forçam a identificar tipos de decisões que influenciam os objetivos;*

3. Modelos nos forçam a identificar e registrar interações entre essas decisões;
4. Modelos nos forçam a pensar cuidadosamente sobre variáveis a serem incluídas e suas definições em termos que sejam quantificáveis;
5. Modelos nos forçam a considerar que dados são pertinentes para a quantificação dessas variáveis e a determinar suas interações;
6. Modelos nos forçam a reconhecer restrições (limitações) nos valores que essas variáveis quantificadas podem assumir;
7. Modelos permitem a comunicação de ideias para facilitar o trabalho em equipe.

Conforme afirma Silva (2015), para uma decisão satisfatória, qualquer alternativa pode ser motivada por falta de tempo, informações ou outros recursos. Para uma **decisão maximizada**, a empresa deve procurar o melhor resultado possível, ou seja, aquele que produz as maiores consequências positivas e reduz ao mínimo as consequências negativas e, nas **decisões otimizadas**, equilibrar as vantagens e as vantagens de diversas alternativas. Às vezes, o tomador de decisões precisa de uma solução média, que gera um número de critérios e objetivos.

Validações por meio de diversos experimentos na literatura e em casos reais do ambiente empresarial já confirmaram que a inteligência competitiva pode atuar no sentido de minimizar os problemas inerentes de cada momento do processo decisório.

Sua principal contribuição nesse processo é a garantia de que despesas por retrabalhos, devido a decisões equivocadas e perda de tempo na corrida pela disputa competitiva sejam diminuídos. O alcance de um nível mais alto de sucesso empresarial garante a principal razão do trabalho dos gestores, a saber, a permanência saudável da empresa no mercado em que ela atua.

Exercício resolvido

Para seguir em frente com o processo de decisão, é necessário que os profissionais estejam munidos de informações para analisarem evidências benéficas e tendências valorosas. Assim, com base nas características e vantagens da utilidade do *big data*, analise as seguintes opções e assinale a alternativa correta:

a. A proposta de inteligência não depende do processo de análise dos dados e das informações que foram coletadas.
b. A simples etapa da coleta das informações, de forma isolada, não configura um processo de inteligência.
c. O propósito da organização dos dados não tem qualquer relação com o alcance dos níveis de efetividade dos resultados da empresa.
d. O *big data* é uma técnica de gestão utilizada nas empresas por meio da coleta de dados que oferecem mais resultados na atividade industrial do que na atividade de comercio varejista.

Gabarito: a

Feedback do exercício: O processo de coleta de dados e produção da informação por meio do *big data* tem o propósito de subsidiar os profissionais de ambientes organizacionais, gestores públicos e profissionais de todas as áreas que oferecem produtos e serviços sociais, inclusive o varejo, com informações que os orientem à tomada de decisão de modo mais adequado.

A fonte de boa informação e a inteligência no processo de tomada de decisão compõem o corpo ou processo de estratégia. No ambiente empresarial da atualidade, de alta complexidade, é necessário que os profissionais tenham a habilidade da estratégia.

Utilizando as ferramentas estratégicas do planejamento atrelado ao sistema de dados é possível ter melhor subsídio para o processo de tomada de decisão que permitirá o alcance de modos satisfatórios de previsão das ações que serão executadas com base no planejamento.

Partindo para a ação pós-planejamento, no contexto dos produtos e serviços bancários, Mendes et al. (2017) mencionam a importância do *marketing* **de relacionamento** como recurso de conquista e fidelização de clientes no âmbito das instituições financeiras. Dessa forma, é importante ressaltar que esse tipo de *marketing* deve ser valorizado no momento do planejamento

Sobre o *marketing* de relacionamento, Kotler (2003, p. 134) apresenta a seguinte definição: "o *marketing* de relacionamento representa uma importante mudança de paradigma, por se tratar de evolução da mentalidade competitiva e conflituosa para uma nova abordagem pautada pela interdependência e cooperação". O sucesso da instituição financeira em curto, médio e longo prazos, podem ser garantidos dependendo do tipo de relacionamento cultivado com o cliente.

Nesse sentido, o **planejamento estratégico** eficiente para prospecção e retenção de clientes deve buscar adequar cada produto ao tipo de cliente ideal. De acordo com Santos (2017), o intuito de conhecer o perfil dos clientes no momento da elaboração do planejamento é para adequar as ações de forma mais correta. Conforme a autora,

> *relacionar o atendimento e a estrutura da agência com o perfil dos clientes por meio das variáveis: sexo, idade, escolaridade e renda. Por possuir uma quantidade muito grande de clientes as instituições financeiras buscam criar perfis socioeconômico e comportamental, conforme as especificidades comuns, com o intuito de tratar de forma distinta cada grupo (Bona, 2012). Os bancos buscam sempre novas técnicas para conhecer cada vez mais seus clientes, através de características que conferem valor e padrões de comportamento, para fomentar negócios. O agrupamento de clientes com características específicas, como renda, investimentos e faturamento permite o desenvolvimento de uma proposta de valor mais adequada a cada segmento de clientes.* (Santos, 2017, p. 25-26)

Normalmente, os bancos têm diversos produtos e serviços com finalidades distintas e, por esse motivo, o conhecimento sobre o perfil do público que consome diferentes produtos deve ser dominado, para que o *marketing* de relacionamento seja executado de forma eficiente, trazendo maiores retornos sobre as ações.

Nesse sentido, Bona (2012) comenta que os bancos gerenciam uma grande quantidade de clientes, correntistas ou não, com perfis socioeconômicos dos mais diversificados, o que exige que sejam diferenciados em grupos negociais para que o atendimento seja de acordo com os interesses e anseios dos clientes.

De acordo com Santos (2017), devido à grande oferta de produtos e serviços destinados aos mais diversos públicos, os bancos normalmente segmentam seus clientes de forma a conseguir alcançar um atendimento que proporcione níveis mais altos de satisfação desses clientes. A autora afirma que os bancos normalmente diferenciam seus clientes em três grandes grupos por perfil de renda e investimentos, que são: varejo, alta renda e *private bank*.

Além dessas três segmentações, é possível que cada uma delas seja subdividida em grupos menores que permitam o atendimento ainda mais direcionado e adequado. Isso também faz com que as instituições busquem modelos específicos de segmentação com melhorias contínuas.

1.3 Perfil do público de varejo

Na área comercial, devido à multiplicidade de contextos de aplicação, os pontos de observação para estudo são muito variados. Santos e Costa (1997) afirmam que o varejo integra funções de operação comercial que envolvem a procura e a seleção de produtos, aquisição, distribuição, comercialização e entrega.

Figura 1.4 – Setor comercial

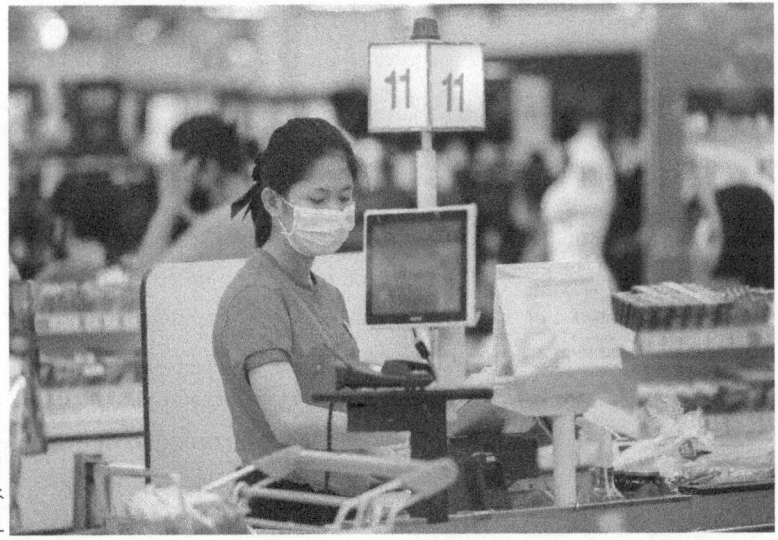

Entre as diversas atividades, é possível identificar o varejo, que, segundo Santos e Costa (1997, p. 57, grifo do original), pode ser subdividido da seguinte maneira:

- **Vendas de produtos não alimentícios:**
  - *Lojas de departamentos;*
  - *Lojas de departamento de descontos;*
  - *Lojas de eletrodomésticos e eletrônicos; e*
  - *Lojas de vestuários: calçados, roupas, cama, mesa e banho.*
- **Varejo de alimentos (autosserviço e tradicionais):**
  - *Supermercados;*
  - *Hipermercados;*
  - *Lojas de conveniência.*

Com base nos pontos colocados pelas autoras, qual a sua opinião sobre o varejo de serviços? Será que o varejo existe apenas para produtos? Heliana Comin Vargas (2000, p. 2) desenvolveu estudos na área de serviços varejistas para benefício social e expõe a seguinte afirmação sobre esse tipo de atividade:

> No caso do setor de comércio e serviços varejistas é muito difícil identificar-se aonde [sic] termina o econômico e começa o social e vice versa e aonde [...] sai o individual e entra o coletivo, já que este é um setor que pela sua natureza aproxima: produtores diretos (os próprios comerciantes) e indiretos (outras empresas); consumidores diretos (que se abastecem no comércio) e indiretos (que usufruem ou são afetados pelo nível do desenvolvimento varejista enquanto atividade econômica através das famosas economias de aglomeração); e, moradores e visitantes pelo alcance local ou regional da atividade.

Essa dinâmica descrita pela autora se justifica pela intensa demanda por relacionamento e atendimento em que esse tipo de atividade vem se baseando ao longo da história. No entanto, com o impulsionamento dos mecanismos digitais e tecnológicos, as mudanças no tipo de atividade se transformaram tanto para os produtos como para os serviços.

Além disso, várias formas de fazer o varejo foram sendo desenvolvidas, como envolver os clientes no novo processo de desenvolvimento de produtos/serviços para melhorar o resultado final e o nível de qualidade. Botelho e Guissoni (2016) chamam a atenção para essa estratégia de inovação na venda para atrair mais clientes em atividades fornecedoras tanto de produtos como de serviços, conquistando, assim, maior competitividade.

Perguntas & respostas

Quem são os clientes do varejo? Você sabia que todos nós que compramos produtos no mercado somos clientes do varejo? Mas como identificar o tipo de cliente para uma atividade varejista específica?

Para descobrir o perfil desses clientes, pode-se utilizar as tecnologias de informação e comunicação (TICs), que, por meio da coleta de dados, produzem informações relevantes sobre o perfil do cliente, suas preferências, seus desejos, entre outras informações relevantes para serem usadas no momento do planejamento de estratégias de comunicação.

Sobre o funcionamento dessa coleta de dados e como utilizá-los, Lima e Calazans (2013) afirmam que:

> *Ao utilizar a internet para comparar preços de produtos de diferentes, ler notícias em jornais, se informar sobre doenças, pesquisar locais para suas próximas férias, realizar* check-in *num restaurante ou simplesmente para trocar e-mails, um usuário comum está fornecendo rastros digitalizados que, quando interpretados, podem gerar um perfil complexo de suas preferências, hábitos e até planos para o futuro. A partir da leitura das atividades citadas, é possível compreender, por exemplo, quais são os assuntos de maior interesse desse usuário, como está sua saúde atualmente, qual sua disponibilidade de gastos para viagens, qual o seu tipo de comida preferido, enfim, um diagnóstico bastante detalhado e personalizado.*

Além disso, por meio do uso dos dados e informações coletadas, é possível desenvolver um estudo que constata a *persona* ou as *personas* que se identificam com a atividade de determinado negócio.

A utilização da *persona*, conforme demonstra Sturmer et al. (2019, p. 26), é:

Umas das estratégias para tornar o processo de mapeamento de públicos eficaz e prático está, segundo se propõe aqui, na abordagem de personas, *que tem potencial de aplicação sob a ótica das relações públicas. Sob a abordagem de* personas, *é possível lançar um olhar revitalizado a respeito de públicos de interesse: sem desconsiderar conceituações tradicionais de públicos em relações públicas, sugere-se a possibilidade de partir de abordagens mais atuais e com base em novas ferramentas e metodologias contemporâneas para as organizações. Dessa forma, as classificações de público propostas em relações públicas, juntamente com a noção de* personas *na perspectiva da tecnologia (focada no usuário) e do ponto de vista do marketing (focado no cliente), podem tornar mais prático o mapeamento de públicos, levando em conta suas expectativas e necessidades, para que as organizações possam de fato entender os objetivos dos indivíduos que formam o público e definir com eficácia e agilidade os canais e meios de comunicação que devem ser utilizados na construção de relacionamento.*

O mapeamento dos públicos que se alinham a determinada organização varejista, por meio de interações com o negócio, auxilia tanto nas estratégias de comunicação, gestão de compras, estoques e logística quanto no atendimento. Esse processo de autoconhecimento pode proporcionar ao comércio varejista tomadas de decisão mais precisas e vantajosas do ponto de vista competitivo em seu mercado de atuação.

1.4 Renda disponível por classe social

Você sabia que entender a capacidade de compra do cliente com base em sua renda pode ser um tipo de informação relevante para tomar decisões corretas para o negócio? Conhecer o público ideal para a atividade comercial de produtos ou serviços varejistas requer o entendimento sobre diversos fatores que incluem os consumidores, um deles é a renda média disponível.

A discussão sobre as classes sociais é, essencialmente, debatida no campo da sociologia e antropologia. No entanto, Mattoso (2006, p. 2) integra essa discussão com o *marketing*, uma vez que os estudos do comportamento do consumidor "geralmente reconhecem que os valores, motivações e processo de informação e decisão de compra de produtos variam de uma classe para outra, mas pouca pesquisa tem sido feita para entender a natureza desta relação".

A **definição de *classe social* no âmbito do *marketing* e do comportamento de consumo** é exposta por Warner (1949, citado por Mattoso, 2006, p. 4), quando o autor definiu o conceito de classe social e demonstrou a sua importância em relação ao consumo:

> *Warner (1949) definiu classe social como o grupo de pessoas vistas de forma semelhante pela comunidade, composta por homens e mulheres que interagem regularmente entre si, de modo formal e informal, e partilham expectativas comportamentais. Seus estudos contêm elementos importantes do modelo de classes sociais de Weber, como, por exemplo, a tendência de as pessoas se associarem e se identificarem com outras de mesma origem social e a constatação de que a maioria das pessoas seria capaz de se posicionar e de posicionar os outros socialmente (Harris, 2002). Warner constatou que o comportamento de compra era uma das mais importantes expressões de determinada posição de status em uma comunidade. Cada classe social tinha motivações e comportamentos de compra únicos e distintos das demais classes. As classes, por serem grupos motivacionais e categorias de status, não estavam apenas correlacionadas, mas eram a causa da escolha no consumo. Ele deu exemplos de produtos consumidos por classes distintas e sugeriu que a variável "classe social" fosse uma forma de predizer o consumo.*

O debate em torno da análise entre as classes sociais e a distribuição de renda, ou sobre a renda média disponível nas famílias e o consumo, é importante do ponto de vista estratégico, uma vez que, baseadas nesse tipo de informação, as organizações podem desenvolver produtos adequados à capacidade de consumo do público e que sejam economicamente viáveis aos resultados do negócio.

Do ponto de vista do consumo, a renda disponível e a classe social são elementos que têm uma relação, mas não determinam com muita certeza o poder de compra de determinado indivíduo ou família. Bradley e Hebson (1999) explicam que considerar as classes sociais como categorias para realizar a divisão da capacidade de consumo é um equívoco, uma vez que dificilmente a pessoa perde a sua classe social, mesmo perdendo sua fonte de renda.

Figura 1.5 – Consumo

No entanto, o autor afirma que a capacidade de relacionamento que determinado indivíduo possui, devido ao arranjo social de sua classe, pode vir a influenciar em seu poder de consumo.

Sobre esse assunto, Mattoso (2006, p. 6) menciona a análise que o sociólogo Bourdieu faz em relação às classes sociais e ao consumo:

> Bourdieu (1999), ao descrever a condição de classe e a posição de classe, chamou a atenção para a necessidade de se entender a estrutura social historicamente definida. Os critérios para se definir uma classe social, se aplicados a outra comunidade, determinariam categorias distintas, uma vez que não se deveria transferir esquemas descritivos e explicativos de uma sociedade a outra, ou a outra época da mesma sociedade. O autor sugeriu a adoção da abordagem estrutural, que permitiria captar traços trans-históricos e transculturais, que apareceriam, com poucas variações, em grupos com posições equivalentes. A estrutura específica de uma sociedade particular não impediria a comparação entre partes pertencentes a totalidades diferentes. A comparação estaria fundamentada se fosse estabelecida entre partes estruturalmente equivalentes. Uma classe jamais poderia ser definida apenas pelas relações que mantivesse com outras classes sociais. Os membros de uma

classe social se envolveriam deliberada ou objetivamente em relações simbólicas com indivíduos de outras classes, e com isso exprimiriam diferenças de situação e de posição, que seriam as marcas de distinção.

A observação acerca da análise de Bourdieu leva ao entendimento de que, mesmo não havendo uma relação completamente proporcional entre a renda disponível e a classe social, o conhecimento sobre esses parâmetros podem contribuir para o levantamento sobre informações necessárias do ponto de vista estratégico da organização.

Exercício resolvido

Em relação ao estudo de classes sociais e renda média disponível nas famílias, duas vertentes podem ser observadas do ponto de vista do consumo: o funcionamento integrado entre as classes sociais e a renda ou a atuação independente. Assim, com base nessas vertentes de observação no contexto do mercado consumidor, analise as seguintes opções e assinale a alternativa correta:

a. A classificação de um indivíduo conforme seu nível de renda não tem nenhuma capacidade de análise quanto a seu potencial de consumo.

b. A designação de um indivíduo conforme sua classe social não tem nehuma capacidade de análise quanto a seu potencial de consumo.

c. O potencial de consumo de um indivíduo quanto a sua classe social não sofre alterações, independentemente se seu nível de renda estiver diminuído ou não, graças às relações sociais que ele pode manter.

d. A análise quanto ao perfil do consumidor pode considerar aspectos como estilo de vida, desejos, cultura e valores, além do nível de renda disponível e da sua classificação social.

Gabarito: d

***Feedback* do exercício**: A classificação de um indivíduo quanto a seu nível de renda e sua classe social são parâmetros que indicam o potencial e a possibilidade de consumo. No entanto, mensurar a capacidade de consumo de um indivíduo apenas quanto a sua classe social pode provocar equívocos, uma vez que a classe social nem sempre tem relação com a renda. Além disso, uma forma correta de designar potencial de consumo e traçar estratégias é integrar aspectos de estilo de vida aos indicadores de renda e classe social, em vez de utilizá-los como aspectos isolados para fins estratégicos.

Essa conclusão é reafirmada quando Mattoso (2006, p. 7) propõe que "as preferências e os gostos não seriam mais governados por padrões sociais fixos, mas seriam escolhas de estilos de vida, pelos quais as pessoas teriam uma responsabilidade individual". Dessa forma, para os gestores e tomadores de decisão, informações sobre o nível de renda disponível e a classe social dos consumidores de seu negócio são requisitos importantes para a oferta de produtos e serviços mais precisos, porém, não são informações suficientes.

Essa conclusão faz com que seja necessário, em uma perspectiva estratégica, o conhecimento sobre outros parâmetros da realidade dos clientes, como aspectos culturais, estilos de vida e relações sociais.

1.5 Educação financeira para o cliente do varejo

Nos momentos de instabilidade financeira, o controle dos recursos monetários passa a ser uma necessidade urgente a todos os públicos. A reflexão sobre a maneira de lidar com o dinheiro é mais provocada em momentos difíceis, mas, em um cenário ideal, essa reflexão e a gestão dos recursos financeiros não deveria ser algo que ocorre por necessidade momentânea, mas sim algo constante, fazendo parte da vida das pessoas em todos os momentos.

Essa realidade é algo que destaca a importância da educação financeira no cotidiano das pessoas. Os problemas sobre a situação de endividamento, tão comum entre os clientes dos bancos de varejo, serão abordados no Capítulo 4; aqui, destacaremos aspectos mais voltados às finanças pessoais e ao planejamento financeiro, tão necessários aos indivíduos que buscam crédito nas instituições por apresentarem desequilíbrio acentuado em suas finanças, podendo vir a ser futuros devedores da instituição, fato que pode prejudicar os resultados finais da empresa.

De acordo com Wisniewski (2011), a ausência de conhecimento e de controle sobre o orçamento financeiro pessoal ou familiar é um dos fatores que afetam a saúde financeira dos consumidores em âmbito nacional e global. Tais fatores afetam tanto jovens quanto adultos, devido ao fato de o consumismo ser algo enraizado no cotidiano da sociedade e incentivado por ações publicitárias que as marcas direcionam com o objetivo de ampliar o consumo de seus produtos. No entanto, essas práticas resultam em uma situação muito comum e recorrente: a má saúde financeira das pessoas e das famílias.

A incapacidade de gerir os recursos financeiros de forma saudável causa impactos diretos na economia da sociedade de forma geral. A cultura do consumo causa o endividamento e a busca por crédito para resolver urgências desenvolve um perfil social em que a maior parte das pessoas termina à margem do mundo dos investimentos, principalmente no que se refere àqueles de longo prazo. Dessa forma, as instituições bancárias de varejo, por exemplo, atuam com índices muito baixos de pequenos investidores no mercado de capitais.

Perguntas & respostas

De que modo os investimentos de uma pessoa com faturamento comum pode fazer diferença no sistema financeiro? Não são apenas os detentores de grandes fortunas que são importantes em relação aos investimentos?

Para esclarecer essa questão, trazemos o entendimento de Wisniewski (2011, p. 156-157; 162) sobre o assunto:

> *Pela ausência de saúde financeira, grande parte da sociedade contemporânea acaba ficando à margem do mundo dos investimentos, sobretudo, dos investimentos de longo prazo, como o mercado de capitais, por exemplo, onde a presença do pequeno investidor é fraca, entretanto, muito bem vinda, para dar maior liquidez ao mercado, sendo necessário aumentar sua participação. [...] Um dos aspectos que fortalece o mercado*

> *de capitais é a sua maior democratização, que tem como um de seus caminhos, o aumento da participação do pequeno investidor, a qual tem sido objeto de interesse de grandes investidores e instituições ligadas ao mercado de capitais por propiciar maior liquidez ao mercado.*

Efeitos positivos na qualidade de vida das famílias e das micro e pequenas empresas (MPEs) são fatos inegáveis dos benefícios que a boa gestão financeira pode proporcionar. Diante dessa perspectiva, Reis, Fornari e Martins (2019) demonstram que o planejamento financeiro pode ser uma medida estratégica para amenizar os efeitos negativos dos fenômenos de consumo impulsivo, bem como uma ferramenta para a melhor compreensão da situação em que os indivíduos se encontram.

Sobre o planejamento financeiro, os autores esclarecem que "pode ser compreendido como as diretrizes básicas que irão orientar, coordenar e controlar as iniciativas de uma determinada pessoa, seja esta física ou jurídica, indivídual ou coletiva, nas suas escolhas e decisões que envolvam o uso de finanças" (Reis; Fornari; Martins, 2019, p. 119).

O planejamento financeiro deve envolver alguns aspectos fundamentais no que se refere à perspectiva pessoal ou quando trabalhado em uma dimensão corporativa menor, como as micro, pequenas e médias empresas. Na opinião dos autores, esse planejamento deve partir de estratégias que estejam orientadas para o longo prazo, envolvendo períodos compreendidos entre 2 e 10 anos. Além disso, o planejamento financeiro não deve ser visto como algo estanque e imutável, mas considerar a necessidade de ser revisado e confrontado de tempos em tempos para que sejam feitos ajustes em relação às novas realidades e aos novos contextos.

De acordo com Ross, Westerfield e Jaffe (1995), tanto a construção do planejamento quanto o momento de ajustá-lo devem priorizar o envolvimento de três principais fatores: possibilidades de investimento; endividamento e montante de dinheiro disponível; e influência direta no planejamento inicial. O planejamento financeiro deve ser visto como uma ferramenta que será aliada na busca pela solução de uma situação crítica. Sem o uso desse recurso, as chances de se atingir uma situação desejada de forma inteligente e eficiente são quase nulas.

> **Exemplificando**
>
> Você já deve ter ouvido falar em alguns exemplos de artistas, atletas ou ganhadores de prêmios que chegaram a ter fortunas em dinheiro e patrimônio, mas que algum tempo depois perderam tudo. Isso se explica pelo fato de que o planejamento financeiro não foi utilizado ou sequer idealizado. Sendo assim, mesmo que a renda aumente ou que um prêmio na loteria seja ganho, o uso do dinheiro requer estudo, objetivos e informações; caso contrário, em qualquer que seja a situação, o padrão de consumo poderá direcionar o indivíduo à mesma situação negativa de antes.

Para evitar situações como essas, o planejamento deve envolver a construção de um orçamento. Sobre esse assunto Reis, Fornari e Martins (2019, p. 119-120) afirmam:

> Uma das ferramentas mais utilizadas para compor um planejamento financeiro eficaz é o emprego do orçamento, um plano de processos operacionais para determinado período que represente os recursos econômicos projetados e objetivos a serem alcançados, tanto de entrada de recursos como de gastos. (LUNKES, 2007).
>
> As principais contribuições de um orçamento são, conforme Lunkes (2007): Previsão dos prováveis resultados do período; Vislumbre das necessidades e fontes financeiras futuras; Comparabilidade e análise ao longo do tempo; Identificação de desvios no planejamento financeiro inicial.
>
> Ao possibilitar um confronto entre o orçamento planejado e o orçamento realizado, pode-se investigar com maior foco as causas dos desvios ocorridos no período, propiciando que haja maior preparação para tais eventos no futuro.
>
> Lunkes (2007) ainda discute como a instauração de um orçamento, à nível organizacional, possibilita que cada setor possa definir seus gastos para o período, permitindo alocar recursos onde há um maior gasto planejado inicialmente.
>
> Sustentando esta proposta, Sanvicente e Santos (2012) argumentam que não apenas deve haver uma distribuição orçamentária de acordo com centros de

responsabilidade, como também é necessário o acompanhamento dos orçamentos levantados inicialmente, tentando manter-se fiel a este, ou quando não possível, registrar as causas dos desvios.

Sendo assim, podemos compreender que o estabelecimento do orçamento possibilita maior clareza e serve como direção coerente das ações e do consumo. O planejamento, com a atribuição de um orçamento bem definido, auxilia de forma muito eficiente na conquista de uma situação financeira melhor em relação aos recursos disponíveis, adequados a cada realidade.

Por outro lado, um ponto que deve ser destacado é a educação financeira. O processo educativo implementado na educação das crianças pode surtir efeitos futuros muito satisfatórios do ponto de vista econômico de modo geral.

1.6 Porte de empresas

Antes de entendermos as classificações sobre o porte das empresas, convém compreendermos a **definição de** *empresa*. De acordo com Vieira (2002), uma empresa é uma entidade composta por uma ou mais pessoas que exercem atividades capazes de atingir metas e objetivos previamente estabelecidos, com uma gestão composta por vários setores e recursos, como: humanos, materiais e financeiros.

Conforme Demac (1990, p. 13):

> Empresa é um lugar onde se cria riqueza e que permite pôr em operação recursos intelectuais, humanos, materiais e financeiros para extrair, produzir, transformar ou distribuir bens e serviços, de acordo com objetivos fixados por uma administração. De maneira geral, estes objetivos se relacionam, em maior ou menor grau, com a ambição de ganho e com o benefício social.

A classificação quanto ao porte das empresas é uma questão de interesse de muitas entidades, para os mais diversos intuitos. O reconhecimento dessa classificação auxilia gestores públicos e formuladores de políticas públicas com a tomada de decisão sobre ações governamentais que impactam no domínio empresarial.

Além disso, gestores internos, profissionais do corpo estratégico, fornecedores de insumos, instituições financeiras e outras organizações de influência social e econômica utilizam a informação sobre o perfil da empresa para estabelecer atividades e desenvolver produtos adequados.

Conceituar e classificar o **porte de uma empresa** não é tarefa fácil, devido à ausência de consenso em relação ao conceito, tendo em vista que em vários países as estruturas e características das empresas variam. Um exemplo disso é a definição da Comunidade Europeia publicada pela Eurostat, que leva em consideração os aspectos de dimensão da empresa em termos de pessoal, faturamento, balanço, além da propriedade da empresa e seus recursos disponíveis – uma métrica diferente da utilizada no Brasil.

Guimarães, Carvalho e Paixão (2018) chamam a atenção para os critérios de classificação das empresas utilizados no Brasil, as quais são avaliadas de duas formas: por meio do regime tributário, normalmente utilizado pela Receita Federal, e por meio da quantificação do pessoal ocupado, um critério utilizado pelo Serviço Brasileiro de Apoio às Micro e Pequenas Empresas (Sebrae).

Em relação à definição de micro, pequena, média e grande empresa, por porte de pessoal ocupado, utilizada pelo Sebrae, Guimarães, Carvalho e Paixão (2018, p. 22) expressam que:

> *Em algumas das publicações do Sebrae sobre as micro e pequenas empresas (MPEs) é utilizado como critério para definição deste segmento empresarial o porte das empresas em termos de pessoal ocupado. Segundo esse critério, são classificadas como MEs aquelas com até nove pessoas ocupadas nas atividades de serviços e comércio, e como pequenas empresas as que têm entre dez e 49 pessoas ocupadas. Na indústria da transformação e da construção, são consideradas MEs aquelas com até 19 pessoas ocupadas, e pequenas empresas, entre 20 e 99 pessoas ocupadas.*

Já Silva, Fischer e Pauli (2018) apresentam um quadro que demonstra a distribuição dos portes da empresa pelo número de empregados, disponibilizados pelo Sebrae.

Quadro 1.1 – Critério de classificação do porte das empresas por pessoas ocupadas

	Atividades econômicas	
Porte	Serviços e comércio	Indústria
Microempresa	Até 09 pessoas ocupadas	Até 19 pessoas ocupadas
Pequena empresa	De 10 a 49 pessoas ocupadas	De 20 a 99 pessoas ocupadas
Média empresa	De 50 a 99 pessoas ocupadas	De 100 a 499 pessoas ocupadas
Grande empresa	Acima de 100 pessoas	Acima de 500 pessoas

Fonte: Sebrae, 2014, p. 23.

A pesquisa de Guimarães, Carvalho e Paixão (2018) sobre a participação das micro e pequenas empresas (MPEs) no cenário econômico brasileiro indica participação superior a 87% das empresas ativas nos setores de indústria, construção, comércio e serviços. Os dados estatísticos obtidos na pesquisa demonstram a superior atividade das empresas de micro e pequeno porte.

De acordo com Gonçalves e Koprowski (1995, p. 34), as pequenas empresas: "são definidas como aquelas que, não ocupando uma posição de domínio ou monopólio no mercado, são dirigidas por seus próprios donos, que assumem o risco do negócio". Já para Martins, Leone e Leone (2016/2017), os pequenos negócios desempenham um papel significativo na economia.

Exercício resolvido

Grandes negócios começam menores e se desenvolvem economicamente ao longo do tempo, o que contribui significativamente para o desenvolvimento econômico e a melhoria na distribuição de riqueza por meio de empreendedores individuais. Assim, com base nos métodos de classificação do porte das empresas, analise as seguintes opções e assinale a alternativa correta:

a. A classificação das empresas com base no número de empregados é o método mais utilizado para identificar qual porte de empresa emprega mais pessoas.
b. A classificação das empresas com base no faturamento indica que as micro e pequenas empresas são menos produtivas.
c. A classificação das empresas com base no número de empregados possibilita uma visão mais ampla do universo das pequenas empresas.
d. A classificação das empresas com base no faturamento possibilita uma visão mais ampla do universo das pequenas empresas.

Gabarito: d

Feedback **do exercício**: Embora as duas formas de classificação do porte da empresa tenham limitações, nenhuma dela está errada. O contexto de análise é o que determina qual tipo de definição será utilizado. No entanto, para ter uma visão mais ampla sobre as MPEs – que dominam maior participação no mercado –, a classificação por número de empregados é mais recomendada.

Silva, Fischer e Pauli (2018) afirmam que são muitas as características para se definir o porte de uma empresa, e elas variam conforme o assunto a ser tratado e a interpretação a ser realizada em cada situação, podendo-se considerar o número de empregados, a receita bruta auferida, o volume de produção, o lucro ou o tipo de serviço.

Além do quadro de definição do porte da empresa pelo número de empregados, Silva, Fischer e Pauli (2018) disponibilizam um quadro que define o porte ou tamanho da empresa de acordo com o seu faturamento, critério normalmente utilizado pela Receita Federal, conforme mencionamos anteriormente.

Veja a seguir o quadro que apresenta essa definição.

Quadro 1.2 – Definição de porte da empresa de acordo com o faturamento

Microempresa
Faturamento máximo igual ou menor que R$ 360.000,00.
Pequena Empresa (EPP)
Faturamento máximo igual ou menor que R$ 3,6 milhões. Desde que ultrapasse os R$ 360.000,00.
Média Empresa
Faturamento máximo igual ou menor que R$ 6 milhões. Desde que ultrapasse os R$ 3,6 milhões.
Grande Empresa
Empresas que faturem acima dos R$ 12 milhões.

Fonte: Silva; Fischer; Pauli, 2018.

O ambiente que conceitua as empresas quanto ao porte é extremamente diversificado. A diferença de análise entre os dois critérios de definição do porte da empresa que vimos é mencionada por Guimarães, Carvalho e Paixão (2018, p. 26):

> quando se adota o critério por pessoal ocupado, temos um panorama de empresas com produtividade relativamente alta, que se aproximam da produtividade do conjunto de empresas. Já pelo critério do Simples, que impõe um limite de receita, estão enquadradas empresas, no geral, menos produtivas.

Ressaltamos que esse é apenas um dos pontos de observação, portanto, a depender do contexto de interesse para a análise do critério de caracterização do porte das empresas, uma métrica talvez seja mais adequada que a outra. Lembrando que não existe uma mais correta, as duas são adequadas, porém devem ser consideradas levando-se em consideração o contexto de interpretação e o propósito aos quais serão aplicadas.

Síntese

Os tópicos a seguir resumem o conteúdo que estudamos neste capítulo:

- A inserção da tecnologia nas atividades do cotidiano deu origem a novos termos para se referir à sociedade atual: *sociedade da informação* e *sociedade do consumo*.
- A popularização e a facilidade dos produtos financeiros digitais atraem perfis de público alinhados com as características da sociedade da informação e da sociedade do consumo.
- Com o uso de mecanismos de informação, os bancos diferenciam seu público com base nos dados obtidos, oferecendo a eles produtos adequados a seus perfis.
- As ferramentas estratégicas de planejamento proporcionam aos bancos estratégias mais precisas em direção a seu público-alvo.
- O sistema de informação também utiliza dados sobre a renda disponível por classe social para estabelecer estratégias corretas e promover maior satisfação ao consumidor.
- Os diferentes portes de empresas são classificados por meio de dois métodos aqui no Brasil: por número de funcionários e por faturamento.
- A classificação das empresas por portes fornece informações importantes sobre elas que podem ser utilizadas estrategicamente pelas instituições financeiras na venda de produtos e serviços financeiros. Por exemplo, as MPEs têm maior participação no mercado que as outras empresas; então, uma sugestão é que o produto e a estratégia sejam desenvolvidos e comunicados para esse tipo de empresa.

Os bancos de varejo como partículas do sistema financeiro nacional

Conteúdos do capítulo:

- Bancos de varejo.
- Vantagem competitiva dos bancos de varejo.
- Desafio do setor bancário para o varejo.
- Banco digital para o varejo.
- Gestão financeira para o cliente do varejo.

Após o estudo deste capítulo, você será capaz de:

1. entender a estrutura da qual fazem parte os bancos de varejo;
2. identificar pontos favoráveis para a competitividade dos bancos de varejo;
3. indicar os principais desafios que os bancos de varejo enfrentam;
4. reconhecer a estrutura e as atividades de um banco digital de varejo;
5. identificar os pontos de deficiência de gestão financeira dos clientes e as possíveis soluções.

As agências bancárias às quais acessamos por meio de suas instalações prediais e seus aplicativos não são instituições independentes. Elas fazem parte de um amplo e complexo **sistema financeiro nacional** (SFN).

No Brasil, o SFN foi trazido pelos portugueses e sofreu diversas modificações até chegar à estrutura que temos hoje, de ampla concorrência e proporcionando facilidades digitais. O cenário competitivo da indústria bancária exige cada vez mais o desenvolvimento de estratégias que mantenham as instituições em constante crescimento lucrativo.

Os principais clientes que buscam os bancos para conseguir acesso a crédito que financie suas atividades sofrem de deficiências financeiras devido ao desconhecimento de práticas de gestão. Dessa forma, os bancos nem sempre conseguem aprovar a liberação do crédito. Neste capítulo, serão sugeridas algumas ações básicas para melhorar essa situação.

capítulo 2

2.1 Banco de varejo

Você já se perguntou qual a função do dinheiro em sua vida? Aparentemente, é uma pergunta fácil de responder, não é mesmo? Sabemos que o dinheiro é um meio para troca por algum bem ou serviço, e essa definição realmente está correta. Essas trocas fazem parte do nosso cotidiano, uma vez que vivemos em uma sociedade cujo sistema tem a economia como importante norteadora.

Para executar a mecânica de trocas quando desejamos adquirir alguma coisa, é normal que, por muitas vezes, precisemos nos dirigir até um banco para realizar um saque, uma transferência ou um depósito como operação que encaminha o valor monetário à pessoa física ou jurídica, que, por sua vez, nos fornecerá o que desejamos adquirir. Nesse caso, estamos realizando operações em um banco de varejo, ou banco comercial.

Para entender melhor o que são os bancos comerciais, de varejo, de negócios e como ocorrem suas operações, convém conhecermos toda a estrutura sistemática que envolve essas instituições e que são responsáveis por seu funcionamento. Dessa forma, neste capítulo, aprofundaremos a abordagem sobre esse assunto.

2.1.1 Instituições financeiras

Entender de forma empírica o que é um banco de varejo, ou *banco comercial*, e como ele funciona não é tarefa difícil, uma vez que rotineiramente vemos suas propagandas, entramos em suas agências bancárias para realizar operações ou as executamos diretamente de nosso celular com o uso de aplicativos. No entanto, é importante ressaltar que o banco é a ponta do *iceberg* em todo o sistema financeiro, é apenas o que vemos; porém, essas unidades que frequentamos ou das quais utilizamos os serviços não funcionam de forma livre, apenas em suas instalações prediais.

Os bancos são instituições submetidas às regras de uma estrutura maior, coordenadas e supervisionadas por normas e regulamentos, uma vez que são apenas uma partícula de um complexo sistema financeiro. No Brasil, esse sistema é o já mencionado SFN, conceituado na **Constituição Federal de 1988**, em seu art. 192, da seguinte forma:

> *Art. 192. O sistema financeiro nacional, estruturado de forma a promover o desenvolvimento equilibrado do País e a servir aos interesses da coletividade, em todas as partes que o compõem, abrangendo as cooperativas de crédito, será regulado por leis complementares que disporão, inclusive, sobre a participação do capital estrangeiro nas instituições que o integram.* (Brasil, 1988)

De modo geral, o SFN pode ser entendido como um agrupamento de organizações que realizam o manejo dos recursos financeiros captando e, em seguida, distribuindo o que foi captado, fazendo com que os valores circulem, porém, tendo todos esses processos devidamente regulados.

Para que essa **regulação** ocorra de maneira mais eficiente, o SFN se constrói por uma estrutura **dividida em dois subsistemas**, que, de acordo com Assaf Neto (2012), são o subsistema de **supervisão** e o subsistema de **operação**.

As atividades inerentes ao **subsistema de supervisão**, também conhecido como *subsistema normativo*, são a criação de regras que orientam a transferência de recursos entre quem deposita e quem busca o crédito, supervisionando o intermediador dessa transferência que, no caso, é a instituição financeira.

O subsistema de supervisão, de acordo com Silva et al. (2016, p. 1018), tem em sua composição:

> Conselho Monetário Nacional, Conselho de Recursos do Sistema Financeiro Nacional, Banco Central do Brasil, Comissão de Valores Mobiliários, Conselho Nacional de Seguros Privados, Superintendência de Seguros Privados, Brasil Resseguros (IRB), Conselho de Gestão da Previdência Complementar e Secretaria de Previdência Complementar.

Já o **subsistema de operação**, também comumente conhecido por *subsistema de intermediação*, conforme é demonstrado por Silva et al. (2016), tem todas as demais instituições financeiras em sua composição. Essa estrutura é formada pelas instituições financeiras bancárias e pelas instituições financeiras não bancárias. São exemplos dessas instituições financeiras o Banco do Brasil, a Caixa Econômica Federal (CEF) e o Banco Nacional do Desenvolvimento.

O que é

As instituições financeiras não bancárias, ou *não monetárias*, segundo Silva et al. (2016), são aquelas que não dispõem de meios de pagamento como os bancos comerciais nem da capacidade de emissão de moeda.

Essas instituições não recebem depósitos à vista ou sequer oferecem qualquer serviço de movimentação com moedas. A atividade dessas instituições acontece apenas por meio de ativos como títulos, ações, entre outros.

Além dessas instituições, o subsistema de operação inclui as demais instituições auxiliares, as quais são responsáveis, entre outras atribuições, pelas intermediações de recursos entre poupadores e tomadores ou pela prestação de serviços; em seguida, temos o Sistema Brasileiro de Poupança e Empréstimo (SBPE) e as instituições não financeiras.

Essa descrição da estrutura do SFN pode ser melhor compreendida por meio da Figura 2.1, a seguir.

Figura 2.1 – Estrutura do sistema financeiro nacional

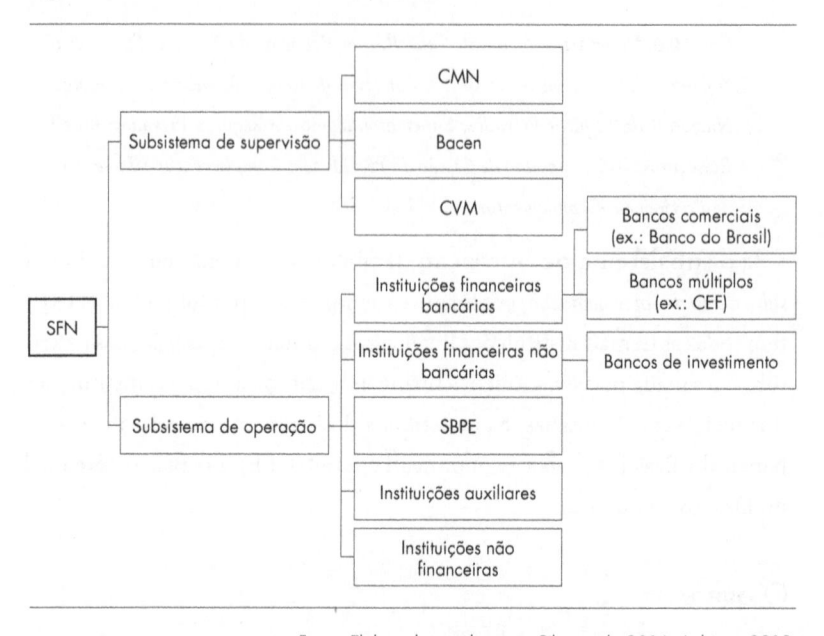

```
                                    ┌─── CMN
                ┌─ Subsistema de ───┼─── Bacen
                │   supervisão      └─── CVM
                │                                   ┌── Bancos comerciais
                │                                   │   (ex.: Banco do Brasil)
                │                  ┌─ Instituições ─┼── Bancos múltiplos
SFN ────────────┤                  │  financeiras   │   (ex.: CEF)
                │                  │  bancárias     └── Bancos de investimento
                │                  │
                └─ Subsistema de ──┼─ Instituições financeiras não bancárias
                   operação        │
                                   ├─ SBPE
                                   │
                                   ├─ Instituições auxiliares
                                   │
                                   └─ Instituições não financeiras
```

Fonte: Elaborado com base em Silva et al., 2016; Anbima, 2018.

Na Figura 2.1, podemos perceber que os bancos de varejo, ou bancos comerciais, se localizam como parte do subsistema de operação e são classificados como instituições financeiras bancárias. Essa subdivisão é explicada por Silva et al. (2016, p. 1021) da seguinte maneira:

> No grupo dessas instituições financeiras bancárias tem-se Bancos Comerciais, Bancos Múltiplos e Caixas Econômicas. Os bancos comerciais são instituições financeiras privadas ou públicas que têm como objetivo principal proporcionar suprimento de recursos necessários para financiar, a curto e a médio prazos, o comércio, a indústria, as empresas prestadoras de serviços, as pessoas físicas e terceiros em geral. A captação de depósitos à vista, livremente movimentáveis, é atividade típica do banco comercial, o qual pode também captar depósitos a prazo.

De acordo com Vieira, Pereira e Pereira (2012, p. 157) as **instituições financeiras nacionais são classificadas com base em quatro parâmetros**, são eles: "a) Mercado no qual atuam; b) Operações que estão aptas a exercer; c) Regulamentos aplicados sobre suas atividades; d) Riscos incidentes em suas operações".

Além de se encaixarem nesses parâmetros e apresentarem suas particularidades, os autores demonstram que as instituições financeiras têm a característica de multiplicação de moeda devido à dinâmica de captação de recursos e sua reintrodução em forma de crédito.

Exercício resolvido

As instituições financeiras de operações podem ser divididas de várias formas, como instituições financeiras monetárias, não bancárias, não financeiras, entre outras. Assim, com base nas características desses tipos de instituições bancárias, analise as seguintes opções e assinale a alternativa correta:

a. Fazem parte das instituições financeiras não bancárias os bancos de investimento.

b. As instituições financeiras não bancárias não necessitam do controle do subsistema de supervisão, pois não realizam captações de depósitos à vista.

c. Os bancos comerciais têm o papel de proporcionar suprimentos a comércios e pessoas físicas, porém, as indústrias não estão inclusas.

d. Os bancos comerciais podem realizar a movimentação dos recursos financeiros, no entanto, de acordo com os órgãos de supervisão, não podem realizar qualquer atividade que leve à multiplicação da moeda.

Gabarito: a

Feedback **do exercício**: Os bancos de investimentos estão classificados como instituições financeiras não bancárias devido ao fato de não operarem com a movimentação física de valores, como saques, pagamentos, depósitos, empréstimos etc. Essas instituições operam apenas com a comercialização de títulos, ações, entre outros.

O principal papel das instituições financeiras é realizar a intermediação da movimentação dos recursos entre os poupadores e os tomadores – estes são aqueles que buscam acesso ao crédito nas instituições; aqueles, os que depositam recursos na instituição.

Clemente e Kühl (2006, p. 3) apresentam a seguinte explicação acerca da intermediação financeira:

> A atividade de intermediação financeira nasceu da necessidade da destinação eficiente dos recursos financeiros disponíveis dos diversos agentes econômicos superavitários aos diversos agentes econômicos deficitários. As operações financeiras de transferência de recursos dos agentes econômicos superavitários para os deficitários poderiam ser diretas, entretanto, os agentes econômicos superavitários, em sua maioria, não têm como foco de suas atividades a destinação de seus recursos excedentes, com vistas a financiamento dos agentes econômicos deficitários. É nessa lacuna entre agentes econômicos superavitários e deficitários que surge o intermediário financeiro. Portanto, os intermediários financeiros proporcionam o encontro dos recursos financeiros excedentes dos agentes econômicos superavitários com a necessidade de financiamento dos agentes econômicos deficitários. Os primeiros receberão juros sobre os recursos financeiros disponibilizados. Os segundos pagarão esses juros, acrescidos das receitas operacionais da intermediação, necessárias para cobrir os custos e as despesas dos intermediários, além de seus lucros.

Em suma, as instituições financeiras basicamente funcionam como uma ponte entre as pessoas físicas ou jurídicas com maior aporte financeiro e aquelas que necessitam dos recursos financeiros. Dessa forma, os bancos conseguem faturar com a diferença entre a cobrança da taxa de juros pelos tomadores e o pagamento da taxa de juros pelos poupadores. Observe, na Figura 2.2, como a intermediação financeira pode ser representada.

Figura 2.2 – Processo de intermediação financeira

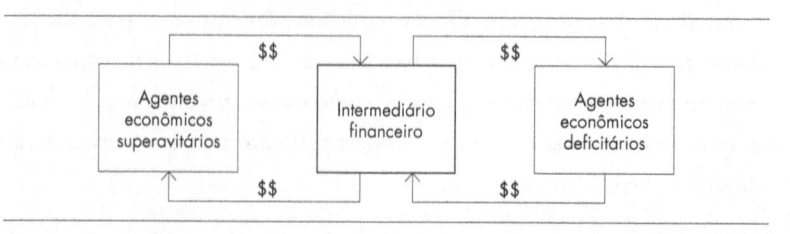

Fonte: Quaranta, citado por Silva et al., 2016, p. 1023.

Diante de uma sociedade com altos índices de desigualdade financeira, muitos agentes econômicos deficitários necessitam de uma instituição que disponha de recursos para os atenderem. As justificativas da existência das instituições financeiras também envolvem aspectos relativos a benefícios privados e sociais. Sobre esse assunto, Rossetti (2002, p. 632) expõe os seguintes pontos:

- *Canais permanentes de negociação de operações de aplicação ou de captação de recursos;*
- *Especialização na atividade de intermediação;*
- *Diluição dos riscos entre um grande número de agentes econômicos;*
- *Ganho de eficácia na alocação dos recursos, principalmente em atividades produtivas;*
- *Sustentação das atividades produtivas e expansão de fluxos reais de manutenção e crescimento das atividades econômicas.*

A necessidade de existir uma instituição que realize esse intermédio se justifica pela garantia aos agentes superavitários, ou poupadores, de ausência de risco que essas operações de modo informal oferecem. Essa segurança é garantida pelos bancos, justamente porque por trás deles existe toda uma estrutura normatizadora, conforme vimos a respeito do SFN, que regulariza essas operações.

2.1.2 Bancos de varejo

Até aqui, você pôde entender a relação e a posição dos bancos ou instituições financeiras na complexa organização das instituições que compõem o sistema financeiro no Brasil. Pôde perceber, assim, que toda a estrutura normativa que fornece base para a operacionalização dos serviços bancários que você utiliza em seu cotidiano, todo esse arranjo no sistema financeiro, existe para garantir que suas operações cotidianas aconteçam de forma regular, segura e confiável.

> ## Perguntas & respostas
>
> **O que são os bancos de varejo, quais são, especificamente, suas operações e como elas acontecem?**
>
> Embora as nomenclaturas *banco comercial* e *banco de varejo* sejam cotidianamente utilizadas para se referir ao mesmo tipo de instituição, de acordo com Assaf Neto (2012), os bancos de varejo, em teoria, são uma classificação dos bancos comerciais, devido a seu volume de negócios.

A definição de **bancos comerciais** é apresentada por Miyazaki (2009) como um tipo de instituição financeira privada ou pública que tem como principal atividade e objetivo proporcionar suprimentos financeiros para financiar o comércio, a indústria, as empresas, as pessoas físicas e terceiros em geral. O autor afirma que as funções básicas de um banco comercial são receber depósitos e emprestar dinheiro, obtendo lucro na diferença entre os juros recebidos e os juros pagos.

Na visão de Silva et al. (2016), os bancos comerciais são instituições financeiras que devem ser concebidas, impreterivelmente, como sociedades anônimas que irão executar como principal atividade as operações de crédito de curto prazo, direcionadas normalmente a atender necessidades pessoais ou de recursos para capital de giro de empresas.

Além disso, na concepção de Vieira, Pereira e Pereira (2012, p. 158), os bancos comerciais:

> *atuam na intermediação entre poupadores e tomadores de crédito em operações de curto e médio prazo. Bancos comerciais praticam basicamente a captação de depósitos à vista, possibilitando o desconto de títulos, operações de abertura de crédito em conta corrente e prestação de serviços em geral. Podem também captar depósitos a prazo fixo, obter recursos de instituições oficiais e no exterior para repasse à clientes e realizar operações especiais de crédito rural, cambial e comércio internacional. Bancos comerciais aplicam seus recursos no financiamento das necessidades de capital de giro de empresas comerciais e industriais.*

É possível que os **bancos comerciais** sejam classificados sob duas formas: como **bancos de varejo** ou como **bancos de negócios**. Silva et al. (2016, p. 1021) esclarecem o uso do termo ao indicar aquilo que realmente diferencia uma classificação da outra: os bancos de varejo normalmente "operam sob uma mesma denominação social com diversas modalidades e tipos de produtos financeiros, abrangendo também um grande número de clientes", enquanto os bancos de negócios predominam nas operações de maior porte e mais complexas, que se direcionam a um nicho de clientes mais reduzido e de maior poder aquisitivo.

Cada uma dessas classificações atende às necessidades de seu público conforme as especificações necessárias, buscando adequar o tipo de atendimento de acordo com as exigências e complexidades de cada um dos negócios.

2.2 Banco digital para o varejo

A indústria bancária no Brasil não conta com um histórico muito recente. De acordo com Sebben (2011), o SFN nasceu no Brasil no ano de 1808, com a vinda da família real, pela necessidade de se realizar transações comerciais entre a nova colônia e os países europeus. Ao longo do tempo, a estrutura econômica do país sofreu diversas modificações até a criação de um Banco Central e a realização de uma grande reforma financeira, que está em vigência até os dias atuais. Conforme Brito (2019, p. 25), a evolução histórica do sistema financeiro no Brasil pode ser dividida em quatro fases:

- *Da vinda da família real portuguesa para o Brasil até a Primeira Guerra Mundial (1808-1914);*
- *Da Primeira Guerra Mundial até a Segunda Guerra Mundial (1914-1945);*
- *Após a Segunda Guerra Mundial até a grande Reforma Financeira (1945-1964);*
- *Da grande Reforma Financeira até hoje (1964-nossos dias).*

No entanto, Silva (2014) afirma que a Constituição Federal de 1988 deve ser considerada como um marco importante para o sistema financeiro nacional, pois a partir de sua promulgação ocorreram grandes mudanças em todo o sistema e em suas instituições. Segundo o autor, a partir desse momento, as condições para a entrada de novas instituições no mercado financeiro, como os bancos múltiplos, as corretoras e as distribuidoras, foram evidentemente flexibilizadas.

Tal mudança, após a Constituição de 1988, abriu muito espaço para a concorrência. Nesse sentido, a busca por vantagem competitiva, por parte das instituições, intensificou-se, e elas passaram a correr incansavelmente visando desenvolver um diferencial de mercado a fim de conquistar clientes. Além disso, poucos anos depois, o funcionamento do sistema financeiro no Brasil passou por um novo momento de adaptação, o Plano Real, em 1994. Newlands Jr. (2011) comenta que esse momento possibilitou a ampliação de novas fronteiras de produtos e serviços no sistema financeiro do Brasil, como uma maior abertura ao comércio exterior.

O aumento da concorrência e a ampliação de possibilidades de transações comerciais levaram à criação de novos produtos e serviços financeiros para o setor de varejo bancário, uma vez que, anteriormente, o foco das instituições financeiras era a prestação de serviços para o segmento industrial. Considerando essa perspectiva, Casagrande (2017, p. 11-12) afirma que:

> *Na década de 1980, o foco do processo de inovação que sempre esteve muito associado a produtos industriais, direcionou-se com grande ênfase para o setor de serviços, passando a ocupar um espaço mais amplo e importante na economia (BARRAS, 1986). Nas duas últimas décadas o sistema bancário brasileiro vem passando por ajustes, por meio de processos de fusões, aquisições e absorções de instituições financeiras, com destaque para bancos públicos estaduais, bem como a chegada e saída de alguns bancos estrangeiros. Esse rearranjo do setor vem fortalecendo os bancos de maior porte, levando a uma concentração bancária assim como a uma competição mais acirrada no mercado. Essa maior concorrência tem sido benéfica também aos consumidores e clientes dos bancos ao impulsionar a demanda por inovações nos produtos e serviços bancários por uma parcela mais ampla da população. Além disso, a intensa concorrência leva à busca por maior eficiência também no processo operacional e na estrutura física do atendimento*

das instituições financeiras. Nesse cenário, o foco no cliente vem se destacando em meio às estratégias de marketing dos bancos de varejo, tendo em vista atender as demandas mercadológicas.

Uma outra perspectiva de relevância a ser analisada dentro e fora do contexto financeiro é a revolução tecnológica e digital, que provoca inovações em diversas dimensões nos dias atuais. Os aspectos relativos à tecnologia provocaram intensas mudanças, não só no sistema financeiro brasileiro, mas global.

O cenário de intensa competitividade no mercado financeiro leva as instituições a adotarem caminhos digitais para desenvolver inovações que as diferenciem diante da concorrência, proporcionando transformações internas e externas que buscam atender às novas necessidades da sociedade da informação. Essas inovações ocorrem com a criação de novas ideias e novos conceitos com tecnologias agregadas, gerando produtos e serviços eficientes que, por consequência, elevam o crescimento e a lucratividade das instituições (Carvalho, R. C., 2019).

Além desses benefícios de acessibilidade que tais soluções geram para os clientes, a integração digital no fornecimento dos serviços bancários disponibiliza dados e informações nos bancos de dados de suas instituições que podem trazer inúmeros benefícios se bem analisados e interpretados. Rodrigo Carvalho (2019) ressalta a facilidade em segmentação do público com o advento dessas soluções, que viabilizam o atendimento personalizado dos clientes com perfil de alta renda, por exemplo. Nesse sentido, o autor menciona alguns exemplos práticos:

> *A segmentação de público trouxe bastante inovação na forma como o atendimento ao público é realizado e podemos identificar uma disputa bastante acirrada para conquistar os clientes com perfil de alta renda, que se tornou uma marca diferenciada no mercado. O Bradesco criou o perfil de cliente "Prime", já o Itaú Unibanco possui o "Personnalité", o Santander aparece com o "Select" e o Banco do Brasil criou o "Estilo". Esse público ganhou uma agência bancária mais refinada e sem as filas encontradas nas agências de varejo, possuindo também um gerente que proporciona maior atenção à sua carteira de investimentos e às suas necessidades.*
> (Carvalho, R. C., 2019, p. 48)

Os processos de inovação no sistema financeiro impactam a vida das pessoas com modificações relativas às operações inerentes aos bancos de varejo. Isso começou quando os grandes bancos de operações comerciais varejistas e de negócios passaram a inovar quanto à forma de acesso, relacionamento e publicidade utilizando a internet e dispositivos móveis.

Os bancos de varejo, atualmente, conseguem desenvolver suas operações com seus clientes na internet. A integração digital dos produtos e serviços bancários com o uso de aplicativos de celular possibilita a realização de transferências, aplicações, pagamentos, consultas de saldos e extratos com maior facilidade e segurança. Essa versão, de acordo com Rodrigo Carvalho (2019), proporciona ao cliente uma nova experiência e maior comodidade.

A inovação tecnológica continua colaborando, cada vez mais, com a evolução dos bancos tradicionais para os bancos digitais. Atento às transformações na indústria bancária, o Banco Central do Brasil (Bacen, 2017) afirma que um órgão normativo do sistema financeiro nacional, o Conselho Monetário Nacional (CMN), responsável pela regulamentação e pela formulação da política da moeda e do crédito nas instituições financeiras do Brasil, aprovou a resolução que regulamenta a abertura de contas de depósito por meio eletrônico.

Essa nova regulamentação favorece a **criação dos bancos digitais**, que, por meio de de uma estrutura tecnológica, oferece seus serviços de forma predominantemente digital. É importante que essa tipologia de bancos não seja confundida com a integração digital dos bancos tradicionais. Os bancos digitais realizam todos seus serviços de forma *on-line*, dispensando a grande estrutura física dos bancos tradicionais. Nesse sentido, Furtado e Mendonça (2020, p. 25) fazem o seguinte esclarecimento:

> *Não se trata apenas da oferta de serviços financeiros por* desktop *e* mobile *– todas as funções vitais do banco* (middle *e* back-end) *devem ser igualmente tecnológicas para que o banco seja considerado digital. Bancos digitais fazem parte de um contexto maior de transformação do setor bancário em direção ao* online banking, *onde serviços são entregues pela internet. O fenômeno de bancos digitais, portanto, não deve ser confundido com o processo de digitalização bancária. O banco digital envolve alto nível de automação de processos e serviços* online

e pode incluir application programming interfaces *(APIs) que permitam diversas composições de serviços bancários. Fornece aos usuários a capacidade de acessar dados financeiros por meio de serviços de desktop, móveis e máquinas de autoatendimento (ATM).*

Exemplificando

Utilizando recursos tecnológicos avançados, bancos de dados e fornecendo maior nível de facilidade de uso por meio de ações avançadas de *marketing*, os bancos digitais conquistaram a preferência dos brasileiros e se tornaram fortes concorrentes das instituições financeiras tradicionais.

Furtado e Mendonça (2020) exemplificam que os principais bancos digitais brasileiros são: Banco Inter, Nubank, Banco Original, Next, Neon, Agibank e C6 Bank.

Na indústria bancária, o **segmento dos bancos digitais** é denominado *segmento S5*, mais especificamente, enquadrado como *fintech*. As exigências da Resolução n. 4.657 do Bacen determinam que essas empresas tenham uma estrutura simplificada para realizar o gerenciamento de riscos em atendimento. Sobre as *fintechs*, Araujo (2018, p. 11) apresenta a seguinte conceituação: "são as *startups* que atuam no mercado financeiro".

Já Ferraro (2018, p. 23-24) complementa a definição de *fintechs*, de acordo com sua estrutura, afirmando que: "Estruturalmente, as *fintechs* no geral são empresas inicialmente de pequeno porte, com alto capital humano e por conseguinte com perfil diferente dos bancos e grandes players do mercado, no qual possuem como exigência requerimentos de capital mínimo para início das atividades".

As *fintechs* têm algumas particularidades que oferecem um diferencial competitivo ao setor bancário brasileiro. Andrade (2019, p. 17) afirma que "o uso da tecnologia permite a redução de custos e oferece um serviço mais ágil e satisfatório". De acordo com o autor, essas características têm o potencial de atrair clientes não satisfeitos com as instituições tradicionais e, portanto, atraem também uma série de investidores.

Exercício resolvido

Os bancos digitais são instituições financeiras que existem e operam, prioritariamente, na internet. Assim, com base nas características desse tipo de instituição bancária, analise as seguintes opções e assinale a alternativa correta:

a. *Digitalização bancária* e *bancos digitais* são nomenclaturas que se referem ao mesmo serviço.

b. Quando uma instituição bancária tradicional adequa suas funções para ocorrerem de forma digital, podemos dizer que essa empresa também é um banco digital.

c. Os bancos digitais envolvem altos níveis de automação de processos e serviços *on-line* que permitem que a operacionalização de seus serviços ocorram de forma simples e com baixo custo.

d. Os bancos digitais fornecem a seus usuários a capacidade de acessarem seus dados por meio de aplicativos em dispositivos digitais. Porém, caso necessário, dispõem de instalações físicas para realizarem parte de seus atendimentos ao cliente de forma presencial.

Gabarito: c

***Feedback* do exercício**: Os bancos digitais são diferentes dos bancos tradicionais, uma vez que integram funções digitais em suas operações. Eles nascem no ambiente digital, não dispondo de instalações físicas para atendimento ao cliente, e são constituídos por altos níveis de automação e envolvimento de recursos tecnológicos avançados que possibilitam o baixo custo das operações, atraindo clientes insatisfeitos com os bancos tradicionais.

O caráter democrático, ágil e acessível dos bancos digitais faz com que essa modalidade cresça vertiginosamente no mercado bancário brasileiro. Nesse sentido, Ana Paula Alves Freire de Carvalho (2019) demonstra, por meio de uma distribuição dos setores de atuação das *fintechs*, o crescimento no número de novas empresas desse segmento, entre os anos de 2018 e 2019, no Brasil. Veja essa distribuição no Quadro 2.1.

Quadro 2.1 – Setores de atuação e aumento das *fintechs* no Brasil

Setor	2018		2019	
	Qte. Empresas	% Participação	Qte. Empresas	% Participação
Pagamentos	105	26%	151	29%
Gestão Financeira	70	17%	90	17%
Empréstimos	70	17%	95	18%
Seguros	37	9%	37	7%
CryptoCurrency & DTL	28	7%	36	7%
Investimentos	14	6%	38	7%
Funding	20	5%	25	5%
Negociação de Dívidas	19	5%	19	4%
Câmbio e Remessas	14	3%	14	3%
Multisserviços	9	2%	12	2%
Bancos Digitais	8	2%	12	2%

Fonte: Carvalho, A. P. A. F. de, 2019, p. 24.

O Quadro 2.1 demonstra a tendência crescente do segmento dos bancos digitais no mercado. O potencial inovador que essas empresas possuem, devido a sua configuração tecnológica e digital, revela a capacidade desse tipo de empresa abrir mercados cada vez mais expressivos no setor financeiro do Brasil, além de influenciar a forma como toda essa indústria passará a funcionar futuramente.

2.3 Desafio do setor bancário para o varejo

Após conhecer um pouco sobre a estrutura do sistema financeiro nacional e sobre os percalços históricos que ocorreram para que alcançássemos os recursos bancários que temos hoje, você acredita que o setor das instituições financeiras, mesmo com os recursos tecnológicos e a inteligência de mercado disponíveis, está preparado para lidar com maiores desafios?

Trazendo essa discussão para o âmbito dos bancos varejistas tradicionais, que enfrentam desafios como a disputa de mercado com seus concorrentes e a adaptação digital, uma vez que os bancos digitais operam com menor custo e maior acessibilidade, é possível que você faça o seguinte questionamento: Por onde os bancos varejistas devem começar a lidar e resolver esses desafios?

Figura 2.3 – Desafios

De acordo com Freitas (2000), os maiores problemas e a maior causa de falências bancárias ocorrem em consequência de uma união de fatores inerentes ao próprio mercado, adicionado às transformações financeiras. Nesse sentido, a autora faz a seguinte análise:

> No período recente, as transformações financeiras intensas, em particular a liberalização dos controles sobre as atividades dos bancos e das instituições financeiras não bancárias, a securitização e a proliferação dos instrumentos derivativos de crédito, que correspondem ao sexto estágio da evolução do sistema bancário inglês na tipologia de Chick, dificultaram sobremaneira a tarefa dos bancos centrais no que se refere à formulação e à execução da política monetária. Ao mesmo tempo, com a globalização financeira e a chamada "ditadura dos mercados", a estabilidade de preços domésticos tornou-se o objetivo primordial dos bancos centrais, seja nos países industrializados, seja nos países em desenvolvimento. Porém, como

já ressaltado, esse objetivo opõe-se à função essencial dos bancos centrais, que é a de atuar como prestamista em última instância para impedir a eclosão de crise de confiança no sistema bancário. (Freitas, 2000, p. 412)

No entanto, centralizando a discussão no âmbito do varejo bancário, Casagrande (2017) expõe uma narrativa sobre a importância desse setor para a ecnonomia nacional e mundial, ressaltando os pontos fortes e as características dos serviços bancários de varejo, que tendem a se desenvolver com uma perspectiva de crescimento.

A autora comenta que, assim como o setor bancário varejista atravessou a hiperinflação do Plano Real, em 1994, devido a sua ampla oferta de produtos e serviços que conquistam a satisfação e fidelidade de seus clientes, além da adaptação digital das últimas décadas, esse setor pode enfrentar outras situações difíceis.

Para esses momentos de adaptação, Paiva, Barbosa e Ribeiro (2009) ressaltam a estratégia dos bancos em focar na satisfação dos desejos e das necessidades dos clientes. Tais ações levam os bancos de varejo a se preparar ante as tendências do mercado, visando a uma maior efetividade em suas abordagens comerciais.

Os autores comentam que, com base nessa ideia, novas formas de relacionamento com os clientes foram criadas e implementadas, a fim de proporcionarem maiores níveis de satisfação e, portanto, de lealdade do cliente com a instituição. Essas ações deram resultados positivos no que concerne ao aumento de receitas em uma perspectiva de longo prazo.

Na concepção de Carvalho (A. P. A. F. de, 2019), os maiores desafios do cenário financeiro como um todo são as grandes crises econômicas, que alcançam diversas nações, tomando dimensões internacionais. Nesse cenário, as instituições financeiras que realizam operações varejistas necessitam da intervenção dos órgãos reguladores ligados aos governos a fim de serem menos prejudicados.

Sobre essa intervenção dos órgãos reguladores, Coimbra (2007, p. 41) afirma que "A atuação dos órgãos reguladores influencia decisivamente a gestão de risco, estabelecendo padrões mínimos, promovendo melhores definições de riscos, bem como estimulando o desenvolvimento e o aperfeiçoamento dos modelos internos de risco e dos processos bancários".

Amenizar os efeitos das crises é mais um desafio que os bancos de varejo enfrentam. Mesmo contando com a intervenção do órgão de regulação, essas instituições devem desenvolver uma gestão orientada para riscos. Na concepção de Leite e Correia Neto (2015), a boa gestão para riscos permite antecipar possíveis causas e efeitos e, consequentemente, agir para que eles não se materializem.

Nessa perspectiva, os riscos devem ser calculados tanto em relação às ameaças externas, como instabilidade econômica e política, inovações tecnológicas, ações da concorrência, entre outros, quanto em relação às internas, como atendimento ao cliente, desenvolvimento de produtos e serviços, estudo da concorrência, entre outros.

2.4 Vantagem competitiva dos bancos de varejo

Em um primeiro momento, é normal associarmos o termo *vantagem* a uma ideia de privilégios, ganhos ou lucratividade, e o termo *competitividade* à ideia de disputa ou competição, por exemplo. Em um contexto de negócios, essa ideia faz muito sentido! Imagine que diante das constantes transformações decorrentes do intenso processo de globalização, desenvolvimento tecnológico e inovação, a competição por ganhos com o propósito de garantir a permanência da empresa no mercado é o maior interesse dos gestores.

As transformações globais e tecnológicas, associadas às condições adversas – como momentos instáveis e turbulentos –, são motivos suficientes para fazer com que os gestores desenvolvam técnicas e conhecimentos de gestão sobre questões inerentes ao mercado, como concorrentes, produtos, novas formas de comunicação e tecnologias.

Para saber mais

Assista ao documentário sobre banco de dados e tecnologia intitulado *The human face of big data*. Com os depoimentos e as informações contidos nesse vídeo, é possível compreender como a força invisível dos dispositivos móveis estão modificando a vida do homem e dos negócios.

O documentário mostra como as companhias, grandes ou pequenas, buscam formas de tirar vantagem do conceito de *big data*. Mas os benefícios e prejuízos causados pelo volume excedente de dados gerados ainda é algo que precisa ser melhor compreendido para gerar valor.

THE HUMAN face of big data. 2016. Disponível em: <https://www.youtube.com/watch?v=l-SVN3txo_4&t=99s>. Acesso em: 10 ago. 2021.

A base de conhecimento construída servirá como subsídio para o processo de tomada de decisão em busca de maiores resultados e vantagens em seu ambiente de atuação. É importante pontuar que a inteligência competitiva é entendida também pelos elementos de sua integralização, sendo um processo que envolve aspectos da gestão da informação e características inerentes à gestão do conhecimento em sua composição.

Quandt e Fernandes (2003, p. 2-3) definem o construto *inteligência competitiva* da seguinte maneira:

> *A inteligência competitiva é definida pela* Society of Competitive Intelligence Professionals *como "programas sistemáticos e éticos para coletar, analisar e gerenciar informações externas que podem afetar os planos, decisões e operações de uma organização para aperfeiçoar sua competitividade"(KAHANER, 1998). De maneira mais ampla, a IC [inteligência competitiva] consiste na criação de meios para sistematização dos processos de coleta, tratamento e análise de informações sobre diferentes aspectos do ambiente externo das organizações, tais como concorrentes, tecnologia, parceiros, fornecedores, clientes, órgãos reguladores, etc. O objetivo é permitir que os tomadores de decisão na empresa se antecipem às tendências dos mercados de interesse e o desenvolvimento da concorrência, de modo a detectar e avaliar oportunidades e ameaças bem como as ações decorrentes consubstanciadas na estratégia empresarial.*

Conforme os autores pontuam, a inteligência competitiva em sua forma mais concreta consiste na sistematização de dados e informações com a finalidade de permitir uma melhor visualização dos possíveis e mais coerentes caminhos que a empresa tem a seguir.

Um ponto importante a comentar é que o processo de inteligência competitiva é incessante e progressivo. Incessante devido à grande tendência de as novas ideias serem copiadas e superadas, sendo necessário, portanto, que a análise das informações seja constantemente revista e atualizada; progressivo porque deve acompanhar o cenário mercadológico que passa por constantes evoluções em vários sentidos.

No contexto dos bancos de varejo, diante dos inúmeros desafios enfrentados por esse segmento, algumas decisões devem ser tomadas para minimizar os efeitos nocivos dos desafios e maximizar os resultados, além de manter o foco na conquista da vantagem competitiva. Casagrande (2017) sinaliza a importância da pesquisa e do conhecimento do mercado para o desenvolvimento eficiente dos produtos financeiros nos bancos de varejo, além da melhoria da prestação de serviço pelo atendimento adequado a cada tipo de necessidade do cliente.

Sobre a importância da segmentação do mercado, Casagrande (2017, p. 26-27) afirma:

> *A segmentação de mercado e de clientes favorece o aprimoramento do atendimento ao consumidor ao mesmo tempo que reduz custos para as empresas. Ao dividir o mercado em subgrupos relativamente homogêneos, nos quais indivíduos compartilham padrões de comportamento, perfis demográficos e atitudes semelhantes, as empresas prestam atendimento de qualidade visando atender as necessidades dos clientes. Além disso, otimizam os recursos financeiros ao evitar o alto custo de um atendimento excessivamente personalizado.*

Para uma melhor compreensão sobre como essa segmentação é realizada, a autora apresenta os resultados obtidos por meio de uma pesquisa de mercado em três grandes bancos de varejo brasileiro, a qual demonstra os indicadores necessários e a classificação normalmente utilizada por essas instituições. Observe a segmentação de clientes pessoa física de um banco varejista nos Quadros 2.2, 2.3 e 2.4, a seguir.

Quadro 2.2 – Segmentação de clientes pessoa física do Banco do Brasil

Segmento	Critérios
Private	Investimentos superiores a R$ 1 milhão
Estilo	Renda bruta mensal superior R$ 8 mil e/ou mais de R$ 100 mil em investimentos
Personalizado	Renda bruta mensal superior R$ 4 mil e/ou mais de R$ 40 mil em investimentos
Varejo	Renda bruta mensal inferior a R$ 4 mil e/ou menos de R$ 40 mil em investimentos

Fonte: Casagrande, 2017, p. 27.

Quadro 2.3 – Segmentação de clientes pessoa física do Bradesco

Segmento	Critérios
Private Bank	Investimentos superiores a R$ 3 milhões
Prime	Renda bruta mensal superior a R$ 10 mil ou investimento superior a R$ 100 mil
Exclusive	Renda bruta superior a R$ 4 mil ou investimento superior a R$ 40 mil
Pessoa Física	Renda bruta mensal inferior a R$ 4 mil

Fonte: Casagrande, 2017, p. 27.

Quadro 2.4 – Segmentação de clientes pessoa física do Santander

Segmento	Critérios
Private	Investimentos superiores a R$ 3 milhões
Select	Renda bruta mensal superior R$ 10 mil e/ou mais de R$ 200 mil em investimentos
Van Gogh	Renda bruta mensal superior R$ 4 mil e/ou mais de R$ 40 mil em investimentos
Pessoa Física	Renda bruta mensal inferior a R$ 4 mil

Fonte: Casagrande, 2017, p. 28.

Esses quadros fornecem muitas informações a respeito dos bancos de varejo. Com base nas informações dispostas, em relação à segmentação dos clientes pessoa física nesses três bancos de varejo, percebemos a semelhança entre o tipo de produto e serviço de cada um deles, inclusive na nomenclatura dos produtos. Além disso, percebemos que o Banco do Brasil oferece um produto chamado *Private*, mais acessível que os bancos privados, o que pode ser um atrativo para investimentos nessa carteira.

Diante disso, é importante que o desenvolvimento das estratégias de *marketing* para a conquista da vantagem competitiva inclua a adequação de produtos e serviços às necessidades dos clientes. Essas ações deverão ser recompensadas com o aumento da base de clientes rentáveis e sua fidelização, que proporcionará ganhos financeiros sustentáveis. No entanto, tais conquistas ocorrem por meio de inovações na forma de diferenciais competitivos. Sendo assim, é importante acrescentar essa característica no processo de planejamento e nas decisões.

Para lidar com um ambiente composto de grande incerteza e alto nível de complexidade em relação a seus elementos de mudança, as empresas devem buscar meios de se manter em competição no mercado. A maior concorrência impõe aos bancos a constante produção de inovações. Para Porter (1985), a capacidade de uma empresa apresentar melhores produtos, bem como prestar serviços de maior qualidade, mais rápidos e baratos, é fonte de vantagem competitiva.

Casagrande (2017) trata ainda sobre a imitação, em um curto espaço de tempo, das inovações criadas por uma instituição em seus produtos e serviços. Essa é uma prática comum no setor bancário, uma vez que nesse mercado há inúmeras instituições do mesmo segmento que fornecem o mesmo produto ou serviço, ou muito parecidos.

Nesse sentido, a autora comenta:

> *Bancos de varejo apresentam a característica de serem múltiplos e ofertarem uma ampla quantidade de produtos e serviços. Todavia, nem todos os itens oferecidos apresentam complexidade que justifique a necessidade de elevados investimentos em canais de distribuição direta. Isso porque a manutenção de agências bancárias representa um custo muito mais alto do que o de canais virtuais.*

Tradicionalmente, as agências são o principal meio de relacionamento entre bancos e seus clientes. Há, por parte da clientela, apreço por esse canal por ser o único a propiciar contato pessoal e físico com o banco. (Casagrande, 2017, p. 30-31)

De acordo com Fiebig e Freitas (2011), dificilmente as inovações desenvolvem diferenciais duradouros na indústria bancária varejista. No entanto, os autores ressaltam que a diferenciação mais expressiva e mais sustentável reside no relacionamento que é criado e mantido com o cliente – o que se justifica pelo fato de as relações serem um elemento de caráter particular e subjetivo. Sendo assim, os autores chamam a atenção para o atendimento ao cliente, ressaltando que este surge como uma das melhores alternativas para o alcance de vantagem competitiva e maior lucratividade.

Além disso, os fatores tecnológicos relativos ao setor de tecnologia da informação (TI) podem ser utilizados para o desenvolvimento da inteligência competitiva, fornecendo informações que servem de subsídios importantes para o processo de tomada de decisão. O processo de desenvolvimento da inteligência competitiva é totalmente voltado para o manuseio e tratamento de dados e informações.

2.5 Gestão financeira para o cliente do varejo

Conforme vimos na Seção 2.1.2, as instituições financeiras atuam como intermediadoras entre dois tipos de pessoas: os agentes superavitários e os agentes deficitários. Os agentes deficitários buscam as instituições para conseguir crédito, ou seja, uma parcela do montante que os agentes superavitários depositam na instituição. No entanto, para conceder crédito a esse agente, a instituição realiza uma análise para verificar se o solicitante pode realizar essa operação.

De acordo com Amorim Neto e Carmona (2004), quando esse agente é uma pessoa física, ele tem poucos índices a serem analisados, mas quando se trata de uma pessoa jurídica, essa análise é mais complexa, devido à existência de diversos indicadores de análise. Os autores demonstram os modelos de gerenciamento e concessão de crédito que servem para realizar essas análises, tanto para a modalidade de pessoa jurídica quanto para pessoa física.

Os autores definem o primeiro modelo, denominado *sistemas de pontuação de crédito* ou *credit scoring*, como o "processo de atribuição de pontos às variáveis de decisão mediante técnicas estatísticas" (Amorim Neto; Carmona, 2004, p. 2).

De acordo com Vicente (2001, p. 49) o *credit scoring*:

> *Trata-se de processo que define a probabilidade de que um cliente com certas características, pertença ou não a um grupo possuidor de outras determinadas características consideradas desejáveis (hipótese em que se aprova um limite de crédito) [...]. Esta técnica estabelece uma regra de discriminação de um determinado cliente solicitante de crédito.*

Essas análises são realizadas pelas instituições para descobrirem se o cliente que está buscando crédito na agência será um "bom pagador" ou "mau pagador". Tais conclusões se baseiam nas características do cliente e nas informações disponíveis nos bancos de dados aos quais as instituições conseguem acesso. Prioritariamente, o fator de maior peso na análise está associado à possibilidade de inadimplência, e esse fator é demonstrado em um sistema de escore.

De acordo com Sousa e Chaia (2000, p. 21), "o processo de concessão de crédito através do uso de modelos de *credit scoring*" ocorre conforme demonstrado na Figura 2.4, a seguir.

Figura 2.4 – Processo de concessão de crédito com uso de modelos de *credit scoring*

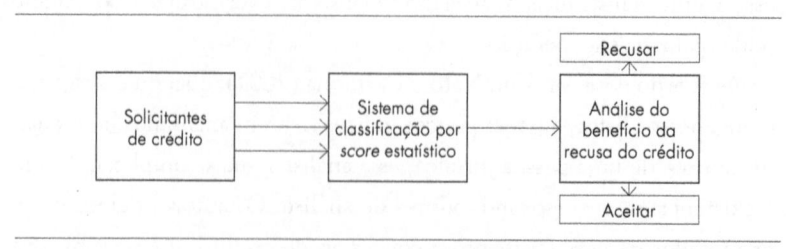

Fonte: Sousa; Chaia, 2000, p. 21.

Os autores afirmam que o *credit scoring* representa um processo científico, porém não inibe a possibilidade de se recusar um bom pagador ou aceitar um "mau" pagador. Isso ocorre pelo fato de que nenhum sistema de gestão de crédito consegue o total de informações relevantes na classificação do devedor e, mesmo que conseguisse, o custo da operação tornaria a análise economicamente inviável.

Sobre as vantagens dos modelos de *credit scoring*, Caouette, Altman e Narayanan (1998, p. 41, tradução nossa) afirmam:

> *Os modelos de credit scoring oferecem muitas vantagens. São objetivos e consistentes, que são características desejáveis para qualquer instituição, e especialmente para aquelas que não possuem uma forte cultura de crédito. Se desenvolvidos apropriadamente, eles podem eliminar práticas discriminatórias nos empréstimos. Eles tendem a ser relativamente inexpressivos, bastante simples e de fácil interpretação. A instalação de tais modelos é relativamente fácil. As metodologias usadas para construir esses modelos são comuns e bem entendidas, assim como as abordagens usadas para avaliá-los. Os regulamentadores aprovam modelos bem projetados e baseados em estatísticas. Uma instituição é capaz de proporcionar melhor serviço ao consumidor pela sua habilidade de aprovar ou negar um pedido de empréstimo rapidamente. Esse é um fator importante no mundo de mudanças rápidas como o atual.*

No entanto, Silva (2000, p. 306) afirma que "a agilidade que o banco ou a empresa que concede crédito ganha é altamente valiosa, pois ao invés do analista ficar examinando e concluindo sobre cada um dos índices, poderão dedicar seus tempos a outros assuntos relevantes e que não possam ser sistematizados".

Os clientes detectados como inadimplentes ou com baixo escore, sendo pessoa física ou jurídica, chegaram a tal ponto por questões de deficiência de gestão na parte financeira. Santos, Ferreira e Faria (2009) comentam que as micro e pequenas empresas (MPEs) – clientes dos bancos de varejo – são geralmente atrativas do ponto de vista de rentabilidade, mas que, devido às deficiências na gestão financeira de curto prazo, operam em alto risco de liquidez.

Essa característica indica que existe uma necessidade de se desenvolver modelos de gestão para clientes que têm dificuldade em realizar um bom gerenciamento de seus recursos financeiros. Além disso, uma característica comum desse tipo de cliente é a urgência pelo capital de giro em tempo real, não dispondo de reservas que sustentem alguma crise que ocorra no médio ou longo prazos.

Santos, Ferreira e Faria (2009, p. 72) comentam com mais detalhes as questões que envolvem tais problemáticas, de modo geral, nas MPEs:

> *Após investigar e questionar os proprietários de empresas extintas sobre os possíveis problemas que as levaram ao fracasso, observou-se discrepância entre os motivos concretamente apontados por eles e os que consideravam, abstratamente, ser os principais problemas que afetaram a vida de suas empresas. Nessa situação, os empresários, em geral, são resistentes a enxergar distorções em sua forma de gestão. Em vez disso, culpam outras questões, como a inflação, a economia, a burocracia, as políticas públicas de crédito, a concorrência, entre outros, enquanto a autocrítica é relegada a último plano, o que remete à passividade por parte do empresário. Chér (1990) denomina esse problema de "efeito avestruz".*
>
> *Por sua vez, problemas como esse impactam o desenvolvimento local e regional em razão da grande empregabilidade desse setor, o que sugere ações de investigação das causas de limitação financeira, principalmente no que tange à gestão de capital de giro, apontada como grande fator de restrição entre essas organizações e que remete à forma de gestão do sócio-proprietário das MPEs. Resnik (1990) aponta como consequências das limitações financeiras: a perda da confiança e do moral do empresário; a elevação dos preços ou sua drástica redução, em ato de desespero do empresário, colocando-os fora da realidade do mercado; a má remuneração de funcionários; o não pagamento de impostos; e a falta de fundos para sanar contingências.*

Nesse sentido, Matias e Lopes Júnior (2002) revelam que as principais dificuldades estão no dia a dia dos microempresários que, por não terem condições para contratação de profissionais eficientes e de confiança que assumam a gestão do negócio, acabam acumulando funções e desempenhando de forma inadequada as atividades gerenciais. Segundo os autores, a maior dificuldade das MPEs é a ausência de preparo gerencial dos próprios dirigentes. A gestão financeira ocorre com maior eficiência quando conhecemos detalhadamente os pontos fracos, os quais necessitam de ações para sua melhoria, e os pontos fortes, os quais devem ser fortalecidos. Desse modo, Maia et al. (2009) apresentam, com base em uma pesquisa empírica, quais são esses pontos no âmbito das pessoas jurídicas. Essas características estão expostas no Quadro 2.5, a seguir.

Quadro 2.5 – Pontos fortes e pontos fracos da gestão financeira nas MPEs

Pontos fortes	Pontos fracos
Largo uso de planejamentos em nível operacional (de compras e vendas).	Necessidade de implementação do planejamento em nível estratégico.
Uso de políticas de vendas a prazo para alavancar as vendas.	Necessidade de implementação de sistemas de planejamento e controle financeiro.
Prática de acompanhamento das vendas a prazo.	Necessidade de aperfeiçoamento da análise e concessão de crédito.
Controle da inadimplência.	Necessidade de utilização de sistemas de controle de inadimplência mais eficientes.
Grande parte das empresas possui algum sistema de controle de estoques.	Necessidade de utilização de sistemas informatizados no controle de estoques.
Grande parte das empresas tem noção da técnica de fluxo de caixa.	Necessidade de utilizar o controle do fluxo de caixa de forma mais técnica e formal.
Grande parte das empresas utiliza sistema de controle de contas a pagar e receber.	Tornar o uso de sistemas de controle de contas a pagar e receber mais confiáveis.
Utilização corrente da rede bancária nas transações financeiras da empresa.	Elevar o conhecimento sobre linhas de crédito disponíveis para MPE's e de aplicações financeiras de excedentes mais rentáveis.
Adoção de controle da movimentação de contas bancárias.	Intensificar o controle de contas por meio do uso de tecnologias de informação.
Parcela expressiva de empresas dispõe de saldo de caixa para execução de atividades cotidianas.	Necessidade de dimensionamento correto do caixa mínimo operacional.
Significativa parcela de empresas faz planejamento e controle tributário.	Tornar o planejamento mais dinâmico e eficaz de forma a diminuir o impacto da carga tributária.

(continua)

(Quadro 2.5 – conclusão)

Pontos fortes	Pontos fracos
Maior parte das empresas não adota política de remuneração de sócios segundo suas necessidades pessoais.	Necessidade de aperfeiçoar o sistema de remuneração de sócios.
Boa capacidade de percepção de problemas financeiros.	Efetivar ações proativas em relação aos problemas financeiros.

Fonte: Maia et al., 2009, p. 270.

Pela identificação dos pontos fortes e fracos das empresas, é possível realizar uma análise que possibilite a compreensão sobre como as organizações se comportam quanto à gestão financeira. Com base nos pontos fracos, surgem as necessidades, ou seja, as ações efetivas que os administradores do negócio precisam implementar para que sua gestão seja otimizada e seus objetivos sejam alcançados.

Diante desse diagnóstico, Maia et al. (2009) apresentam cinco ações que podem ser empreendidas para melhorar os pontos críticos em relação às boas práticas de gestão financeira, tanto na rotina quanto de maneira mais formalizada. Os autores apontam os pontos críticos e sugerem as ações a serem implementadas em relação a cada um deles:

1 - Análise de concessão de crédito:

 a) uso da técnica 5 C's do crédito (credit scoring);

 b) uso do sistema de pontuação.

2 - Inadimplência:

 a) transferir a taxa de inadimplência para as taxas de juros praticadas nas vendas a prazo;

 b) implantar sistema de cadastro de cliente e de consultas aos serviços de proteção ao crédito;

 c) implantar sistema rígido de recuperação de créditos.

3 - Controle de estoque:

 a) realizar inventários com frequência determinada;

 b) uso dos sistemas de controle de estoques "P" e "Q".

4 - Contas a pagar e receber:

 a) elaboração dos registros de contas a pagar e de previsões de contas a receber, preferencialmente, utilizando sistemas informatizados.

5 - *Fluxo de caixa:*

a) *utilização de modelo de fluxo de caixa mensal e diário, com base nos quadros de contas a pagar e a receber.* (Maia et al., 2009, p. 271)

Exercício resolvido

Os clientes dos bancos de varejo podem ser classificados, primeiramente, como *agentes superavitários* ou *deficitários*. Os deficitários buscam as instituições bancárias para conseguir crédito devido a sua deficiência de recursos financeiros. Partindo do pressuposto de que o agente deficitário é uma MPE, analise as seguintes opções e assinale a alternativa correta:

a. As MPEs não são clientes atrativos para os bancos por serem clientes com baixo escore.
b. As MPEs são clientes atrativos para os bancos, mas normalmente operam em alto risco de liquidez por serem empresas com baixo capital de giro.
c. As MPEs não necessitam desenvolver modelos de gestão financeira pois, por serem de pequeno porte, suas atividades financeiras são de baixa complexidade e o proprietário tem capacidade de desenvolvê-las sozinho.
d. As MPEs buscam crédito nos bancos pois não dispõem de capital de giro para o tempo real, apenas para médio e longo prazos.

Gabarito: b
Feedback **do exercício:** As MPEs são organizações de menor porte que, normalmente, por não terem condições, não dispõem de um profissional especializado para cuidar das boas práticas em relação a sua gestão financeira. Apesar de ser o tipo de empresa com giro monetário considerável, elas não dispõem de "folga" financeira, ou capital de giro.

O processo de capacitação dos gestores pode determinar a sobrevivência das MPEs no dinâmico ambiente empresarial. De acordo com os pontos demonstrados, ficou evidente que um grande número de empresas que não seguem boas práticas de gestão financeira, não utilizam com frequência ferramentas de controle que possibilitam concluir por limitações na administração financeira.

Dessa forma, ressaltamos que a manutenção de uma correta gestão financeira de curto prazo é necessária e precisa ser conhecida pelos empresários ou agentes deficitários. Esse problema poderá ser resolvido, portanto, com o acesso a um processo de educação financeira.

2.6 Aconselhamento financeiro

É possível que você conheça alguma pessoa ou família que passa por dificuldades financeiras, acumulando dívidas que só aumentam a cada dia. Os casos de endividamento e inadimplência, infelizmente, são bastante comuns no Brasil, pois, de acordo com o índice apurado pela Divisão Econômica da Confederação Nacional do Comércio de Bens, Serviços e Turismo Divisão Econômica (CNC, 2019), 65% do total das famílias brasileiras passam por situação de endividamento.

Perguntas & respostas

O que significam *endividamento* **e** *inadimplência*?
Essa questão é esclarecida por Silva et al. (2020, p. 357-358) ao realizar a seguinte afirmação:

> *Os termos endividamento e inadimplência ainda são vistos por muitos como sinônimos. Segundo Instituto Brasileiro de Defesa do Consumidor (IDEC), quando uma pessoa pega emprestado recursos financeiros para adquirir algum bem, ele está se endividando. Esse excesso de dívidas pode levar o consumidor à situação de inadimplência, que é quando não se consegue pagar um compromisso financeiro até a data de seu vencimento. Desse ponto de vista, a inadimplência resulta do aspecto do endividamento, por essa razão elas estão interligadas.*

> *Esse panorama é observado na pesquisa realizada apelo Serviço de Proteção ao Crédito (SPC), ao constatar que dois em cada dez entrevistados fizeram compras nos últimos três meses, mesmo estando conscientes de que seria difícil ou não conseguiriam quitar a dívida (SPC, 2018).*
>
> *De maneira geral, é notório que o consumismo está presente na sociedade, por englobar novo contexto tanto cultural como econômico; o que acaba influenciando no processo decisório de compra, e consequentemente a possibilidade de uma disposição consumista causar endividamento ao consumidor.*

A inadimplência e o endividamento são os motivos pelos quais as pessoas buscam um serviço de aconselhamento e consultoria financeira. Não é incomum vermos pessoas recorrendo diretamente às instituições bancárias e/ou financeiras do mercado em busca de crédito para minimizar seus problemas financeiros, sem qualquer tipo de aconselhamento ou análise para saber se essa seria mesmo a melhor saída, e, se for, como seria a melhor forma de lidar com esse crédito para que os problemas de fato fossem solucionados.

A recorrência evidente da situação de inadimplência tão alta, de acordo com Silva et al. (2020), ocorre devido ao fato de o processo de educação financeira ser deficiente no Brasil, mas não somente a isso: a cultura das organizações de impulsionarem as pessoas a consumirem cada vez mais também tem uma parcela de responsabilidade nesse índice.

Na visão de Borges (2013), o processo de educação financeira, além de contribuir para a formação do cidadão, tem uma dimensão sócio-político-pedagógica, uma vez que tem o papel de conscientização aliado ao entendimento básico de noções de administração, finanças, economia e matemática financeira, gerando uma equação que contribui de forma positiva para o controle e o planejamento das finanças pessoais.

Sobre a educação financeira no processo de capacitação, Pereira, Cavalcante e Crocco (2019, p. 542-543, grifo do original) afirmam:

> Em primeiro lugar, **educação financeira** deve ser entendida como uma ação de instrução, que envolve **treinamento e ensinamento**, e visa assegurar conhecimento e habilidade para **entender termos e conceitos financeiros, saber manipulá-los e utilizá-los, compreendendo suas relações.**
>
> Isso corresponde a temas ligados às finanças pessoais, como conceitos, relações causais, manejo de ferramentas de estatística e matemática financeira, práticas financeiras cotidianas, descrição geral do mercado financeiro e dos principais produtos e serviços e riscos e incertezas relacionados às finanças pessoais. Além desses, a educação financeira deve contemplar ações complementares, referentes à obtenção de informações e conselhos (atualizados, detalhados e confiáveis) sobre: i) produtos e serviços financeiros disponíveis, em comparação aos ativos reais; ii) acesso a bases de dados, fontes de informação e de opinião sobre o estado atual e tendências futuras (séries históricas e projeções); iii) conflito de interesses existentes na vida financeira e; iv) sistema vigente de proteção ao consumidor financeiro e, principalmente, de formas de acesso a esse tipo de profissional ou instituição, para fins preventivos ou corretivos.

Em conformidade com essa ideia, Stehling e Araújo (2008) demonstram que a implantação da educação financeira deve ser priorizada e iniciada o mais cedo possível na vida das pessoas, com o objetivo de que elas adquiram uma relação saudável com o dinheiro em direção à conquista da independência financeira e econômica, ao ter consciência da importância de lidar com o dinheiro no dia a dia.

Além disso, o processo de educação financeira auxilia jovens e adultos a tomarem decisões financeiras mais corretas no futuro. Compreender de que forma os conceitos sobre educação financeira influenciam na tomada de decisão e na qualidade de vida tem forte relação com o menor nível de endividamento e, consequentemente, de qualidade de vida das pessoas.

Silva et al. (2020, p. 364) esclarecem a relação entre saúde financeira e qualidade de vida:

Em uma sociedade atual, ter qualidade de vida envolve sem dúvida, a boa gestão financeira, o que preocupa a todos pelo fato de muitas pessoas viverem semo devido controle econômico e não terem um planejamento pessoal. Sem dúvida, existe possibilidade para que esse cenário se transforme em um panorama favorável, o que envolve planejamento e educação financeira. A falta de controle e planejamento financeiro leva as pessoas a manifestarem sinais e sintomas somáticos e afetam não somente a qualidade de vida, mas também a própria saúde.

De acordo com Mendes (2015), a maioria dos brasileiros só se dá conta do prejuízo quando o nível de endividamento saiu do controle, quer dizer, quando chegamao extremo. Nessa situação, é necessário: adquirir novos hábitos, planejar o orçamento financeiro, e definir metas e prazos para alcançá-los para que os indivíduos obtenham bons resultados e certamente uma melhor qualidade de vida. Validando Luquet e Assef (2007, apud MENDES, 2015, p. 19) afirmam que "o remédio [...] não é aumentar a receita, mas essencialmente gerir melhor o que se tem". Nesses aspectos, o importante é planejar e controlar as finanças pessoais para que o cidadão possa ter uma qualidade de vida mais saudável e ações públicas mais efetivas contribuam para a consciência financeira dos indivíduos.

Nesse sentido, surgem os serviços de aconselhamento ou consultoria financeira, também denominados por Carrasqueira (2010, p. 3) de "intermediários de crédito". De acordo com a autora, os intermediários de crédito são indivíduos ou empresas que não concedem crédito, mas que facilitam aos indivíduos ou às empresas o acesso ao crédito concedido por outra instituição.

Para Carrasqueira (2010), esses intermediários podem contribuir para facilitar o encontro entre quem busca o crédito e quem o oferece, apoiando o cliente bancário na pesquisa do produto mais adequado às suas necessidades e aos seus objetivos. De acordo com o autor, os intermediários atuam com a finalidade de "reduzir a assimetria de informação, prestando assessoria financeira aos clientes, bem como para ajudar a instituição de crédito a avaliar a capacidade de endividamento do potencial cliente" (Carrasqueira, 2010, p. 17).

Além das questões de endividamento e inadimplência, o aconselhamento ou consultoria financeira pode ter outras finalidades, como prevenção de problemas financeiros e emancipação do consumidor ante aquisições compulsivas e uso excessivo de crédito (Carrasqueira, 2010).

Entre as diversas competências, essa também é considerada um meio de educação e informação para ajudar os consumidores a compreender e modificar o seu comportamento em relação à gestão financeira, além dos aspectos relacionados a seu padrão de consumo e ao estilo de vida.

O propósito do aconselhamento, nessa perspectiva educacional e de informação, também envolve o processo de encorajamento dos clientes ao experimentar estratégias e realizar planejamentos relativos a seu futuro, ao identificar e compreender seus objetivos financeiros e ao gerir de maneira eficaz seus recursos para prosseguir com esses objetivos.

Na concepção de Gomes (2018), todo e qualquer indivíduo pode se beneficiar do planejamento financeiro, sejam aqueles que têm padrões comportamentais sobre as compras, sejam aqueles com débitos constantes, ou, ainda, as pessoas que desejam apenas se prevenir de situações embaraçosas financeiramente, com objetivos de atingir certa liberdade futuramente.

A elaboração de um planejamento financeiro é fundamental para a gestão dos recursos pessoais. Silva et al. (2014) afirmam que um dos fatores que pode contribuir para esse controle financeiro é seguir um roteiro em que se deve, primeiramente, listar as despesas para identificar o que pode ou não ser eliminado. Nesse processo, o conhecimento das próprias despesas fica melhor compreendido. Além disso, as despesas que ocorrem em determinados períodos são entendidas como uma margem para imprevistos. Vale ressaltar que esse planejamento pode ser feito por meio de planilhas eletrônicas, caderno, folha de papel, ou *softwares* específicos.

Em consonância com os objetivos estabelecidos para os clientes, os consultores financeiros elaboram seus próprios objetivos, de maneira que eles sejam um denominador comum entre os interesses das instituições financeiras que concedem crédito e os benefícios que esse serviço deve prestar para os clientes.

Exercício resolvido

O endividamento e a inadimplência no Brasil contemplam mais da metade das famílias. Assim, com base nas informações a respeito dessa situação e de como as instituições financeiras podem auxiliar nesse sentido, analise as alternativas a seguir e assinale a correta:
   a. As instituições financeiras não podem cooperar de forma alguma com o problema de endividamento e inadimplência, visto que esse é um problema de educação financeira.
   b. O serviço de aconselhamento fornecido pelos bancos auxilia apenas aqueles que desejam se prevenir de situações perigosas quanto à saúde financeira.
   c. Os bancos dispõem de um serviço de aconselhamento financeiro, normalmente voltado para o segmento de atacado, que presta orientações quanto à melhor escolha de uma concessão de crédito para que a saúde financeira do individado seja recuperada.
   d. O serviço de aconselhamento financeiro fornecido pelos bancos auxilia apenas os indivíduos que buscam a emancipação ante aquisições compulsivas e ao uso excessivo de crédito.

Gabarito: a
Feedback **do exercício**: O serviço de aconselhamento financeiro se destina às pessoas com problemas de inadimplência e endividamento, além de situações de prevenção e de emancipação de uso de crédito.

Síntese

A seguir, apresentamos resumidamente os tópicos que foram discutidos neste capítulo:
- Os bancos comerciais são as instituições que realizam as operações financeiras monetárias. São instituições do subsistema de operação que integram o sistema financeiro nacional (SFN).

- A nomenclatura *instituições financeiras bancárias* abrange bancos comerciais, bancos de varejo, bancos de negócios, bancos múltiplos e caixas econômicas.
- As instituições financeiras realizam o processo de intermediação financeira entre os agentes deficitários – que precisam de dinheiro emprestado – e os agentes superavitários – que têm dinheiro disponível para investir. Esses agentes podem ser pessoas físicas ou jurídicas.
- *Bancos de varejo* é uma denominação dos bancos comerciais. Eles fornecem produtos e serviços como saques, transferências, pagamentos e empréstimos. Os grandes bancos são bancos de varejo, por exemplo, Banco do Brasil, Bradesco, Itaú, entre outros.
- Os bancos digitais são produtos de inovação tecnológica estruturados de maneira digital que atuam no mercado financeiro. São também conhecidos como *fintechs*.
- Os bancos de varejo enfrentam inúmeros desafios, como intensa concorrência, instabilidade econômica e política, inovações tecnológicas, entre outros. Diante dessas situações, devem sempre buscar diferenciais competitivos para se manter em atividade.
- A busca pela vantagem competitiva dos bancos envolve recursos como o acesso a banco de dados, iniciativas inovadoras em seus produtos e serviços, pesquisa de mercado, segmentação de clientes, atendimento personalizado, entre outros. Essas ações cooperam com o crescimento dos negócios.
- Os clientes deficitários que buscam serviços dos bancos geralmente são reprovados em análise de escore. Enquanto pessoa jurídica, as MPEs são o tipo de cliente que apresentam maior dificuldade de gestão financeira. Para garantir o acesso a crédito e o progresso dos negócios, essas empresas devem buscar melhorias na gestão financeira por meio de processos de educação nesse segmento.

Técnicas de vendas de produtos financeiros para o cliente de varejo

Conteúdos do capítulo:

- Técnicas de venda de produtos financeiros para o cliente de varejo.
- Cobrança bancária.
- Título de capitalização.
- Seguro de vida e outros seguros.
- Operações de financiamento para o varejo.

Após o estudo deste capítulo, você será capaz de:

1. identificar as principais técnicas de vendas para os clientes de varejo;
2. demonstrar como as cobranças são realizadas pelas instituições bancárias;
3. reconhecer as características e o funcionamento dos títulos de capitalização;
4. indicar os tipos de seguro, seus benefícios e seu funcionamento;
5. compreender a importância das operações de financiamento de varejo.

Para que o sistema financeiro nacional funcione de maneira saudável, as instituições bancárias têm de prover resultados de suas operações por meio de intensa atividade de vendas.

Realizar vendas em um cenário competitivo e em constante inovação não é tarefa fácil. Por esse motivo, os profissionais devem estar cada vez mais preparados com técnicas que os capacitem para enfrentar as situações adversas que existem na indústria bancária e, ainda assim, proporcionar crescimento a sua instituição.

Conhecer os principais produtos oferecidos pelas instituições bancárias de varejo e entender a função e o funcionamento de cada um desses produtos são tarefas fundamentais para o profissional do setor. Diante disso, apresentaremos, neste capítulo, conceitos e características particulares de cada um deles.

Ao conhecer um pouco melhor a estrutura do sistema financeiro nacional, é possível entender que os orgãos normativos existem para subsidiar os orgãos operacionais na realização de suas atividades dentro de um padrão de excelência e de segurança.

Conforme vimos no capítulo anterior, os bancos comerciais são instituições que funcionam como intermediadoras, realizando vendas de produtos e serviços à pessoas físicas e jurídicas. No entanto, é importante que voltemos a atenção a sua ação principal: a venda de produtos e serviços financeiros aos clientes de varejo.

Dessa forma, iremos conhecer, neste capítulo, as técnicas mais importantes e utilizadas para a realização de vendas dos produtos financeiros em instituições bancárias varejistas, além de entender melhor alguns de seus principais produtos.

capítulo 3

3.1 Técnicas de vendas

As vendas são ações tão presentes em nosso cotidiano que é possível que você não tenha refletido de forma mais aprofundada sobre sua importância para a sustentação do mercado financeiro e da sociedade como um todo. Quando você não está vendendo algo, possivelmente alguém está fazendo isso, não é mesmo?

As instituições financeiras bancárias, principalmente as varejistas, dependem dessa mecânica de vendas para manter seus resultados positivos e seu crescimento sempre constante. Diante disso, convém entendermos mais a respeito das técnicas de vendas de produtos financeiros nos bancos varejistas.

3.1.1 O que são vendas?

As temáticas que incluem vendas em seus principais objetos de debate consideram diversos aspectos, mas, prioritariamente, são tratadas como objeto de estudo do *marketing*. As principais questões discutidas nessa temática são as características do setor de vendas, seus conceitos mais relevantes, a carreira e o mercado de trabalho, o perfil do vendedor e as técnicas de relacionamento entre as pessoas envolvidas na operação.

Para entender melhor o conceito, observe, no Quadro 3.1, as definições elaboradas por grandes autores da área.

Quadro 3.1 – Definições de vendas

Conceito de venda
"Vender, em um sentido amplo, pode ser definido como o trabalho de transmitir um conceito, uma ideia ou uma proposta. Assim, todo mundo vende algo quando comunica ideias e interesses".   Ratto (2019, p. 18)
"A venda é efetivamente apenas um dos muitos componentes de marketing. Nos negócios, uma definição tradicional de venda pessoal se refere à comunicação de informações para persuadir um cliente potencial a comprar algo – um produto, um serviço, uma ideia ou outro conceito – que satisfaça às suas necessidades individuais".   Futrell (2014, p. 8)
"Vender faz parte integrante de um conjunto de atividades e processos organizacionais que busca intensificar cada vez mais o relacionamento entre organização e clientela. Vender – e vender bem – significa colocar toda a organização a serviço do cliente, antes, durante e depois do processo de venda propriamente dito. Isso tem um significado importante: a ação de vender deve ter toda a organização como retaguarda e apoio ao processo de satisfazer e encantar o cliente".   Chiavenato (2005, p. 1)

Ao analisarmos os conceitos do quadro, podemos compreender o estreito vínculo que a definição de venda possui com o *marketing*. Essa relação, de acordo com Chiavenato (2005, p. 2), não deve segregar a venda como uma ação isolada, pois ela é "parte integrante de um conjunto maior a que denominamos marketing". Ainda sobre essa afirmação, o autor explica que o *marketing*, de forma geral, é composto por ações como vender, divulgar, propagar, promover, distribuir, definir preço, construir marca, atender o cliente, encantá-lo e fidelizá-lo.

Assim, é natural que você perceba, em muitos casos, que as ações de uma venda se confundem com muitas atividades inerentes ao *marketing*. Venda e *marketing* estão interligados, embora sejam interdependentes. Gobe et al. (2017) comentam que a execução de estratégias de *marketing* é necessária para que as atividades de vendas alcancem os objetivos pretendidos. Futrell (2014) corrobora essa afirmação ao demonstrar como os esforços, por meio do *mix* de *marketing*, cooperam com o resultado das vendas e devem ser considerados como uma base obrigatória antes das ações partirem para a operacionalização. De acordo com o autor, na visão dos esforços de *marketing*, a empresa deve ter como pressuposto básico dois pontos importantes: 1) determinar as necessidades de seus clientes e 2) criar e manter um *mix* de *marketing* que satisfaça essas necessidades.

Philip Kotler e Gary Armstrong (2007, p. 51), autoridades na área na atualidade, definem o *mix* de *marketing* como "o conjunto de ferramentas que a empresa usa para atingir seus objetivos de marketing no mercado-alvo".

Os **elementos** que integram o *mix* de *marketing* são: **produto, preço, praça** ou **distribuição** e **promoção**. Atualmente, esses são os meios considerados bases fundamentais para a operacionalização das atividades de *marketing* e, portanto, de vendas, sendo conhecidos como *composto de marketing* ou *4 Ps*.

A respeito da definição do composto de *marketing*, Chiavenato (2005, p. 3-4) afirma o seguinte:

> De um modo geral, maketing é o processo de planejar e executar a concepção, preço, promoção e distribuição de ideias, bens e serviços para criar intercâmbios que satisfaçam objetivos individuais e organizacionais. O marketing está intimamente relacionado com as transações de bens, de serviços, de ideias e valores. Para tanto, parte dos objetivos estratégicos da empresa, dos objetivos específicos de marketing e do conhecimento do mercado para definir um composto de atividades ligadas ao produto, preço, promoção e propaganda, distribuição e venda. É o que chamamos de composto de marketing. Marketing mix ou composto de marketing significa a combinação específica e única de atividades que uma determinada empresa utiliza para proporcionar satisfação ao mercado em geral e ao cliente em particular.

Nesse sentido, Chiavenato (2005) ainda esclarece que todo o composto de *marketing* proporciona informações para o mercado e favorece a execução das vendas, proporcionando informações de retorno para a empresa. Além disso, o autor comenta que todas essas forças são afuniladas dentro de um cenário geral, que envolve o mercado, até chegar aos consumidores, que fazem com que o ato da venda se efetive. O autor expõe essa relação na Figura 3.1.

Figura 3.1 – O composto de *marketing* e o envolvimento do cliente

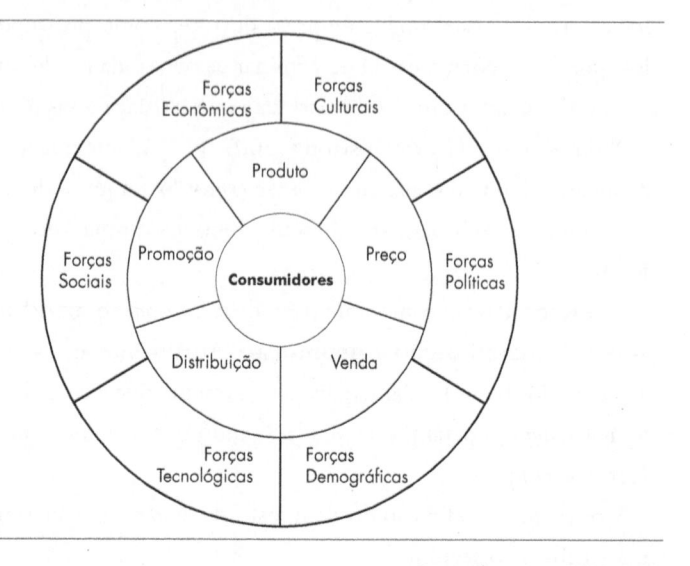

```
                    Forças        Forças
                    Econômicas    Culturais

                          Produto

        Forças    Promoção              Preço    Forças
        Sociais         Consumidores             Políticas

                   Distribuição    Venda

                    Forças        Forças
                    Tecnológicas  Demográficas
```

Fonte: Chiavenato, 2005, p. 29.

Considerando a figura, compreendemos que o centro de todos os elementos em uma análise e estratégia de *marketing* são os consumidores. O autor afirma que esses atores são o alvo principal de toda a atividade empresarial. Desde o momento de criação até o momento de entrega do produto ou serviço nas mãos do consumidor, todas as ações e atitudes da organização são centradas em sua clientela ou em seu público-alvo.

Nesse sentido, Gobe et al. (2017, p. 59) chamam a atenção para o *mix* de *marketing* envolvendo a visão dos profissionais de vendas:

> Os profissionais de vendas tendem a dar grande importância ao preço, que faz parte do composto de marketing, pois uma variação – para cima ou para baixo – pode tanto inibir como estimular as vendas. Entretanto, nem sempre uma redução de preços é positiva; dependendo do caso, ela pode prejudicar a imagem e o prestígio do produto, enfurecer aqueles consumidores que pagaram mais caro

e não ser economicamente viável (o custo é maior que o preço cobrado). Muitas vezes, fatores como custo, rapidez de resposta, retorno esperado ou concorrência impedem os profissionais de marketing de utilizar todos os elementos do composto promocional, exigindo que só alguns deles sejam postos em prática. É necessário que os profissionais de marketing estejam preparados para responder a algumas questões importantes para elaborar seu plano de comunicação, como: quais são os objetivos da comunicação? Quanto pode ser investido? Que mensagem deve ser divulgada? Quais veículos devem ser utilizados para atingir quais públicos-alvo? E como os resultados deverão ser avaliados?

Dessa maneira, é possível entender como a participação dos profissionais de vendas quanto à abordagem ao consumidor é importante. Eles devem conhecer seus clientes e dominar as técnicas que atendam com maior nível de excelência aos desejos e às necessidades dos consumidores. Sendo assim, entenderemos na seção a seguir como as abordagens e as técnicas devem ser implementadas no momento da ação da venda.

3.1.2 Técnicas de vendas de produtos financeiros

A todo tempo as pessoas vendem alguma coisa, seja um produto ou um serviço, seja uma ideia ou algo que desperte o interesse de outra pessoa. Ratto (2019) transmite com muita ênfase a ideia das técnicas de vendas por meio da comunicação, com foco principal na venda, como uma operação de entrega de determinado bem ou serviço a um terceiro pela contrapartida de certo valor, normalmente expresso em dinheiro. Ou seja, venda de produtos e serviços dentro das empresas de varejo.

Baseado, normalmente, no aparato fornecido pelas estratégias de *marketing*, os consumidores e os vendedores entram em contato e a venda se inicia com a troca de informações entre eles. Nessa troca, o vendedor consegue entender os desejos e as principais necessidades do consumidor, estando preparado para atender com melhor eficiência a sua demanda. Nesse sentido, Ratto (2019, p. 21) esclarece a dinâmica da comunicação:

> *A comunicação entre o vendedor e o potencial comprador não se limita à troca de informações. Ela também se dá por meio da propaganda, promoção de vendas, exposição dos produtos ou de materiais que oferecem serviços, pela comunicação*

visual da loja e pelas informações acessíveis ao comprador, como preços, planos de pagamento, prazo de entrega, entre outros. É preciso um tanto de esforço para se apresentar ao mercado. Com diferentes ferramentas, é possível comunicar: o que a empresa vende, quais benefícios oferece e que outros fatores tornam suas ofertas melhores que as da concorrência. Em outras palavras, a mensgem é a seguinte: "Se você deseja adquirir este tipo de produto ou serviço, visite nossa loja, nós somos a melhor opção." O trabalho do vendedor, no contato direto com o comprador, é o de complementar as informações que já foram passadas pelos outros canais de comunicação. Cabe ao vendedor tirar dúvidas, dar sugestões e argumentar com o comprador para que este efetue a compra.

Para que essa comunicação seja efetiva, além dessas orientações, existem etapas que fazem parte do processo de vendas que podem contribuir com maiores resultados. Cônsoli, Castro e Neves (2009) apresentam essas etapas na Figura 3.2.

Figura 3.2 – Etapas do processo de vendas

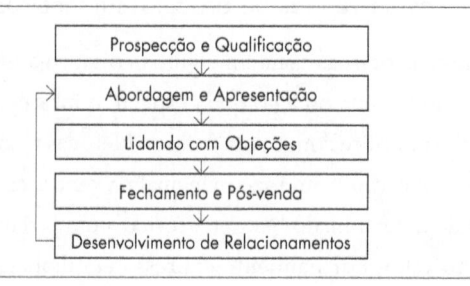

```
   ┌─> Prospecção e Qualificação
   │        ↓
   │   Abordagem e Apresentação
   │        ↓
   │   Lidando com Objeções
   │        ↓
   │   Fechamento e Pós-venda
   │        ↓
   └── Desenvolvimento de Relacionamentos
```

Fonte: Cônsoli; Castro; Neves, 2007, p. 18.

Na Figura 3.2, a etapa de prospecção e qualificação do público consumidor ocorre com auxílio de fatores presentes no *mix* de *marketing*. Os clientes têm seu primeiro contato por meio de canais de comunicação como publicações comerciais, propagandas, contatos diretos, *telemarketing*, *websites*, anúncios digitais etc. Cônsoli, Catro e Neves (2009, p. 26) esclarecem que: "prospecção é um expediente importante para o vendedor aumentar as opções de clientes a serem atendidos, visto que quanto maior for o número de prospectados, maiores serão as chances de encontrar futuros parceiros".

A abordagem ao cliente se inicia desde o treinamento dos profissionais de venda até o início do contato com o cliente. Nesse momento, é importante que este seja atendido de acordo com seu segmento e que o espaço de manifestação da venda, ou ponto de venda, reúna atividades e informações que favoreçam a interação entre o provedor do produto ou serviço e o consumidor (Ramos, 2009). Recomenda-se, então, a realização de perguntas específicas e estratégicas para identificar melhor o cenário de venda. Nesse sentido, Castro (2008) sugere as perguntas que aparecem no Quadro 3.2, a seguir.

Quadro 3.2 – Perguntas utilizadas para descobrir as necessidades dos consumidores

Perguntas	Descrição e exemplo
Perguntas **situacionais**	São perguntas que buscam informações concretas sobre a atual situação do comprador. Os vendedores fazem essas perguntas para ter ideia de como o cliente pode ser capaz de utilizar seus produtos: • Com que frequência trocam-se as lonas de freio dos seus caminhões? • Quem participa da decisão de compra das peças dos caminhões? • Preferes utilizar peças originais ou "paralelas"?
Perguntas para **descobrir problemas**	São as perguntas utilizadas para revelar problemas em potencial, dificuldades ou insatisfações que o cliente está enfrentando os quais os produtos do vendedor podem solucionar. Os vendedores utilizam essas perguntas para descobrir necessidades do cliente em torno das quais ele pode desenvolver sua apresentação: • Já perdestes algum negócio por não conseguir repor um produto por falta de alguma manutenção? • Já teve problemas com garantia dos produtos?
Perguntas sobre o **impacto dos problemas**	São perguntas sobre o impacto que o problema do comprador terá sobre vários aspectos de suas operações. Os vendedores fazem essas perguntas para obrigar o comprador a pensar nas consequências de não solucionar o problema. Essas perguntas ajudam o comprador a ver que a seriedade do problema justifica o tempo e o dinheiro necessários para se alcançar uma solução: • Que efeito o atraso de uma mercadoria pode causar no seu negócio?

(continua)

(Quadro 3.2 – conclusão)

Perguntas	Descrição e exemplo
Perguntas sobre o **valor da solução**	Essas perguntas buscam saber o valor ou a importância de uma solução para um problema descoberto no início da conversação. Os vendedores as utilizam para reforçar a importância do problema e ajudar o comprador a avaliar a importância de uma solução: • Em quanto aumenta seus custos pela falta de uma peça? • Qual a importância (custo *versus* benefício) em manter o caminhão com suas peças em dia, bem conservadas?
Perguntas **confirmatórias**	Para finalizar, essas perguntas procuram confirmação dos compradores de que eles estão interessados em saber como seus produtos poderão ajudá-los. Os vendedores podem utilizar perguntas confirmatórias para fazer a transição para a apresentação dos recursos e benefícios de seus produtos: • Se eu lhe mostrar que nossos produtos têm preços competitivos e reduzirão seus custos com a reposição de peças, você se interessaria por eles?

Fonte: Elaborado com base em Castro, 2008, p. 65-66.

Sobre as objeções, Blount (2019) comenta que a melhor maneira de lidar com elas ocorre no momento da estratégia de *marketing*, o qual constrói a comunicação para prospectar o público. Com uma comunicação bem pensada e bem construída estrategicamente, os vendedores acabam lidando com clientes mais qualificados aos produtos, no entanto, as objeções são inevitáveis em qualquer cenário.

Dessa forma, o autor sugere a organização de um planejamento para a conversa com o cliente.

> *A forma mais eficaz de lidar com a preocupação, o estresse e as emoções disruptivas é preparando-se e praticando antecipadamente. Reserve desde o início um tempo para se preparar, pesquisando as pessoas envolvidas, colocando-se em seu lugar e considerando seus pontos de vista. Pense nas objeções escondidas e nas perguntas que pode fazer para que elas venham à tona. Utilize-se do processo do comitê de elite, antecipando perguntas difíceis que seus membros possam fazer, pistas falsas que possam soltar e todas as potenciais objeções. E então pratique, pratique e pratique! Repasse a demonstração ou apresentação em sua mente várias vezes antes de reunião. Desenvolva recomposições, respostas e esclarecimentos para cada questão e objeção em potencial. Ensaie a conversa de vendas com seu gerente*

ou algum colega. Considere todos os piores cenários, para estar preparado para qualquer eventualidade. Visualize a situação e o seu sucesso. A preparação acalma a mente e constrói confiança. (Blount, 2019, p. 169)

A **etapa do fechamento da venda** envolve aspectos que auxiliam as pessoas a tomarem a decisão final no processo de compra. Futrell (2014) comenta que, embora existam inúmeros fatores que o profissional de venda deve considerar para fechar uma venda, alguns **pontos são essenciais para aumentar as chances do processo de fechamento**. São eles:

- *Faça com que o cliente potencial compreenda o que você diz.*
- *Sempre apresente uma história completa para garantir a compreensão.*
- *Ajuste seu fechamento para cada cliente potencial. Oitenta por cento dos clientes respondem a um fechamento padrão. É para os outros 20% dos clientes que você precisa se preparar. Prepare-se para dar ao cliente especialista todos os fatos solicitados, louvar o cliente egocêntrico, conduzir o cliente indeciso e desacelerar para um que pensa devagar.*
- *Leve em consideração o ponto de vista do cliente em tudo que você faz e diz.* (Futrell, 2014, p. 321)

Castro (2008) complementa a seção de fechamento e pós-venda sugerindo o acompanhamento da venda e o contato com os clientes após a venda para entender as necessidades destes, bem como as dificuldades com o produto ou serviço adquirido.

Exercício resolvido

As vendas são operações que fazem parte do cotidiano dos profissionais nas instituições bancárias. Mas a realização de uma venda pressupõe várias atividades. Assim, com base nas etapas dos processos de vendas, analise as afirmativas a seguir e assinale a alternativa correta:
  a. Prospecção e qualificação dizem respeito a uma etapa que depende das ações estratégicas planejadas e implementadas pelo setor de *marketing* da organização.
  b. A abordagem e a apresentação ao cliente se iniciam no momento da prospecção e não exigem qualquer tipo de contato do profissional de vendas com o cliente.

c. As objeções são inevitáveis em qualquer cenário, não importa se a estratégia de *marketing* foi realizada com o propósito de qualificar seu público ou não. Essa ação não diminuiria a quantidade de objeções no momento da abordagem.
d. A construção de um relacionamento comercial com o cliente depende da abordagem. O momento das objeções e do pós-venda não interferem no desenvolvimento do relacionamento.

Gabarito: a

***Feedback* do exercício**: As vendas são parte integrante do *marketing*. São elementos que atuam de forma complementar e integrada: sua realização ocorre por um processo que se inicia na prospecção do cliente por meio das ações de *marketing* e, em seguida, a abordagem se inicia com o contato do cliente com o vendedor. As objeções podem ser minimizadas com uma qualificação eficiente no momento da prospecção, e as ações pós-venda são o caminho para a criação de um relacionamento efetivo com o cliente.

O acompanhamento é uma forma de pós-venda que os vendedores de varejo podem utilizar para aumentar a satisfação dos consumidores e construir relacionamentos duradouros. Com as informações coletadas pelos vendedores, torna-se mais fácil o processo de abordagem para a realização de novas vendas.

3.2 Cobrança bancária

Você sabia que o maior impedimento de acesso aos produtos bancários decorre da limitação de crédito por conta da inadimplência?

De acordo com Novaes, Santos e Lara (2018, p. 2), "quando um banco concede crédito a seu cliente, espera que seja devolvido de acordo com as condições pactuadas em contrato, mas deve se precaver do risco de não receber". Quando esse acordo não é cumprido pela parte tomadora, ocorre a restrição de crédito e, por consequência, a inadimplência.

No campo da inadimplência, Silva (2011a) destaca que o crédito deve ser visto como um "produto" para os bancos. A negociação do crédito depende de um adequado sistema de cadastro que fornece informações detalhadas sobre os clientes, em que se avalia o risco de não serem honrados os recursos emprestados no prazo combinado. Sendo assim, é realizado o cálculo do limite de crédito máximo e mínimo para cada cliente.

A análise de crédito funciona como um levantamento de informações que previne a instituição de conceder créditos malsucedidos, evitando, assim, grandes perdas financeiras. Para isso, existem alguns **modelos de análise de crédito dos clientes**. Um deles é o chamado *4Cs do crédito*, que correspondem ao critérios de: **caráter, capacidade, capital** e **condições**, de acordo com Castro Neto e Sérgio (2009).

Os critérios de análise de crédito variam de acordo com cada instituição bancária. É possível que cada instituição adote os critérios que melhor se adequem a suas particularidades e aos tipos de podutos com que elas normalmente trabalham.

Blatt (1999) comenta sobre a importância de levar em consideração os **três principais elementos da análise de crédito** para uma boa tomada de decisão. Na opinião do autor, esses elementos são a **segurança**, a **liquidez** e a **rentabilidade**. Para isso, é necessário conhecer bem os clientes, coletar o máximo de informação possível e manter seu banco de dados atualizado, além de ter clareza sobre as quantias que pode e deve emprestar, bem como as condições desse empréstimo.

A importância da análise de risco nas operações de crédito pode ser percebida com base em Schrickel (2000), quando ele afirma que a incerteza em relação ao futuro e ao risco são fatores que devem ser ponderados, com o objetivo de preservar a instituição bancária de maiores riscos. Nesse sentido, é possível compreender que, se a concessão do crédito for feita com base em uma criteriosa análise dos clientes, os níveis de inadimplência podem ser consideravelmente minimizados.

> **Perguntas & respostas**
>
> **O que é inadimplência e em que ocasião ela ocorre?**
> De acordo com Annibal (2009), a inadimplência nas instituições financeiras ocorre quando uma pessoa física ou jurídica não honra com os acordos auferidos no momento da solicitação e da concessão de crédito, ou seja, não realiza o pagamento de uma obrigação financeira até a data de vencimento que foi concordada. Dessa forma, a partir da data estabelecida, caso o pagamento não tenha sido realizado, o devedor passa a ser considerado inadimplente.

Novaes, Santos e Lara (2018) chamam a atenção para a forma como a cobrança deve ser realizada pelas instituições bancárias em casos de inadimplência. Os autores afirmam que cada uma das instituições deve criar uma política de cobrança que represente seus objetivos. Isso se faz necessário, uma vez que cada instituição deve considerar suas particularidades internas ao estabelecer essa política para cobrança de pagamentos inadimplentes.

Ao abordar a **cobrança**, Silva (2011b) ressalta a importância da existência de um departamento que gerencie e execute as cobranças e as entradas de fluxo de caixa, sendo essas atividades essenciais para fornecer informações que designem as condições em que o crédito possa ser concedido e o prazo ideal para recebimento de pagamento em atraso.

Nesse sentido, Novaes, Santos e Lara (2018, p. 4) comentam alguns papéis importantes desse departamento:

> *A equipe de cobrança deve possuir treinamento e constante atualização; deve entender como a cobrança é feita, por meio de política clara, de preferência escrita e publicada em forma de manual, a fim de organizar os métodos, fluxos de documentos e procedimentos, tornando o processo eficaz e ainda minimizando os custos. No dizer de Castro Neto e Sérgio (2009) uma política de cobrança eficiente é criada pelos gestores da empresa, que normatizam ações e procedimentos de recuperação de crédito. Na política são determinadas quais as ações a serem adotadas e a forma de atuação na condução da cobrança. Como forma de controle*

podem ser utilizados sistemas e planilhas que indiquem o total da dívida, o valor não vencido, o valor vencido, o tempo de atraso e outros dados. Os dados devem ser atualizados e analisados com frequência.

Nessas situações, sugere-se que se considerem alguns fatores importantes para estabelecer os métodos de cobrança mais adequados. Sendo assim, Silva (2011a) afirma que, no programa de recuperação de recebíveis, será muito importante avaliar a relação de custo × benefício de cada um dos clientes em dívida, avaliando o valor da dívida e o método de cobrança utilizado. As formas de cobrança devem ponderar a importância do cliente para a instituição, uma vez que uma abordagem mais incisiva pode abalar de forma permanente o relacionamento com ele.

Diante disso, é possível demonstrar alguns **métodos de cobrança**, ou ferramentas, que são normalmente utilizados pelas instituições bancárias na tentativa de recuperação de crédito. Assim, Novaes, Santos e Lara (2018) ressaltam os **cinco tipos mais efetivos e utilizados na indústria bancária**, que estão demonstrados no Quadro 3.3, a seguir.

Quadro 3.3 – Ferramentas de recuperação de crédito mais utilizadas pelas instituições bancárias

Método	Descrição
Negativação nos serviços de proteção ao crédito	Consiste em sinalizar nos órgãos de proteção ao crédito o cadastro do cliente de forma negativa. Negativar o nome de clientes devedores serve para barrar o crédito desses indivíduos no mercado e levá-los a resolver a situação. O recebimento do aviso já pode surtir o efeito esperado, com o devedor efetuando o pagamento da dívida.
Cartas de cobrança	Uma ferramenta muito utilizada nos processos de cobrança por ser um método barato e simples. A carta de cobrança pode melhorar, em média, 50% a recuperação de crédito, aumentando a lucratividade, otimizando as ações de cobrança e favorecendo acordos, renegociações e descontos.
Telecobrança	É a cobrança realizada por meio de ligações telefônicas. Possibilita um retorno imediato em relação ao pagamento, a uma promessa de pagamento ou a uma proposta de acordo e negociação. Esse tipo de cobrança pode ser terceirizada, com a contratação de empresas especializadas.

(continua)

(Quadro 3.3 – conclusão)

Método	Descrição
Notificações extrajudiciais	São correspondências com redação de apelo jurídico e que, em razão da presença de um oficial de justiça, é uma poderosa ferramenta de persuasão, fazendo com que o devedor atente para a gravidade da situação de sua dívida, que pode se encaminhar para um processo judicial. O notificado não poderá alegar desconhecimento do documento nem se eximir do cumprimento de suas obrigações alegando ignorância, porque o texto do documento e a comprovação da sua entrega ficam registrados.
Ação de execução e penhora	Outro meio de cobrança que passa por via judicial é a ação de execução. A penhora é o ato pelo qual o Estado, exercendo o seu poder de coação, assegura a existência de um bem destinado à satisfação do direito do exequente, impossibilitando o executado de dispor material e juridicamente do objeto da execução, com eficácia para o credor. Conforme o Código de Processo Civil, Art. 655, a penhora pode recair sobre diversos bens, como dinheiro, títulos da dívida pública da União ou dos Estados, bens móveis e imóveis, direitos e ações.

Fonte: Elaborado com base em Novaes; Santos; Lara, 2018.

A maioria dos métodos de cobrança expostos no Quadro 3.3 são passíveis de regulamentações descritas no Código de Defesa do Consumidor (CDC) – Lei n. 8.078, de 11 de setembro de 1990 (Brasil, 1990) –, para que a ação da cobrança seja realizada sem que os consumidores sofram algum tipo de constrangimento ou ameaça.

Existem algumas estratégias que devem ser utilizadas para a eficiência dos programas de cobrança. O contato presencial ou por telefone proporciona uma resposta imediata do cliente. Além disso, ser atencioso e paciente, saber escutar, ter autocontrole, possuir raciocínio rápido, possuir capacidade de análise e síntese e saber enfrentar e tolerar conflitos são comportamentos essenciais no processo de cobrança (Alto; Pinheiro; Alves, 2009).

Silva (2011b) recomenda que brincadeiras, ironias e intimidade com o devedor são atitudes que devem ser evitadas, pois o atendente deve ter sempre uma postura profissional, oferecendo alternativas de renegociação, dentro dos parâmetros com que se pode trabalhar. Havendo possibilidade de oferecer descontos e parcelamentos, é importante que a proposta seja realizada de forma muito clara, oferecendo vantagens ao cliente.

Para saber mais

Assista à série documental britânica sobre o dinheiro e o funcionamento dos bancos intitulada *A ascensão do dinheiro: a história financeira do mundo*. A série, que é dividida em seis episódios, foi baseada em um *best seller* de Niall Ferguson e é apresentada pelo próprio autor. Por meio da narrativa que constrói o documentário, é possível entender a história do dinheiro e sua importância para a sociedade.

A ASCENSÃO do dinheiro: a história financeira do mundo. 2009. Disponível em: <https://www.youtube.com/watch?v=Pfnla93BgLA&list=PLmE JKG-koRibHEM0A57c7XIiAMbQeHfSE>. Acesso em: 12 ago. 2021.

Assim, um dos requisitos que se espera de um bom negociador é que ele conheça todas as características, particularidades e condições do que está sendo negociado, além de identificar, no momento da comunicação, os pontos fortes e fracos do negociante.

3.3 Título de capitalização

É possível que você já tenha ouvido falar em *títulos de capitalização* em algum momento de sua vida, pois não é incomum que profissionais bancários ofereçam esses produtos a seus clientes. Outra forma muito comum com que você deve ter visto um título de capitalização são os anúncios publicitários televisivos. Herrera (2018) dá como exemplo o título de capitalização do grupo Silvio Santos, a Tele-sena, produto de forte apelo midiático, comercializado em casas lotéricas, agências dos correios, de foco popular, dado ao baixo valor e à premiação elevada.

Como produto financeiro, o título de capitalização foi criado com o propósito de fazer com que o cliente deixe seu capital assegurado em formato de um produto. Além disso, é uma maneira de os bancos captarem recursos financeiros de agentes superavitários com a promessa de oferecer a seus clientes a chance de concorrer a prêmios.

Para entender melhor a etimologia do termo *capitalizar*, Gomes (2019, p. 13) esclarece que a expressão se forma pela junção do radical do substantivo *capital*, com o sufixo formador de verbos *izar*, passando a significar "acumular ou formar capital, bens, riquezas". Segundo o autor, a aquisição de um título de capitalização implica em uma decisão do adquirente de adiar um consumo presente para usufruir, no futuro, de um capital maior (montante monetariamente corrigido e acrescido de juros) ou participar de sorteios.

Por se caracterizar como um produto imbricado de certa peculiaridade do ponto de vista jurídico, é importante ressaltar que esse produto bancário foi devidamente regulamentado por um ordenamento jurídico e por decretos no ano de 1932 e regulamentado em 1933. Após a última regulamentação, o produto sofreu algumas mutações com o objetivo de se adaptar aos contextos econômicos e sociais, que foram mudando ao longo do tempo.

Sobre a definição e o contexto de aplicação dos títulos de capitalização, Abreu (2012, p. 2, grifo do original) faz o seguinte comentário:

> Os Títulos de Capitalização são tipicamente um instrumento de captação de poupança, semelhante a um depósito a prazo, mas que alia uma forma de remuneração de capital clássica, através do pagamento de juros, a uma remuneração de carácter eventual, através da participação em sorteios periódicos. Consistem na captação temporária, a prazo, de montantes monetários cuja remuneração é feita, total ou parcialmente, através da **participação em sorteios**. Esta participação em sorteios é o elemento comum a todos os Títulos de Capitalização ao contrário do que acontece com a restituição **total** do montante investido e com o pagamento de juros, ambos facultativos.

As **formas de comercialização** desse tipo de título ocorrem em algumas modalidades, as quais podem ser: **tradicional, compra programada, popular** e **incentivo**. Essas modalidades foram divulgadas pela Superintendência de Seguros Privados (Susep) no ano de 2008, por meio da Circular Susep n. 365, de 27 de maio de 2008 (Brasil, 2008). O Quadro 3.4 detalha um pouco melhor essas modalidades.

Quadro 3.4 – Modalidades de títulos de capitalização

Modalidade	Descrição
Tradicional	A modalidade *tradicional* tem como objetivo principal a formação de um capital a ser resgatado ao final do prazo de vigência do título, que deverá ser igual a 100% do valor pago pelo subscritor. Para atrair o público, é oferecido ao titular do produto a participação em sorteios de prêmios em dinheiro. Os bancos são os principais canais de distribuição dessa modalidade.
Compra programada	Define-se como *modalidade compra programada* o título de capitalização em que a sociedade de capitalização garante ao titular, ao final da vigência, o recebimento do valor de resgate em moeda corrente nacional, sendo disponibilizada ao titular a faculdade de optar, se este assim desejar e sem qualquer outro custo, pelo recebimento do bem ou serviço referenciado na ficha de cadastro, subsidiado por acordos comerciais celebrados com indústrias, atacadistas ou empresas comerciais.
Popular	A modalidade *popular* é aquela em que o principal foco é o sorteio. Diversas empresas atuam nesse nicho de mercado após a nova regulamentação, dentre as quais destacam-se a Aplub Capitalização e Sulacap Capitalização. Ambas se utilizavam do mesmo modelo criado pela Liderança Capitalização, com dois importantes diferenciais: utilizavam diferentes produtos para cada região, o que possibilita uma melhor personalização para a população típica de cada localidade; e o resgate era cedido pelo subscritor a uma entidade filantrópica previamente definida no título de capitalização.
Incentivo	A modalidade *incentivo*, provavelmente, é a menos conhecida pelos consumidores em geral. Apesar de a população ser constantemente beneficiada por esse tipo de título, isso acaba ocorrendo de maneira indireta. Esse tipo de título é focado em empresas (ou associações) que pretendem desenvolver uma campanha de distribuição gratuita de prêmios, o que necessita de autorização legal.

Fonte: Elaborado com base em Herrera, 2018.

Além dos atributos descritos no Quadro 3.4, os títulos de capitalização têm algumas características bem particulares.

> ### Exemplificando
>
> Vamos supor que você esteja em uma instituição bancária e deseja contratar um título de capitalização. Para que isso seja possível, o funcionário do banco vai solicitar o preenchimento de uma ficha de cadastro contendo todos os seus dados pessoais. Herrera (2018) chama a atenção para o caso de o indívíduo contratante ser uma pessoa politicamente exposta. Essa informação deve ser fornecida por uma definição das regras de lavagem de dinheiro.

Uma característica interessante dos títulos de capitalização é que, para adquiri-los, o pagamento deve ser feito no ato da compra, normalmente de forma única ou mensal, quando se trata da modalidade tradicional. Além disso, os títulos têm um prazo de vigência predefinido, que seria o prazo pelo qual é válido o contrato. O prazo mínimo de vigência é doze meses, mas, para essa modalidade, os produtos costumam ter vigências mais alongadas, alcançando até sessenta meses em alguns casos.

Nesse caso, segundo Herrera (2018, p. 58): "Os valores pagos são destinados para cobrir o valor a ser resgatado (cota de capitalização), os valores dos sorteios (cota de sorteio) e os custos administrativos e de comercialização (cota de carregamento)".

Sobre a **cota de capitalização**, Herrera (2018) afirma que ela normalmente poderá incidir juros de remuneração pelo aporte realizado, nesse caso, a taxa varia de 0,35% a 0,5% ao mês. Para o autor, o valor determinado pela aplicação da cota de capitalização sobre os pagamentos, adicionados da taxa de juros, forma a provisão matemática de capitalização, que garante que o valor seja resgatado pelo contratante do título ao final da vigência (Herrera, 2018).

Obrigatoriamente, o valor do resgate ao final do período contratado será igual ou maior, em alguns produtos, ao valor do pagamento realizado pelo título, adicionado da atualização monetária. Essa adição é realizada utilizando-se a taxa referencial (TR). Porém, caso o contratante do título deseje realizar o resgate antes do término do período de vigência, o valor será inferior (Herrera, 2018).

Outro ponto importante é que os títulos normalmente possuem regras de carência relativas ao período dentro do qual não pode ser realizado qualquer resgate financeiro. As normas determinam que esse período seja de, no máximo, vinte e quatro meses, sendo que, em grande parte dos produtos, é utilizado o prazo de 12 meses (Herrera, 2018).

Exercício resolvido

Os títulos de capitalização são uma ferramenta de captação de recursos financeiros muito utilizada pelas instituições bancárias. Assim, com base nas modalidades desses produtos financeiros, analise as seguintes afirmativas e assinale a alternativa correta:
   a. A modalidade tradicional de títulos de capitalização é comercializada pelas instituições financeiras e seu principal objetivo é formar um capital que atinja o prazo máximo de vigência.
   b. A modalidade programada é semelhante à modalidade tradicional, pois as duas garantem o pagamento de um valor extra ao cliente no momento do resgate.
   c. A modalidade popular é comercializada exclusivamente pelas instituições bancárias por um preço baixo que garante rendimentos, e não prêmios.
   d. A modalidade incentivo é uma modalidade muito conhecida pelo público em geral e tem foco principal no sorteio de prêmios, que variam conforme a região.

Gabarito: a

Feedback **do exercício**: Os títulos de capitalização da modalidade tradicional não garantem ao titular o recebimento de qualquer valor adicional no momento do resgate. A modalidade popular não é vendida nos bancos e a modalidade incentivo não é muito conhecida pelos consumidores em geral porque não realiza sorteios de prêmios, essa é uma função da modalidade popular.

Herrera (2018) ressalta que, para realizar o resgate de forma antecipada, ou seja, antes do fim da vigência, existem regras de penalidades que variam de acordo com a vigência do título. De acordo com o autor, "essa penalidade tem limite de 10% até o 6º mês de vigência e, após, de 5% até o 24º mês de vigência ou até ¾ da vigência para títulos com vigência maior" (Herrera, 2018, p. 59).

Além disso, ainda de acordo com Herrera (2018), 100% dos títulos de capitalização comercializados no Brasil contam com sorteios atrelados ao produto, apesar de não ser algo obrigatório pelas normas de regulamentação. Normalmente, esses prêmios dizem respeito ao máximo de 15% dos pagamentos previstos e sempre ocorrem em forma de dinheiro para livre utilização do ganhador. A realização dos sorteios pode ocorrer por meio de loterias oficiais ou de algum outro método designado pela instituição ou sociedade de capitalização (Herrera, 2018).

3.4 Seguro de vida e outros seguros

Todos nós estamos expostos a diversos riscos. Se você pudesse ter alguma garantia sobre algo seu exposto a riscos, seria interessante ter algum apoio, caso algo acontecesse ou não saísse conforme o esperado. É aí que surgem os **produtos financeiros** denominados *seguros*.

Diante de um cenário de intensa incerteza, em que ameaças externas podem comprometer os planos para o futuro, muitas pessoas se preocupam com possíveis infortúnios. É com o intuito de aliviar os prejuízos de uma situação adversa que existem os seguros. E esse método de segurança em relação aos contratempos não é algo novo.

Mendes (1977) afirma que os seguros, ou garantias previdenciárias, não tiveram inicialmente o intuito de salvaguardar um bem ou a vida de alguém específico. O autor comenta que os registros históricos apontam que os seguros surgiram para assegurar os apostadores de jogos de azar na Grécia Antiga.

Manica (2010) comenta que, no Brasil, os seguros têm uma história recente, pois datam da chegada da família real portuguesa, em 1808, e, atualmente, são regulamentados pelo contrato de seguro nos arts. 757 a 802 do Cógico Civil, estabelecendo normas gerais e normas específicas para o seguro de dados e seguro de pessoas.

Conforme Guimarães (2002), no Brasil, mediante o Decreto-Lei n. 73, de 21 de novembro de 1966 (Brasil, 1966), as companhias de seguros devem, obrigatoriamente, possuir a forma de sociedades anônimas, sendo elas obrigadas a constituir e a manter um capital social mínimo, representado por ações nominativas. Para Guimarães (2002, p. 6):

> Os capitais mínimos variam para cada ramo de seguro em função da região brasileira em que a companhia irá operar, conforme as regras definidas pelo Conselho Nacional de Seguros Privados (CNSP). O campo de abrangência do seguro é, como um todo, muito amplo. Entretanto, somente no século XX ocorreu a separação estatística da atividade seguradora em dois segmentos.

De acordo com Póvoas (2000, citado por Guimarães, 2002), trata-se do segmento de **seguros de vida** (*life*) e o segmento de **seguros não vida** (*non life*). Nesse sentido, houve o consenso que a especificidade operacional e técnica dos seguros de vida passaram a exigir que a exploração do comércio desse segmento de produtos fosse realizada por companhias seguradoras específicas. Essa decisão resultou na regulamentação das companhias de seguros (Guimarães, 2002).

Já no Brasil, ainda segundo o autor, é possível perceber que existem poucas companhias de seguros que se dedicam exclusivamente ao segmento de vida. A legislação regulamentadora desse tipo de produto não impõe a necessidade de se trabalhar com o comércio em seguros de ramos diferentes, como automobilístico, incêndio, responsabilidade civil e de vida, entre outros (Guimarães, 2002).

Muitas companhias de seguro, conforme salienta Guimarães (2002), conseguem exercer atividades comerciais, simultaneamente, em seguros de ramos elementares e seguros de vida. Em relação à quantidade de prêmios, o ramo vida, no ano de 2001, ocupou o terceiro lugar no *ranking* nacional (com uma participação de 17,64% do total de prêmios), ficando atrás somente dos ramos automóvel e saúde (Guimarães, 2002).

Existem dois tipos de seguros de vida: os **coletivos** e os **individuais**. Guimarães (2002) apresenta semelhanças e diferenças entre esses dois tipos. Em relação aos **seguros coletivos**, as coberturas são as seguintes:

- *Cobertura básica de morte: garante, a título de indenização, o pagamento do valor do capital segurado ao(s) beneficiários do segurado, em caso de falecimento do mesmo;*
- *Cobertura adicional de indenização especial por acidente: garante, a título de indenização, o pagamento do valor do capital segurado ao(s) beneficiário(s) do segurado, em caso de falecimento do mesmo motivado pelo evento acidente pessoal;*
- *Cobertura adicional de invalidez permanente total ou parcial por acidente: garante o pagamento de indenização (limitada ao valor do capital segurado) ao próprio segurado, caso o mesmo venha a se tornar permanentemente inválido em virtude de acidente pessoal; e*
- *Cobertura adicional de invalidez permanente total por doença: garante o pagamento de indenização (correspondente ao valor do capital segurado para a cobertura básica) ao próprio segurado, caso o mesmo venha a se tornar permanentemente inválido em virtude de doença.* (Guimarães, 2002, p. 8)

Já em relação aos **seguros individuais**, sobre a não proliferação de tais planos, o autor dá as seguintes razões:

- *Histórico de planos comercializados nas décadas de 60 e 70, quando os contratos eram vitalícios, mas não previam a correção monetária dos respectivos valores;*
- *Valor elevado do prêmio inicial, se comparado com o prêmio de um seguro de vida em grupo para um seguro com o mesmo capital segurado; e*
- *Descrédito nas séries temporais de longo prazo dos índices utilizados para a atualização de valores.* (Guimarães, 2002, p. 8-9)

Ressaltamos que, de forma geral, é possível compreender que a cobertura do seguro de vida individual é bastante semelhante à dos seguros de vida em grupo, exceção feita à cobertura de sobrevivência, que é disponibilizada em alguns produtos específicos.

Exercício resolvido

Os seguros de vida são divididos em dois tipos: coletivos e individuais. Assim, com base nas características desses tipos de seguros, bem como nas semelhanças e diferenças entre eles, analise as seguintes alternativas e assinale a correta:

a. Os seguros individuais garantem a cobertura básica de morte.

b. Os seguros coletivos oferecem um valor elevado do prêmio inicial por envolverem mais pessoas; o valor pago é mais alto que o valor do prêmio do seguro individual.

c. Os seguros individuais diferem dos seguros coletivos por realizarem a cobertura adicional de invalidez permanente total ou parcial em casos de acidentes.

d. Os seguros coletivos garantem a cobertura adicional de invalidez permanente total por doença, indenizando o segurado caso ele venha a se tornar inválido em virtude de alguma doença.

Gabarito: d

Feedback **do exercício**: Os seguros individuais não garantem cobertura básica de morte nem realizam cobertura por invalidez em caso de acidente, essas são características dos seguros coletivos, que não oferecem valores mais altos de prêmio por envolverem mais pessoas, e sim um valor inferior ao do seguro individual.

3.5 Operações de financiamento para o varejo

Você já parou para pensar na importância da operação de financiamentos bancários para o desenvolvimento econômico? As pessoas físicas ou jurídicas buscam financiamentos para escalar sua capacidade de operacionalização de atividades financeiras. A liberação de crédito para o financiamento é chamada *operação de crédito*.

Carvalho de Mendonça (citado por Barreto Filho, 1962, p. 210) conceitua as operações de crédito da seguinte maneira:

> A operação mediante a qual alguém efetua uma prestação presente, contra a promessa de uma prestação futura denomina-se operação de crédito. A operação de crédito por excelência é a em que a prestação se faz e a contraprestação se promete em dinheiro. O mútuo de dinheiro é a manifestação verdadeiramente típica do crédito na sociedade moderna.

As **operações de crédito**, ou financiamentos, concedidas nos bancos de varejo, têm muitas finalidades. Podem ser exemplificados como: financiamento habitacional, veicular, crédito rural, financiamento para empresas, entre outros.

Sobre o crédito imobiliário, Sanchez (2020, p. 152) explica:

> A figura do "crédito imobiliário" é central, no ordenamento jurídico brasileiro, para o Sistema Financeiro da Habitação (SFH) e para o Sistema de Financiamento Imobiliário (SFI). O conceito, no entanto, não foi definido por lei ou norma infralegal (ALVES, 2012, p. 163), de forma que seu significado, em grande parte, foi desenvolvido e debatido pela doutrina e pela regulação do Banco Central do Brasil e da Comissão de Valores Mobiliários.

Cumpre observar, no entanto, a Circular n. 3.614, de 14 de novembro de 2012, do Banco Central do Brasil (Bacen), que dispõe sobre as condições para emissão de Letra de Crédito Imobiliário (LCI). Em seu art. 4º, estabelece que o registro da LCI em sistemas de registro e liquidação financeira deveriam, entre outros requisitos, permitir identificar qual seria a categoria de crédito imobiliário que a lastreava. Essas categorias seriam, conforme o inciso II do referido artigo:

> a) financiamentos habitacionais contratados no âmbito do Sistema Financeiro de Habitação (SFH), garantidos por hipoteca ou por alienação fiduciária de bens imóveis;
>
> b) outros financiamentos imobiliários garantidos por hipoteca ou por alienação fiduciária de bens imóveis;

c) empréstimos a pessoas naturais garantidos por hipoteca ou por alienação fiduciária de bens imóveis residenciais; e

d) outros empréstimos e financiamentos garantidos por hipoteca ou por alienação fiduciária de bens imóveis; [...].(Bacen, 2012, p. 2)

De maneira semelhante, o art. 20 da Resolução n. 4.598, de 29 de agosto de 2017, do Bacen, estabelece que, para fins de emissão das Letras Imobiliárias Garantidas (LIG), podem ser créditos imobiliários:

I - financiamento para aquisição de imóvel residencial ou não residencial;

II - financiamento para a construção de imóvel residencial ou não residencial;

III - financiamento para pessoa jurídica para produção de imóveis residenciais ou não residenciais; e

IV - empréstimo a pessoa natural com garantia hipotecária ou com cláusula de alienação fiduciária de bens imóveis residenciais. (Bacen, 2017, p. 7)

Em relação ao financiamento para empresas, desde 2017, o Bacen introduziu em suas análises uma nova visão a respeito da evolução das dívidas corporativas no Brasil, com o objetivo de analisar a quantidade de financiamento às companhias. Ao adicionar os saldos dos instrumentos de mercado de capitais e do setor externo às operações de crédito do sistema financeiro, os orgãos reguladores monetários brasileiros chamaram a atenção para o conceito de "financiamento ampliado às empresas".

A atividade de conceder crédito está relacionada a um importante papel social. Além do crédito bancário, as empresas contam com a disponibilidade de linhas de crédito que podem ser uma importante fonte de liquidez.

Os relatórios contábeis não trazem informações sobre a disponibilidade de linhas de crédito, sendo uma informação não observável nos maiores bancos de dados disponíveis. Como forma de minimizar os efeitos dessa questão, Lins, Servaes e Tufano (2010) realizaram uma *survey* com 204 diretores financeiros de empresas abertas e fechadas em 29 países com o objetivo de avaliar de que modo as linhas de crédito são consideradas substitutas imediatas para o caixa das empresas.

Amaral (2020) demonstra que os autores conseguem mensurar o tamanho das linhas de crédito e o quanto cada empresa considera que retém de excedente de caixa além do necessário para conduzir suas operações diárias.

Os resultados divulgados na pesquisa sugerem que, em geral, as empresas normalmente fazem uso das linhas de crédito para suportarem possíveis opções de crescimento, enquanto o excesso de caixa retido é utilizado por motivos de proteção contra possíveis choques adversos. Nesse cenário, é possível entender como o crédito concedido pelas instituições bancárias pode ser positivo para salvar empresas que se encontram correndo risco em relação a sua capacidade de liquidez.

O que é

De acordo com Villaça (1969, p. 33-34, grifo do original):

> *Para alguns, a liquidez é uma questão de grau que se aplica a todos os ativos negociáveis ou àqueles sobre os quais os indivíduos têm o direito de propriedade e deles podem dispor, transformando-os em caixa. A liquidez seria, pois, a propriedade de um ativo, governada pela relação entre o tempo e o preço alcançado, considerando-o livre de todos os custos decorrentes da venda. O seu preço total seria o conseguido após um dado período de tempo, uma vez que certas medidas fossem tomadas no preparo de sua venda. Quanto menor o espaço de tempo decorrido, uma vez admitido um período ótimo para se alcançar o preço* **total***, quando certas medidas são tomadas no preparo da venda, menor será a contrapartida conseguida na troca. Uma casa, por exemplo, pode ser vendida em questão de dias por um preço bem menor do que alcançaria se se esperasse uma adequada preparação da venda, mediante publicidade e possibilidade de visita pelos interessados. Haverá um lapso de tempo que tornará possível conseguir um preço maior.*

Em relação ao equilíbrio do caixa das empresas com a entrada de recursos financeiros advindos da concessão de crédito bancário, Acharya, Almeida e Campello (2013) encontraram evidências de que, com o aumento no risco agregado, as empresas tendem a crescer suas posições de caixa e a confiar menos no uso de linhas de crédito, principalmente as mais expostas ao risco. Dessa forma, é possível perceber a relação entre o risco de refinanciamento e a posição de caixa das organizações.

Nesse sentido, os autores puderam evidenciar em suas análises que as companhias com endividamento com menor maturidade têm uma relação positiva com maiores níveis de posição de caixa. Além disso, esses pesquisadores salientam que essa relação varia de acordo com as condições de mercado, sendo que uma deterioração no mercado de crédito torna tal relação mais forte.

Lins, Servaes e Tufano (2010) apresentam, ainda, como resultado adicional, que o uso do caixa total, como uma *proxy* para o excesso de caixa retido pelas empresas, é uma boa medida para retirar as empresas de uma situação desfavorável e trazê-las para uma capacidade de funcionamento de forma mais eficiente.

Síntese

A seguir, apresentamos resumidamente os tópicos que foram discutidos neste capítulo:

- A venda é uma atividade integrante do *marketing*. O sucesso de uma venda caminha junto com ações eficientes planejadas pelo setor de *marketing*, que deve qualificar o público-alvo para o momento da abordagem.
- O processo de vendas se inicia com a atração do público mediante ações de *marketing*; em seguida, ocorre a abordagem ao cliente por meio de um contato mais direto. Nesse momento, o vendedor precisa estar preparado para lidar com as possíveis objeções para realizar o fechamento da venda e acompanhar a experiência do cliente com o produto ou serviço. Esse acompanhamento é a chave para a construção de um relacionamento com o cliente.
- A cobrança ocorre com o não cumprimento do acordo por parte do cliente. Nesse caso, a instituição deve ter um departamento com profissionais preparados para fazer o contato com o devedor de modo a conseguir que essa dívida seja cumprida.

- Os títulos de capitalização são um produto financeiro muito comum nos bancos para a captação de capital dos agentes superavitários. No Brasil, é comum que as organizações que oferecem esses produtos realizem sorteios em dinheiro como incentivo para a venda do título. Normalmente, tais títulos são vendidos em quatro modalidades: tradicional, compra programada, popular e incentivo.
- Os seguros são produtos que auxiliam as pessoas no caso de acontecerem situações que as prejudiquem. Nesses casos, o seguro serve como um mecanismo de minimização dos danos. Os seguros de vida podem ser realizados de duas formas: coletivos ou individuais.
- As operações de financiamento realizadas pelos bancos são chamadas de *operações de crédito*. Essas operações fornecem apoio às pessoas físicas ou jurídicas que estão com dificuldades financeiras ou que não podem realizar grandes aquisições.

Perfil do banco de atacado

Conteúdos do capítulo:

- O perfil e o faturamento do cliente com perfil de atacado.
- O perfil do colaborador da instituição para atender o cliente de atacado.
- Qualidade dos serviços e produtos.
- Aconselhamento financeiro.
- Soluções em serviços e produtos financeiros para o cliente de atacado.

Após o estudo deste capítulo, você será capaz de:

1. reconhecer o perfil do cliente de atacado e seu faturamento;
2. indicar o tipo de profissional que o segmento de atacado exige;
3. relacionar as premissas de qualidade dos serviços financeiros;
4. identificar as práticas de aconselhamento e consultoria financeira;
5. compreender os principais produtos do segmento de atacado.

As características de um banco de atacado são bastante distintas das de um banco de varejo, tanto que, quando a mesma instituição aborda os dois tipos de segmentos, os setores são diferenciados.

O segmento de atacado trabalha com clientes que demandam operações mais robustas e com significativo aporte de recursos. Esse é um mercado bastante almejado pelas instituições financeiras devido à possibilidade de lucro e cujo resultado pode envolver altos volumes monetários. Sendo assim, as exigências desse segmento acompanham a complexidade de suas operações.

Entender o perfil do cliente desse setor e conhecer os principais produtos oferecidos pelas instituições bancárias de atacado é tarefa fundamental para o profissional que atua ou deseja atuar no mercado financeiro e na indústria bancária. Diante disso, apresentaremos, neste capítulo, conceitos e características particulares de cada um deles.

capítulo 4

4.1 O perfil e o faturamento do cliente de atacado

Você já deve ter entendido que as agências bancárias, das quais temos acesso às instalações prediais e aos aplicativos, não são instituições financeiras que funcionam por si só, uma vez que fazem parte de um amplo e complexo sistema financeiro nacional (SFN). Normalmente, esse tipo de instituição é popularmente conhecida por realizar operações comerciais às pessoas que buscam produtos e serviços simples e rotineiros, como saques, depósitos, transferências etc.

Assim como abordamos nos capítulos anteriores, as instituições bancárias que realizam esse tipo de operação são bancos comerciais denominados, especificamente, *bancos de varejo*.

Mas você sabe o que diferencia um banco de varejo de um banco de atacado? É importante reconhecer as principais características que configuram um banco de atacado, como o tipo de produto, o perfil de cliente, o tipo de atendimento de que este necessita, entre outros pontos.

Entendendo que o conhecimento sobre os fundamentos de uma agência bancária de atacado é o principal requisito para preparar um profissional, este capítulo irá esclarecer esses pontos, possibilitando a compreensão de como lidar com esse perfil de instituição financeira, além de explicar sua importância nos negócios.

Discutiremos também, neste capítulo, as principais abordagens que um profissional que atua ou que deseja atuar nesse tipo de negócio financeiro necessita para estar bem preparado.

Embora, assim como os bancos de varejo que estudamos com maior ênfase nos capítulos anteriores, os bancos de atacado sejam instituições que recebem e realizam operações comerciais na mesma agência, estes se diferenciam por ter um planejamento estratégico de atendimento e de produto separado do varejo e por se dedicarem a atividades diferentes, além de atender a perfis de clientes com outras demandas, além das disponíveis nos bancos de varejo.

Exemplificando

É possível que, ao visitar uma agência bancária para uma abertura de conta pessoal ou para a realização de um simples pagamento, você tenha percebido que, para que seu problema fosse solucionado, seria preciso se dirigir a um setor específico, não é verdade?

Mas você já parou para pensar a qual tipo de cliente esse setor se destinaria? Seria possível ainda que, se você fosse buscar atendimento nesse departamento da agência, seu problema não fosse resolvido, situação em que você necessitaria se dirigir a outro setor para solucioná-lo.

Isso ocorre devido ao fato de uma mesma agência oferecer serviços diferentes, inclusive a uma mesma pessoa. Como vimos, o SFN é um sistema de suporte ao funcionamento das instituições financeiras comerciais, as quais podem ser bancos de varejo ou de atacado.

Um mesmo banco pode oferecer soluções para os dois segmentos diferentes, mas, geralmente, o enfoque se concentra em um desses tipos, ou no varejo ou no atacado.

A principal diferença entre esses dois tipos de instituição bancária, de acordo com Brito (1994), dá-se pelo fato de os bancos de atacado atuarem com um reduzido número de clientes e de agências. De acordo com esse autor, em muitos casos, essas instituições atendem seus clientes em escritórios de representação, em vez de em agências.

Além disso, esse tipo de instituição bancária tem, geralmente, um número reduzido de funcionários e conta com menor estrutura administrativa, o que leva à redução de custos administrativos, se comparados aos de um banco de varejo.

Embora sejam instituições que desempenham atividades no mesmo mercado financeiro que os bancos de varejo, sua atenção e seus esforços são voltados para clientes diversos daqueles com os quais os bancos de varejo transacionam. Os bancos de atacado, assim como os bancos de varejo, estão sujeitos à fiscalização do Banco Central do Brasil (Bacen) e às normas por ele emanadas.

Por esse motivo, os bancos de atacado devem, também, adequar seus limites operacionais conforme as determinações do Bacen, que estabelece as normas para garantir um funcionamento seguro do mercado financeiro, no caso de eventuais contingências necessárias, que ocasionalmente são geradas, de acordo com Brito (1994, p. 3-4), pelos seguintes fatores:

1. *acentuada concentração de crédito em apenas um cliente. Se houver inadimplência deste cliente e não pagamento do empréstimo concedido, isto pode levar o banco ao não pagamento dos recursos captados;*
2. *concentração de elevado volume de recursos em ativos cujos retornos são incertos;*
3. *excessiva concentração de investimentos em ativo permanente, diminuindo o capital de giro próprio do banco:*
4. *excessiva alavancagem. Isto ocorre se o banco captar muitas vezes o equivalente ao seu patrimônio líquido e, na gestão inadequada da aplicação destes recursos, não obter resultados suficientes para o pagamento destes recursos captados.*

Sobre esses fatores, o autor comenta que os limites operacionais podem se modificar com o passar do tempo. As entidades de classe, representantes do mercado financeiro, sugerem ao Bacen alterações para adaptar os limites operacionais às novas realidades de mercado. O principal objetivo desses limites consiste em, ao restringir as operações no mercado financeiro, dar estabilidade a ele, buscando evitar que os bancos, ao operar sem limites, coloquem em risco esse mercado.

Além disso, é importante ressaltar que as formas de relacionamento corporativo do banco de atacado, como um todo, discutem elementos que agregam contribuições positivas a suas estratégias. O foco principal desses bancos está no fornecimento de um atendimento especial ao cliente, no sentido de lhe proporcionar alternativas de solução de seus problemas com produtos diferenciados dos oferecidos a outros clientes.

Exercício resolvido

O Bacen é um órgão normativo do SFN que dispõe de regras específicas para os bancos de atacado. Assim, com base nas determinações do Bacen para os bancos de atacado, considere as alternativas a seguir e assinale a correta:

a. Os bancos de atacado correm maiores riscos devido à concentração de elevado volume de recursos ativos.
b. Os recursos dos bancos de atacado são incertos quando não são regulamentados pelo Bacen.
c. A alavancagem excessiva ocorre quando o banco de atacado concede mais crédito do que capta, colocando em risco todo o sistema financeiro.
d. A concentração de crédito em um único cliente é mais benéfica para os resultados da instituição do que a ampla distribuição entre muitos clientes.

Gabarito: a

Feedback **do exercício**: Todas os bancos são regulamentados pelo Bacen; os de atacado são compostos por uma carteira reduzida de clientes e a concentração de renda na mão de um único cliente aumenta o risco da instituição, no caso de inadimplência desse único cliente. A alavancagem ocorre quando o banco capta muito recurso, mas não o capitaliza, não obtendo, assim, saldos positivos para cumprir com sua liquidez.

Convém entender melhor o perfil dos clientes de um banco de atacado de forma geral. A seguir, abordaremos mais detalhadamente esse assunto.

4.1.1 O perfil do cliente dos bancos de atacado

Você deve ter percebido que, diante de todas as características utilizadas para definir um banco de atacado, o perfil dos clientes passa a ser o mais evidente e o que decide todos os outros.

Sendo assim, entende-se que as estratégias de comunicação, de atendimento e de vendas demonstram que o foco principal dos bancos de atacado está no fornecimento de um atendimento especial ao cliente, no sentido de lhe proporcionar alternativas de solução de seus problemas, oferecendo produtos diferenciados dos outros clientes e mantendo o foco na criação e na manutenção do relacionamento.

Mas quem são os clientes? De acordo com Arruda Filho (2003), os bancos de atacado dependem do sucesso no estabelecimento, da manutenção e da ampliação das relações de negócios com as grandes empresas, sendo tais relações a razão e o propósito de sua existência. Ou seja, os clientes de um banco de atacado são as grandes empresas, ou empresas com alto nível de faturamento, que realizam operações bancárias significativas.

De acordo com Sheng e Chen (2019), os clientes das instituições bancárias segmentadas no atacado não se resumem às empresas. Eles também podem ser pessoas físicas que dispõem de grandes somas de recursos financeiros e realizam a movimentação das fortunas nessa modalidade. Sendo assim, apesar da limitação dos clientes em relação ao segmento varejo, o segmento atacado tem também algumas subdivisões em sua carteira de clientes.

Esse tipo de cliente é acirradamente disputado no mercado financeiro pelas instituições bancárias de atacado. A diversificação de agências que investem cada vez mais em oferecer vantagens e estreitar laços com seus clientes demonstra o quanto tal cliente é importante para os resultados do banco.

Com o intuito de exemplificar os melhores resultados nesse setor de atuação, o Portal do Fomento (2019) aponta algumas métricas utilizadas pelo Banco Bradesco em relação ao tipo de cliente e seu respectivo faturamento em sua atuação no atacado que poderão ilustrar com maior objetividade e clareza o perfil de cliente e o faturamento desejado pelos bancos de atacado. Observe no quadro a seguir.

Quadro 4.1 – Segmentos de clientes de atacado do Banco Bradesco em 2019

Segmento	Tipo de cliente	Faturamento médio
Corporate one	empresas	Entre R$ 30 milhões e R$ 500 milhões por ano.
Corporate	empresas	De R$ 500 milhões a R$ 4 bilhões por ano.
Large corporate	empresas	Acima de R$ 4 bilhões por ano.

Fonte: Elaborado com base em Portal do Fomento, 2019.

É importante lembrar que a segmentação de clientes de atacado realizada no Bradesco, conforme demonstrada no Quadro 4.1, é apenas um exemplo do que podemos considerar para entender melhor o tipo de cliente procurado pelos bancos de atacado em geral e a média de faturamento que precisam ter para se encaixar nesse segmento.

Sendo assim, embora o padrão demonstrado seja basicamente o que é desejado no atacado de produtos financeiros, cada banco estebelece o perfil de cliente e o nível de faturamento que melhor se adequa a seus produtos e a seu plano de negócio.

Saiba mais

Para entender melhor a respeito das questões pertinentes ao mercado financeiro, tanto dos bancos de varejo quanto dos bancos de atacado, acesse o Relatório de Economia Bancária (REB), de 2019, que aborda as repercussões do SFN no momento da pandemia ocasionada pela Covid-19, expondo as projeções de crédito para 2020. O documento comenta as projeções específicas que afetam as empresas de pequeno, médio e grande porte e como os bancos de varejo, de atacado e outras instituições passarão a trabalhar com o crédito para pessoa jurídica após as mudanças derivadas do contexto de pandemia e do cenário financeiro brasileiro como um todo.

BACEN – Banco Central do Brasil. **Relatório de Economia Bancária**. 2019. Disponível em: <https://www.bcb.gov.br/content/publicacoes/relatorio economiabancaria/REB_2019.pdf>. Acesso em: 14 ago. 2021.

4.2 Perfil do colaborador de uma instituição para atender clientes de atacado

Você já deve ter percebido que o mercado de trabalho, de uma forma geral, vem se tornando um ambiente cada vez mais competitivo e exigente. Para que os profissionais consigam ter um bom emprego, as exigências vão muito além de boas recomendações, tampouco basta qualificação educacional e profissional, como ocorria tradicionalmente. Requisitos como disponibilidade, comportamento social e outros fatores subjetivos são elementos imprescindíveis nas análises de escolha de um profissional nesse segmento. Isso ocorre no mercado como um todo, e no setor financeiro não seria diferente.

Visto que o mercado da indústria bancária é tão concorrido e acirrado – e isso se aplica tanto em relação aos bancos de varejo quanto aos bancos de atacado –, o principal diferencial buscado pelas instituições financeiras é o foco na **qualidade do atendimento**, que é a porta de entrada para o estabelecimento de um relacionamento com o cliente. Vimos nos capítulos anteriores como o relacionamento é desejado pelas instituições, devido aos diversos ganhos que todas as partes envolvidas podem colher dessa estratégia.

Para que ocorra de fato a diferenciação tão almejada e exigida neste mercado, alguns fatores como o comportamento dos profissionais, sua apresentação, a forma de abordagem, a qualificação e a capacitação pesam no momento de sua contratação e dos resultados que as empresas buscam.

Mesmo em meio a inúmeras crises internacionais ocorridas nos últimos anos, Yamashita (2016) demonstra que o setor bancário é um dos poucos que se mostra resistente e plenamente saudável. Esse é um dos principais motivos para que esse setor seja desejado por um grande número de trabalhadores.

No entanto, o segmento dos bancos de atacado, direcionado para lidar com grandes fortunas (*private banking*), exige de seus profissionais posturas diferenciadas.

Sobre as especificações exigidas nesse segmento bancário, Sheng e Chen (2019, p. 2) afirmam:

> *Serviço bancário é um negócio de reputação e credibilidade. Diferente dos bancos locais que já construíram reputação e conquistaram a confiança e credibilidade da comunidade local, um banco estrangeiro recém-chegado terá de investir mais no marketing e propaganda, dedicar mais tempo e suportar mais gastos para se familiarizar a regras e costume locais para poder oferecer um serviço competitivo para seu público-alvo.*
>
> *A questão de credibilidade ainda mais crítica para serviço de gestão de grandes fortunas ou de Private Banking, onde cada transação ou decisão de investimento envolve grande soma de recursos. É um mercado onde uma indicação positiva entre as pessoas do mesmo ciclo de amizade ou de grupo econômico familiar é garantia de sucesso no negócio. A base dessa credibilidade também está no relacionamento de longo prazo entre esses grupos familiares e bancos. Os bancos não só fazem a gestão de fortunas para seus clientes de alta renda, mas também ajuda gerir as contas das empresas controladas por seus clientes.*

Sendo assim, podemos entender que a diferenciação na oferta dos serviços e na abordagem utilizada com esse segmento de cliente representa um nível alto de importância. Nesse setor de atuação, os bancos que dedicarem maiores esforços para aumentar seu nível de excelência no atendimento atingirão maiores níveis de crescimento e rentabilidade. Sheng e Chen (2019, p. 2) acrescentam que "a sofisticação de atendimento e customização no desenho e execução de investimentos são essências para fidelizar e conquistar esse público".

Os clientes desse segmento são considerados, em sua maioria, clientes com baixa fidelidade. De acordo com Brito (2009), os clientes *Private ultra high*, ou seja, clientes com maior patrimônio, mudam de gestores dentro da mesma classe com grande facilidade. Esse fator é negativo, pelo risco de perder bons clientes constantemente, e positivo, por gerarem grandes oportunidades para os gestores.

O foco na qualidade da prestação de serviço e no atendimento que gere relacionamento por parte dos profissionais é decisivo para o sucesso da carreira nesse setor.

4.2.1 A segmentação *private bank* e o perfil dos profissionais competentes

Do início dos nossos estudos até aqui, você já deve ter compreendido que a atividade bancária abrange diversos produtos e serviços, pois dispõe de uma cartela de clientes bastante estratificada em termos de segmentação. Um desses segmentos compreende os clientes com alta disponibilidade de recursos financeiros, representando as maiores fontes de captação de recursos das instituições financeiras. Esse segmento de clientes é reconhecido mundialmente pelo termo *private banking*.

O que é

Hens e Bachmann (2012) afirmam que *private banking* é um segmento bancário que consiste em um conjunto de serviços personalizados que os bancos oferecem para os investidores com grande poder aquisitivo. Ou seja, os serviços de *private banking* são aqueles que um banco pode oferecer aos clientes com grande patrimônio líquido, de modo que atenda satisfatoriamente suas necessidades.

A classificação para *private banking* surgiu no início do século doze, na Inglaterra, justamente para fornecimento de serviços financeiros destinados aos clientes detentores de grandes volumes de recursos funanceiros. Hens e Bachmann (2012) esclarecem que a história desse tipo de serviço se relaciona com a aristocracia da época, que necessitava de estruturas com maior sigilo, segurança e confidencialidade para a operação das transações.

Posteriormente, o segmento continuou crescendo devido à percepção da alta lucratividade e dos resultados que as operações proporcionavam, justamente por envolverem o público com maior disponibilidade financeira, os quais compreendiam clientes que apresentavam menor risco de inadimplência e, portanto, de risco.

Mattos Neto (2019) comenta que a **carteira de clientes** do segmento *private banking* apresenta algumas demandas semelhantes, dentre elas, a **confidencialidade, o foco na preservação do patrimônio** e a **busca por aconselhamento financeiro**. De acordo com o autor, "com relação ao assunto tratado por esses clientes, quando se fala em investimento e aconselhamento financeiro, o canal preferencial é o presencial" (Mattos Neto, 2019, p. 25).

Sobre a participação de pessoas físicas nesse segmento e sua representatividade para as instituições financeiras, o autor afirma:

> *No Brasil, a segmentação de clientes do tipo pessoa física pelos grandes bancos evoluiu, ao longo dos anos, de um modelo baseado em comportamento e produtos para uma classificação por nível de relacionamento, renda e volume de recursos financeiros mantidos. Nesse contexto, surgiram estruturas diferenciadas para atendimento aos clientes, de acordo com a capacidade e disponibilidade para manutenção e aumento de recursos financeiros depositados nas instituições. O segmento* private banking, *portanto, representa o maior nível de relacionamento dentro da segmentação de clientes do tipo pessoa física em um banco. No Brasil, os valores definidos para o cliente ser classificado nesse segmento variam entre os bancos. Trata-se de um público que exige atendimento e produtos personalizados, disputado pela concorrência e com grande poder de barganha.* (Mattos Neto, 2019, p. 26)

É importante ressaltar que **órgãos regulamentadores do sistema financeiro**, como a Associação Brasileira das Entidades dos Mercados Financeiro e de Capitais (Anbima), determinam e publicam os principais conceitos e as melhores práticas acerca das atividades que envolvem o *private banking*.

Nesse sentido, o código Anbima de melhores práticas para a atividade de *private banking* no mercado doméstico, em seu parágrafo 2º, dispõe o seguinte:

> § 2º *Para um cliente, individual ou coletivamente, ser elegível ao atendimento por meio da Atividade de Private Banking, deverá atender à exigência de capacidade de investimento mínima definida por cada Instituição Participante, a qual não poderá ser inferior ao equivalente a R$ 1.000.000,00 (um milhão de reais), sem prejuízo de outros critérios eventualmente adotados pelas Instituições Participantes.*

(Anbima, 2010, p. 2-3)

A Anbima ainda dispõe, em seu código sobre as atividades de *private banking*, as exigências regulatórias. O art. 6º do código menciona que o segmento *private banking* envolve, entre outras competências, a assessoria na alocação e realocação de investimentos financeiros, entendimento da situação patrimonial e financeira do cliente e planejamento financeiro (Anbima, 2010).

Para que essas e outras competências sejam cumpridas no padrão exigido e determinado pelos órgãos de regulação, é necessário que os clientes sejam atendidos por profissionais qualificados, que detenham certificações legais previstas no código.

Conforme esclarecem Hens e Bachmann (2012), nesse segmento, é adequado que os clientes sejam atendidos por profissionais especialistas em investimentos financeiros (*private bankers*), que prestam acessorias e orientações acerca da alocação de seus ativos, bem como da revisão de seu portfólio de investimentos.

Além dessas competências, os profissionais devem ter conhecimentos dos produtos do segmento para que apresentem alternativas consideradas de maior complexidade, buscando a maximização do retorno das carteiras de acordo com o perfil do investidor.

Nesse sentido, Hens e Bachmann (2012) também demonstram que os serviços dos *private bankers* estão basicamente relacionados à orientação financeira, sobretudo ao aconselhamento financeiro pela atuação de gerentes de relacionamento, que detêm conhecimento especializado para apoiar esses investidores a fim de que alcancem boas metas de retorno.

Todas essas determinações existem com o objetivo de garantir que a qualidade dos serviços oferecidos pelas instituições bancárias esteja de acordo com o padrão desejado. Com qualidade na prestação desse serviço, a saúde financeira das instituições bancárias se mantém, garantindo o sustento de todo o SFN.

4.3 Qualidade de serviços e produtos

Não é novidade que o mercado de serviços bancários vem lidando com um ambiente de atuação cada vez mais competitivo. Essa competitividade se dá devido à grande quantidade de instituições que oferecem serviços bancários, sem citar aquelas que oferecem, inclusive, serviços gratuitos *on-line*.

Nesse sentido, as instituições bancárias tradicionais têm buscado se destacar por alguns meios, entre os quais, o mais citado na literatura é a prática do bom atendimento. A insistência nesse fator se justifica pelo fato de que é pelo atendimento de qualidade que as instituições conseguem conquistar e manter o relacionamento comercial com clientes cada vez mais exigentes e conscientes de seus direitos.

Com o objetivo de conseguir se manter saudável e competitivo no mercado, o mundo dos negócios tem adotado ferramentas de qualidade e investido em capacitação de seus colaboradores – e com as instituições bancárias não seria diferente. A qualidade dos serviços é um requisito imprescindível para garantir a sobrevivência das organizações, e o atendimento é o momento da prestação desse serviço, responsável por consolidar o relacionamento.

Paula e Almeida (2016) comentam que a qualidade no serviço vai muito além da venda de um produto ou da prestação de serviços, apresentando várias características. Para os autores, a qualidade é uma soma de diferentes fatores, e não a responsabilidade sobre um elemento específico, embora alguns tenham mais peso do que outros.

De acordo com esse princípio, é possível compreender que a classificação da qualidade do serviço bancário recai, normalmente, sobre um fator intangível, visto que se trata de uma prestação de serviço em que o contato corporal deve ser completamente ausente, ou seja, dessa forma, a missão do atendimento no setor bancário deve encantar o cliente por outros meios que não sejam os sensoriais.

Qual seria a forma de encantar o cliente, se ele dificilmente adquire algo material e, durante a prestação do serviço, não há nada que o conquiste pelo toque, pelo olfato ou pelo paladar? Mensurar a qualidade no setor de serviços bancários não é tarefa fácil, mas o encantamento do cliente ocorre por uma via específica: o valor percebido.

Embora o cliente não esteja consumindo um produto concreto nem degustando algo, nas instituições bancárias o valor agregado normalmente reúne um conjunto de vários elementos. Ricardo (2010) menciona que um ambiente confortável, um atendimento de qualidade e com agilidade nos processos são exemplos de pontos fortes que colaboram para que o cliente tenha uma boa experiência com o serviço e perceba o valor que a instituição transmite em todo o contexto que envolve a situação.

Sendo assim, a qualidade passa a ser mensurada pela percepção de cada consumidor e se torna um processo de avaliação de certa forma subjetivo, pois o nível de qualidade do serviço oferecido depende muito da maneira como cada pessoa interpreta os serviços prestados pela instituição bancária.

É importante ressaltar que a qualidade no atendimento dentro dessas instituições tem se tornado o diferencial para fidelização dos clientes, pois um dos pontos mais importantes para garantir esse diferencial é definido pelo nível de qualidade com que a atividade é executada.

O número de instituições bancárias presentes no Brasil atualmente se amplia a cada dia, bem como se diversifica a maneira como suas atividades são desempenhadas. Ademais, com a digitalização das agências e a chegada das *fintechs*, a indústria bancária está cada vez mais concorrida; consequentemente, a disputa pela conquista de novos clientes e a fidelização dos antigos se tornam pontos importantes de dedicação dos esforços organizacionais.

É comum que, quando o termo *qualidade* seja mencionado, nos venha a ideia de algo que tem um certo nível de excelência e promova alto nível de satisfação. No entanto, para o conceituado estudioso do campo da administração, Idalberto Chiavenato (2010, p. 546), a qualidade "é definida como capacidade de atender, durante todo tempo, as necessidades do cliente". De acordo com o autor, podemos entender que a qualidade envolve muito mais do que apenas atender, pois abrange a relação com o cliente desde sua chegada à agência até a resolução de sua necessidade. O atendimento de qualidade se estende, portanto, até a fase do pós-venda, quando o acompanhamento após a realização do serviço prestado ao cliente é feito de forma continuada.

Na concepção de Carvalho e Paladini (2012, p. 17), qualidade "é sinônimo de perfeição, a qualidade nunca muda, é o aspecto das pessoas, a capacidade que um produto ou serviço tenha de sair conforme seu projeto, é um requisito mínimo de funcionamento". Essa análise evidencia como a qualidade é um fator primordial para o fornecimento de qualquer produto ou serviço que se comercialize. Além disso, é possível perceber que o termo está acompanhado da palavra *perfeição*, o que pode ser entendido como algo que não tem como melhorar por não vir acompanhada de nenhum defeito.

A preocupação com a qualidade de bens e serviços é algo que vem sendo discutido há vários anos. É uma exigência frequente, posto que, os consumidores/clientes sempre se atentam ao inspecionar bem o serviço no ato da entrega. "A velocidade da informação e do aprimoramento tecnológico teve uma curva extremamente ascendente nos últimos anos" (Rissato, 2004, p. 131).

Uma forma de garantir que o atendimento alcance um desempenho satisfatório ou um nível de excelência na visão do público consumidor é buscando a flexilibilidade por parte das instituições bancárias, garantindo que elas se adaptem rapidamente ao mercado e às tendências digitais e tecnológicas que dominam o mercado financeiro a cada dia.

Reconhecendo que os serviços e produtos oferecidos pelas instituições bancárias compreendem uma vasta lista, podemos citar, à guisa de exemplo: abertura de conta corrente ou de conta poupança, seguro, títulos de capitalização, consórcios, CDB, financiamento, planos de previdências privadas, planos de saúde, carta de crédito, débito automático, emissão e fornecimento de cartões de crédito e débito, entre outros.

O atendimento presencial nas agências bancárias para suprir demandas dos clientes, na opinião de Paula e Almeida (2016), ocorre mais por uma questão de tradição do que pela necessidade de operacionalização do serviço em si. Esse fato se intensifica nos dias atuais, com a disposição dos meios eletrônicos de atendimento e comunicação. No entanto, é importante ressaltar que a busca pela qualidade do atendimento presencial deve se estender aos canais digitais.

No entanto, o atendimento presencial termina por ser benéfico para as instituições bancárias devido ao elemento da aproximação de relacionamento ser uma possibilidade de fechar mais negócios, principalmente no segmento de atacado. Sendo assim, é normal que as instituições bancárias se vejam na missão de reestruturar e revisar todas as práticas de atendimento, ofertando a seus clientes bens e serviços que agreguem valor e lhes dê motivos para continuar na empresa pela credibilidade de seus produtos.

A avaliação da qualidade do atendimento ao cliente, na realidade das instituições bancárias, é um ponto que necessita de uma observação mais densa.

De acordo com Zeithaml, Bitner e Gremler (2014), a substituição do foco no fornecimento de bens pelo foco em serviços, além de considerar basicamente a perspectiva subjetiva do consumidor, constitui um desafio indiscutível. De acordo com os autores, essa é uma análise que demanda alterações constantes na mentalidade de gestão, na cultura da organização, na maneira como as pessoas trabalham e são recompensadas e também nos modos de implementar soluções para o cliente.

As instituições bancárias oferecem serviços que se configuram como produtos, a saber, as contas, os empréstimos e os consórcios, entre outros, que possibilitam a solução de um problema para o cliente ou até mesmo a realização de um sonho.

Nesse sentido, Zeithaml, Bitner e Gremler (2014) comentam que o serviço é uma função que inclui todas as atividades econômicas cujo resultado não é um simples produto físico ou uma construção, mas é consumido no momento em que é gerado e oferece valor agregado em formas que configuram, essencialmente, os interesses do consumidor que o está adquirindo. Alguns exemplos do que deve ser gerado durante a prestação do serviço são: conveniência, diversão, senso de oportunidade, conforto ou bem-estar, entre outros.

No mundo contemporâneo, justificado pela competitividade entre os bancos para a conquista de clientes, é normal observarmos que as instituições desse setor se modificaram quanto à maneira de atender às expectativas de seus clientes. Uma particularidade das empresas prestadoras de serviços é que elas podem decidir entre atender às necessidades do cliente ou surpreendê-lo por meio de uma abordagem personalizada que busque encantá-lo e estabelecer um vínculos de relacionamento com ele.

Como forma de auxílio nesse sentido, podemos citar a utilização de algumas ferramentas da administração que consistem em métodos facilitadores na identificação do perfil de cada cliente, como o *Customer Relationship Management* (CRM). A ferramenta registra dados a respeito do histórico de um cliente, suas preferências e as compras que ele já realizou, informações que favorecem uma abordagem mais acurada em direção a seus interesses, fazendo com que ocorra uma negociação bem-sucedida para ambos, de modo que o relacionamento fique fortalecido.

Ronald Swift (2001), na obra *CRM: Customer Relationship Management – o revolucionário marketing de relacionamento com o cliente*, demonstra a forma como as empresas realizam a retenção dos clientes com a finalidade de obtenção de lucro e afirmam que disponibilizar o produto ou serviço certo, para o cliente ideal, pelo preço adequado, na hora certa e pelos canais certos é o caminho mais efetivo na busca pela satisfação dos desejos ou necessidades dos clientes.

Perguntas & respostas

O que vem a ser o *Customer Relationship Management* (CRM)?

Customer Relationship Management significa, em português, "gestão do relacionamento com o cliente". Dependendo do porte da empresa, só é possível gerir o CRM por meio de um sistema informatizado ou *software* adequado para a finalidade. O *software* consiste em um banco de dados que registra todas as informações importantes dos clientes. Sobre essa ferramenta, Saito e Horita (2015, p. 118-119) comentam:

> Gerenciar o relacionamento com cliente só é possível com o apoio de um software computacional baseado em banco de dados que armazena as informações relevantes relacionados aos gastos, período em que costuma comprar, valor médio de cada ticket, qual forma de pagamento mais utilizada, e informações pessoais, como números de documentos, sexo, altura, faixa etária, renda mensal. Com estes dados em mãos é possível criar um marketing customizado para cada indivíduo, explorando em primeiro plano suas necessidades e depois seus desejos. (HABERKORN, 2004).
>
> Dessa maneira será possível alocar os clientes de acordo em grupos: frequência com que efetua suas compras, valor que costuma despender nos seus gastos em comparação à sua renda mensal. Assim será tangível a meta de aumentar o índice de fidelidade dos clientes, com o planejamento adequado do marketing.

Com base nessa dinâmica, é possível enxergar que o CRM fornecerá ao programa de *business intelligence* informações relevantes e completas sobre os clientes, possibilitando a criação de informações e conhecimento sobre a estratégia mais efetiva no momento de abordagem e atendimento ao cliente. Essas práticas refletem um processo de venda mais direcionado e com maiores chances de sucesso, fazendo com que a empresa alcance maior vantagem competitiva.

As instituições bancárias, como prestadoras de serviços financeiros, podem ir além de atender às necessidades de seus clientes e usuários mais assíduos, oferecendo um atendimento de excelência. Nesse sentido, os profissionais do *marketing* especializados no setor de serviços podem auxiliar na descoberta de um caminho estratégico para atender aos principais desejos, às vontades e às exigências do público-alvo da empresa, aumentando as chances do forneciemnto de um serviço de qualidade.

Além disso, por se tratar de uma questão de perspectiva, é bem possível que cada um dos clientes já tenha suas crenças em relação à prestação de um serviço de qualidade, principalmente clientes de segmentos de rendas mais elevadas que, possivelmente, já passaram por outras experiências de serviço financeiro e bancário e, portanto, têm um nível de criticidade maior.

Para isso, recomenda-se que as empresas desse setor que desejem alcançar um padrão elevado em seus serviços de atendimento busquem o setor de *marketing* com o intuito de conhecer e alcançar as expectativas dos clientes, pois, sem esse conhecimento, o nível de dificuldade em relação à competição e à sobrevivência do mercado aumenta, principalmente quando as empresas que mais lucram têm como foco seus clientes.

Nesse sentido, Zeithaml, Bitner e Gremler (2014) trabalham os aspectos relativos às expectativas que precisam ser exploradas e entendidas para o sucesso no *marketing* de serviços. Para isso, os autores levantam os seguintes questionamentos:

- Quais são as expectativas dos clientes acerca dos serviços?
- Quais são os fatores que mais influenciam a formação dessas expectativas?
- De que modo uma empresa prestadora de serviços atende às expectativas dos clientes ou as ultrapassa?

É com o propósito de responder a essas questões que as instituições bancárias devem trabalhar para aumentar seu nível de qualidade no atendimento ao cliente e, consequentemente, seus resultados finais.

Exercício resolvido

A qualidade dos serviços bancários é um dos principais requisitos para o sucesso dos seus resultados. Assim, com base na qualidade em serviços, analise as alternativas a seguir e assinale a correta:

a. O bom atendimento é bastante desejado pelas instituições financeiras, pois se concentra na responsabilidade pela qualidade do serviço bancário.

b. A avaliação da qualidade do serviço bancário é realizada com base na coleta de informações a respeito da percepção dos clientes sobre o serviço como um todo.

c. O valor agregado é um elemento que nem contribui nem prejudica o nível de qualidade do serviço bancário.

d. O atendimento presencial é mais desejado pelas instituições bancárias devido ao fato de a proximidade com o cliente permitir a construção de um relacionamento e, consequentemente, a oportunidade de fechar mais negócios. Por esse motivo, as instituições bancárias são resistentes a digitalizar os seus serviços.

Gabarito: b

Feedback **do exercício**: A qualidade do atendimento bancário é avaliada com base na percpeção dos clientes em relação a uma união de diversos fatores. Como o serviço é intangível, o valor agregado está no diferencial da qualidade do serviço, que deve ser buscada tanto de forma presencial como no atendimento por meio dos canais digitais.

4.4 Soluções em serviços e produtos financeiros para o cliente de atacado

Os segmentos dos atacado *private banking* são direcionados para clientes que têm grandes volumes financeiros e/ou são detentores de grande patrimônio. Sendo assim, os produtos e serviços financeiros oferecidos a esses clientes são diferentes dos oferecidos aos clientes de varejo. Veja a seguir alguns exemplos desses produtos e serviços financeiros.

4.4.1 Consultoria sobre investimentos

Serviço descrito por Bastos (2019, p. 9) como a "prestação de um aconselhamento personalizado a um cliente, na sua qualidade de investidor efetivo ou potencial, quer a pedido deste, quer por iniciativa da empresa de investimento, relativamente a uma ou mais transações respeitantes a instrumentos financeiros".

Embora já comentado na Seção 2.6, convém esclarecer que, na perspectiva de atacado, a consultoria tem foco em aconselhamento sobre investimentos. Nesse segmento, o profissional está mais sujeito a julgamentos pois, normalmente, os clientes têm um olhar mais crítico sobre o serviço.

O profissional que presta consultoria sobre investimento no segmento de atacado, ou *private banking*, atua expondo informações em virtude dos conhecimentos e competências que detém. Quanto ao cliente e às oportunidades desse segmento, Segura (2009, p. 78) comenta:

> *Por sua vez, a existência de quantidade maior de oportunidades de investimento exige, por parte dos detentores de grandes fortunas, maior conhecimento do mercado financeiro com o objetivo de selecionar opções adequadas de diversificação de ativos, atingir suas metas de rentabilidade e, ao mesmo tempo, reduzir o risco de sua carteira. A procura por diversificação é um dos fatores que contribuem para o crescente surgimento de novas modalidades de investimento [...].*

As modalidades que o autor menciona estão representadas no Quadro 4.2, a seguir.

Quadro 4.2 – Opções de investimento por nível de aporte financeiro

Veículos de Investimento	Ativos em US$		
	Abaixo de 1 mi (%)	De 1 mi a 3 mi (%)	Acima de 3 mi (%)
Ações	55	68	77
Imóveis	42	38	48

(continuação)

(Quadro 4.2 - conclusão)

Veículos de Investimento	Ativos em US$		
	Abaixo de 1 mi (%)	De 1mi a 3 mi (%)	Acima de 3 mi (%)
Planos de Aposentadoria	52	36	40
Estruturas off shore (trusts)	14	23	27
Renda Fixa	20	29	36
Fundos de Participações (equity)	5	3	21
Fundos de Hedge	19	21	25
Commodities (ex. ouro)	11	20	23
Fundos Índices	24	22	23
Derivativos (futuros, opções etc.)	4	12	19
Moedas	9	11	14
Produtos estruturados	5	8	16
Inv. alternativos (vinhos, antiguid)	10	13	15
Fundos Conservadores	5	12	12
Créditos/Alavancagem	7	7	7

Fonte: Segura, 2009, p. 79.

O quadro demonstra o produto de investimento mais utilizado de acordo com os ativos dos investidores. Essas informações são importantes porque o consultor de investimento conhece melhor o mercado e os ativos mais desejados pelos clientes, podendo, assim, proporcionar a eles os produtos mais adequados.

4.4.2 Subscrição de serviços

A subscrição é uma atividade típica de seguradoras. Contador (2007, p. 94) apresenta a seguinte definição de subscrição:

> Toda operação de montagem de uma apólice de seguro dentro de uma seguradora inicia-se com a avaliação do risco do bem ou atividade que o segurado em potencial, ou proponente, representa. A operação de classificação do risco é denominada subscrição de risco, e determina o resultado líquido daquela apólice em particular. Se a subscrição for bem feita tecnicamente, todos ganham: o segurado, que terá garantido o recebimento da

indenização no caso de sinistro; a seguradora, que terá um resultado direto positivo, e provavelmente terá a fidelidade do segurado e novos negócios futuros; os corretores, que terão representado corretamente o segurado; e a economia em geral.

Em suma, a subscrição se refere a serviços fornecidos por instituições financeiras, como bancos, seguros ou casas de investimento, que fornecem garantia de pagamento em caso de dano ou perda financeira, quando o investidor aceita o risco para a responsabilidade decorrente da garantia prometida. De acordo com Chan (2010), os produtos que compreendem a subscrição podem ser criados sob forma de seguros, emissão de títulos em oferta pública, empréstimos bancários, entre outros. É comum que os títulos de subscrição sejam vendidos por preços abaixo do mercado e gerem lucros imediatos ao investidor que os adquirir.

4.4.3 Fusões e aquisições

São operações exclusivas para empresas, normalmente, aquelas que têm capital e atividade de grande porte. O processo de fusão e aquisição (F&A) de empresas pode ser definido, conforme Gaughan (2011), como uma combinação em que duas empresas se unem para formar uma nova corporação, passando a nova empresa a assumir todos os passivos e ativos das empresas fundidas.

A operação de aquisição ocorre, basicamente, no processo de compra de uma firma pela outra. De acordo com Camargos e Barbosa (2003), as operações de fusão podem ser do tipo horizontal, vertical ou conglomerado.

- Na F&A **horizontal**, há a integração entre empresas do mesmo setor econômico.
- Em uma combinação **vertical**, há a união de companhias do mesmo setor produtivo, podendo ser em direção aos fornecedores ou aos distribuidores.
- Nas operações em **conglomerado**, o processo de F&A ocorre entre companhias de setores econômicos diversos.

Além disso, Nascimento (2014) esclarece que o processo de desenvolvimento de F&A, é uma das formas mais rápidas de expansão que se tem atualmente no mercado. Essa prática tem se tornando frequente, porém as organizações não estão totalmente preparadas para as mudanças que ocorrem no processo de F&A, e o risco é um tanto grande por haver as mudanças nos processos – mudanças culturais e riscos mercadológicos que podem impactar na fusão de qualquer organização envolvida no processo.

Essa operação, normalmente, é realizada por intermédio de bancos de atacado, que auxiliam no processo de venda e de finalização da venda de uma empresa por outra, além de fornecer orientações na condução de todo o processo de expansão em questão.

4.4.4 Gestão de ativos

Um aspecto que tem sido bastante analisado nos últimos anos é o mercado que atua na gestão dos ativos financeiros. Sua evidência se justifica pelo desempenho positivo que esse tipo de operação pode trazer para os envolvidos, mais especificamente, para as comissões e os fluxos monetários.

A respeito das comissões e dos fluxos monetários, Romacho (2012, p. 3-4) afirma que:

> *De fato, ambos são relevantes quando se analisa a competição nesta indústria, dado que o interesse das sociedades gestoras será a obtenção de rendimentos superiores, os quais estão relacionados com as duas variáveis. Na realidade, os gestores além de poderem usar as comissões como fator de competição podem, ainda, atrair fluxos monetários adicionais para as suas carteiras, através da obtenção de um desempenho superior.*
>
> *[...]*
>
> *Neste contexto, e dado que o rendimento dos fundos depende bastante do valor das carteiras, existirá um incentivo para os gestores aumentarem os riscos dessas carteiras de forma a obterem no futuro fluxos monetários adicionais e, em consequência, a assistir-se a um incremento da competição.*

Um gestor de ativos financeiros, normalmente, é uma pessoa ou uma empresa que gerencia os investimentos em nome de terceiros. Um exemplo são os gerentes de investimentos que gerem os fundos de pensão. Esse tipo de serviço é bastante procurado por quem deseja se beneficiar de uma gestão coordenada que integre avaliações de custos, riscos, serviço/desempenho e sustentabilidade do investimento.

A gestão de ativos financeiros, em suma, trata de uma parte de uma empresa financeira que emprega especialistas que gerem dinheiro e lidam com os investimentos dos clientes. No caso, as instituições financeiras são empresas que dispõem desse serviço e os oferecem, normalmente, para os segmentos *private banking* e atacado.

Os profissionais que atuam nesse tipo de serviço conhecem bem os ativos do cliente e são capazes de elaborar o planejamento de busca de investimentos que melhor se encaixam no perfil de ativos. O gestor de ativos gerencia todos os recursos do cliente e, quando percebe a necessidade de recomendar ações que beneficiem a saúde financeira deste, o fazem sempre munidos de informações e dados que possibilitam um diagnóstico preciso da situação.

Estudo de caso

Texto introdutório

O caso em questão retrata a situação de diversas instituições que se encontram em um contexto comum. Como em todo diagnóstico, para designar sua respectiva proposta de intervenção, a situação deve ser analisada no contexto mais amplo, abarcando vários aspectos relacionados, nesse caso específico, à situação como um todo. O desafio é propor intervenções práticas para as instituições bancárias com base nas concepções estudadas.

Texto do caso

Pesquisas que envolvem o contexto das empresas, de quaisquer segmentos, são realizadas periodicamente. Um dos órgãos normativos do sistema financeiro nacional, o Banco Central do Brasil (Bacen), divulgou, em 15 de julho de 2020, uma lista completa dos bancos líderes em reclamações, de acordo com a plataforma de conteúdo jornalístico 6 Minutos (2020).

De acordo com o 6 Minutos (2020), o *ranking* de reclamações é organizado com base na quantidade de reclamações recebidas e validadas. Depois, essas reclamações são divididas pelo número de clientes da instituição e multiplicadas por 1.000.000. Desse modo, quanto mais próxima da liderança, pior é a avaliação do banco perante os clientes.

A lista categoriza as instituições financeiras em duas categorias: bancos de maior porte e bancos de menor porte. Sobre os de grande porte (considerados os bancos, ou financeiras, que têm mais de 4 milhões de clientes em sua carteira), a estatística demonstra que o Banco Pan liderou o *ranking* de reclamações contra instituições financeiras no segundo trimestre do ano de 2020, marcando o índice de 158,89. Em seguida, encontra-se o BMG, com 99,80, e na terceira colocação está o Inter, com 97,92 (6 Minutos, 2020).

Ainda entre os bancos de grande porte, encontram-se na lista o Banco Santander na quarta posição de instituição com mais reclamações, um total de 41,35. Em seguida, aparecem a "Caixa (26,45), Bradesco (24,35), Banco do Brasil (22,76), Itaú (21,09), Banrisul (19,83), Banco CSF (16,59), OMNI (12,07%), Realize (3,55), Votorantim (3,47%), Midway (3,13), Bando do Nordeste (0,86) e Nubank (0,18)" (6 Minutos, 2020). Essa lista envolve 17 instituições financeiras de grande porte (6 Minutos, 2020).

No entanto, na classificação dos bancos de menor porte (bancos que com menos de 4 milhões de clientes em sua carteira), a instituição líder em reclamações é a Facta Financeira, com 559,96. Na sequência, vem, entre outros, o Banco Digimais, com 340,24, o Banco Safra, com 281,78, o BNP Pariba, com 268,59, e Industrial do Brasil, com 235,59. A lista da categoria de grande porte envolve 22 instituições financeiras (6 Minutos, 2020).

As principais reclamações recebidas e validadas contra as instituições, em geral, se tratam de falhas ou irregularidades que envolvem aspectos de integridade, confiabilidade, segurança, sigilo ou legitimidade das operações e serviços referentes a cartões de crédito (6 Minutos, 2020).

Tendo em vista que você é o gestor financeiro contratado pelo Bacen para prestar orientações sobre as formas de atendimento ao cliente e o cuidado com a imagem dessas instituições apresentadas em situações críticas pelo *ranking* de reclamações, de modo que esse quadro venha a ser diminuído, reflita sobre os caminhos que podem ser percorridos para que essa situação seja melhorada, com base nas teorias estudadas neste capítulo.

Além disso, aponte os principais elementos em que as instituições devem focar para melhorar a qualidade do serviço e, em seguida, trace objetivos para intervenções das instituições considerando aspectos do ambiente interno e externo, elementos de inovação e tecnologia que podem solucionar essa situação deficiente em relação à prestação dos serviços.

As informações fornecidas para o texto estão disponíveis na página do Bacen, disponível em: <https://www.bcb.gov.br/ranking/index.asp?rel=outbound&frame=1>. Acesso em: 16 ago. 2021.

Resolução

Diante das descrições apresentadas, é possível compreender que os contextos que envolvem reclamações são comuns a um variado número de instituições financeiras. Dessa forma, as sugestões devem envolver uma revisão aos preceitos fundamentais do ponto de vista da gestão administrativa, que envolva bom atendimento e qualidade nos serviços.

Entendendo que a qualidade dos serviços é um requisito imprescindível para garantir a sobrevivência das organizações e o atendimento é o momento da prestação desse serviço, responsável por fazer o relacionamento acontecer, é possível sugerir três propostas, as quais compreendem:

- Uma ação baseada na afirmação de Chiavenato (2010, p. 546) de que a qualidade "é definida como capacidade de atender, durante todo tempo, as necessidades do cliente". Essa ação deverá envolver um planejamento que estabeleça processos de resolução dos problemas mais recorrentes. Com base na própria lista divulgada pelo Bacen, podemos perceber que existem instituições com número muito baixo ou não registrado de informações. O estabelecimento desse processo de resolução de problemas pode tomar essas instituições como referência, já que o mercado bancário desempenha serviços tão semelhantes e o *benchmarking* não se caracteriza como uma prática ilegal. Essa etapa subsidia a proposta seguinte.

- Investimento no suporte pós-venda. Essa etapa ocorre com o acompanhamento após a realização do serviço prestado ao cliente. O suporte pós-venda é a oportunidade que a instituição tem de receber o *feedback* e corrigir suas falhas, promovendo maior nível de qualidade em seus serviços, aumentando, assim, a satisfação do cliente e, consequentemente, diminuindo o número de reclamações, o que melhora a imagem da instituição.
- O desenvolvimento de relacionamento com o cliente. Esse elemento pode ser alcançado por meio da execução das propostas anteriores e pode gerar inúmeros benefícios tanto para a instituição quanto para o cliente. Com o relacionamento, a comunicação é otimizada, requisito importante para a resolução de problemas e redução de reclamações; além disso, essa é uma excelente estratégia para fechar mais negócios e manter os ganhos da instituição de forma sustentada.

Dica 1

A qualidade ocorre devido a uma soma de elementos, e não somente a um elemento isolado. Para fornecer um produto ou serviço de qualidade, é preciso atender às necessidades dos clientes em tempo integral, sendo que, para isso, é necessário considerar os problemas gerados após a realização da venda.

O vídeo que indicamos a seguir revela questionamentos simples e muito importantes para resolver um problema empresarial.

Analise o vídeo como parte desse conjunto de ações que pode proporcionar a prestação de um serviço de qualidade pós-venda com o objetivo de diminuir o número de reclamações e gerar benefícios para a instituição e para o cliente. Reflita se as ponderações podem ser utilizadas no *case* proposto.

GRUPO VIP ENGENHARIA. **Como resolver um problema empresarial**. 16 out. 2016. Disponível em: <https://www.youtube.com/watch?v=fu9Algy_naU>. Acesso em: 1º nov. 2021.

Dica 2

Complementando a dica 1, o investimento no suporte pós-venda pode ser um caminho para a resolução desse extenso problema.

No vídeo, Flavia Menegazzo, gerente de Sucesso na Exact Sales, conceitua pós-venda como a área responsável por dar continuidade ao relacionamento com o *lead* após o fechamento da venda, além de manter e aumentar a carteira de clientes da empresa. Ela também explica que, quando fidelizados e satisfeitos, os clientes podem abrir novas oportunidades para a empresa, e é na área de pós-venda que essas oportunidades são identificadas.

EXACT SALES. **Pós-venda**: conceito em 1 minuto. 8 ago. 2016. Disponível em: <https://www.youtube.com/watch?v=ae0bUEsvDWs>. Acesso em: 1º nov. 2021.

Dica 3

O relacionamento com o cliente pode auxiliar de forma efetiva na resolução dos problemas dos clientes e melhorar a competitividade da instituição financeira? Assista ao vídeo a seguir sobre os benefícios do relacionamento com o cliente no contexto bancário e reflita se esse elemento pode ser trabalhado no problema exposto.

T2 EDUCAÇÃO. **Era assim que eu batia minhas metas no Banco**. 22 mar. 2019. Disponível em: <https://www.youtube.com/watch?v=er8DPNDkAE8>. Acesso em: 1º nov. 2021.

Síntese

A seguir, apresentamos resumidamente os tópicos que foram discutidos neste capítulo:

- Um mesmo banco pode atuar nos segmentos de varejo e atacado, no entanto, existe a tendência que o foco caminhe mais em direção a um desses dois segmentos.
- A principal diferença do banco de atacado para o de varejo é que, no segmento atacado, trabalha-se com um número reduzido de agências e de clientes. No entanto, as operações envolvem grandes quantidades de recursos financeiros pelo fato de o perfil dos clientes de bancos de atacado serem grandes empresas ou pessoas com grandes fortunas.
- O *private banking* é um serviço direcionado para lidar com clientes que possuem grandes fortunas, desejam atuar com discrição e exigem tratamentos diferenciados. O sucesso das operações *private* está na construção de um relacionamento comercial que se inicia com um atendimento personalizado e de qualidade.
- A qualidade dos serviços bancários é caracterizada como *intangível*. A determinação do nível de qualidade se dá pela experiência do cliente e envolve diversos fatores, esclarecendo que o atendimento não é responsável pela qualidade do serviço bancário, e sim um dos elementos que a compõem.
- O aconselhamento financeiro é um serviço normalmente oferecido para o segmento de atacado, vendido para atender a três demandas: prevenção de problemas financeiros; reabilitação do devedor onerado por dívidas; e emancipação do consumidor ante aquisições compulsivas e uso excessivo de crédito.
- As soluções em serviços e produtos financeiros dos bancos de atacado referem-se aos serviços financeiros realizados entre empresas, como bancos, seguradoras, gestores de fundos, corretoras, entre outros. Os bancos de atacado oferecem serviços como consultoria sobre investimentos, subscrição, fusões e aquisições e gestão de ativos.

Bancos de atacado

Conteúdos do capítulo:

- Banco de atacado.
- Competividade dos bancos de atacado.
- Desafio do setor bancário para o atacado.
- Banco digital para o atacado.
- Gestão financeira para o cliente de varejo.

Após o estudo deste capítulo, você será capaz de:

1. reconhecer os nichos de atuação do banco de atacado: *personal private* e *corporate private*;
2. indicar os pontos importantes quanto à competitividade no contexto dos bancos de atacado;
3. identificar os principais desafios que o setor financeiro e de atacado enfrentam;
4. estabelecer o contexto de digitalização e operação por canais digitais dos bancos de atacado;
5. identificar questões importantes para o gerenciamento financeiro dos clientes de varejo.

As relações corporativas entre os bancos de atacado e as grandes empresas são o cerne da questão quando se trata do fechamento de negócios nesse segmento.

A utilização de produtos e serviços financeiros está presente na vida de todas as pessoas, mas não é só isso. A rotina e o funcionamento de grandes empresas está diretamente ligada à necessidade do atendimento eficiente em torno da gestão dos recursos e patrimônios, entre outras operações financeiras.

Entender as principais questões para o bom funcionamento de uma instituição bancária de atacado é tarefa fundamental para o profissional que atua ou que deseja atuar no mercado financeiro. Diante disso, apresentaremos, neste capítulo, os conceitos e as características particulares desse segmento.

capítulo 5

5.1 Banco de atacado

A participação dos bancos de atacado é fundamental para o bom funcionamento do sistema financeiro nacional (SFN). Sua importância vai além da venda de produtos e serviços com foco na lucratividade, pois a prestação de suas atividades é um ponto necessário para a vida de muitas pessoas e de grandes empresas que tanto contribuem para o bom funcionamento da economia em uma sociedade.

Sendo assim, convém entender melhor as características, o contexto de atuação, os principais desafios e como essas instituições conseguem prestar atendimento a seus clientes por meio de canais digitais sem perder sua característica mais evidente em relação ao relacionamento com o cliente: a personalização do atendimento.

Até aqui você já deve ter entendido o que são e como operam os bancos de atacado. No entanto, a concepção desse segmento na indústria bancária brasileira é melhor detalhado por Brito (1994). O autor demonstra que o surgimento dos bancos de atacado, no Brasil, ocorreu após a constituição de bancos múltiplos de forma regulamentada.

Antes disso, o que mais se aproxima dos bancos de atacado que temos atualmente eram as instituições financeiras constituídas como bancos de investimento.

Além disso, o autor também comenta que o advento do banco múltiplo foi um fator preponderante para a abertura de possibilidades sobre a operação das instituições bancárias no que se refere a diversas carteiras com diversos tipos de operações, tendo uma mesma razão social. Brito (1994) afirma que os conglomerados financeiros, até aquele momento, eram constituídos de diversas empresas e os bancos de investimentos passaram a operar com a carteira de banco comercial, *leasing*, poupança, entre outras modalidades. Dessa forma, não havia qualquer necessidade de constituir novas empresas.

Porém, com o passar do tempo e ao realizar as operações, essas instituições identificaram a necessidade de começar a se especializar, de forma que fosse possível oferecer aos clientes opções adequadas a suas demandas, satisfazendo suas necessidades de uma maneira mais eficiente. Assim, de acordo com Brito (1994), as agências passaram a operar com um número reduzido de clientes, porém, com volumes monetários altamente expressivos e relevantes para a lucratividade dos bancos.

Nesse sentido, os bancos de atacado foram cada vez mais aprimorando seus produtos e serviços, com o objetivo de satisfazer as necessidades globais de seus clientes por meio de operações cada vez mais sofisticadas. Diante disso, os estudos e as pesquisas avançaram no campo dos bancos de atacado, sendo relevantes para esse segmento novo, menor em tamanho, se comparado ao dos bancos de varejo, mas muito expressivo em relação aos aportes de recursos financeiros.

Conhecer o perfil desse tipo de instituição bancária e os resultados proporcionados por suas operações, bem como identificar quais os produtos mais rentáveis, quais seus melhores gestores, os melhores clientes e sua melhor agência, além de saber como gerenciar os riscos na formação de posição, são premissas que conduzirão esse tipo de banco a atuar de forma cada vez mais otimizada neste mercado altamente dinâmico e competitivo, que é o mercado financeiro (Brito, 1994).

O conhecimento dos gestores sobre a composição de receitas e custos possibilita uma ampla visão sobre as oportunidades que se tem para maximizar resultados, além de direcionar esforços com o objetivo de desenvolver produtos e serviços mais eficientes sem dispensar uma utilização melhor de recursos.

Você já deve ter entendido que os bancos de atacado diferenciam-se dos bancos de varejo, principalmente por atuarem com reduzido número de clientes e de agências e por utilizarem técnicas de atendimento especial ao cliente, com o objetivo de proporcionar melhores alternativas de solução de seus problemas, oferecendo produtos que não estão disponíveis nas agências bancárias de varejo, embora atuem no mesmo mercado financeiro que estes, porém com atenção voltada a clientes diferentes.

Para melhor fixação do conteúdo relacionado aos segmentos mais comuns e relevantes da indústria bancária, Ribeiro (2003) descreve claramente as operações e características mais importantes nos segmentos de atuação dos bancos no sistema financeiro nacional.

> **Bancos comerciais** – *captam depósitos à vista, juntamente com caixas econômicas, cooperativas de crédito e bancos múltiplos com carteira comercial;*
>
> **Bancos de investimentos** – *instituições financeiras que têm como objetivo principal a prática de operações de investimento, participação ou de financiamento a prazos médio e longo, para suprimento de capital fixo ou movimento de empresas do setor privado, mediante aplicação de recursos próprios e coleta, intermediação e aplicação de recursos de terceiros;*
>
> **Bancos múltiplos** – *instituição financeira brasileira que pode realizar todas as operações ativas e passivas intrínsecas a cada um dos tipos individuais de instituição (bancos comerciais, investimento, desenvolvimento etc.);*
>
> **Bancos de atacado** – *Com relação ao tipo de atendimento, os bancos que atuam no mercado de atacado possuem serviços classificados como* private bank, *que atendem pessoas físicas com renda elevada;* personal bank, *para atendimento de pessoas físicas de alta renda, pequenas e médias empresas;* corporate bank, *que atende grandes empresas;*

Bancos de varejo – *[...] Nos bancos de varejo a estrutura organizacionl adequada é centralizada, ou seja, os produtos são desenvolvidos no topo e a estrutura de rotina burocrática prevalece nos pontos de venda.* (Ribeiro, 2003, p. 8, grifo do original)

O autor apresenta infomações sobre as principais características em relação aos tipos de bancos, mas, nesta seção, iremos prosseguir nos estudos dedicando maior enfoque sobre os bancos de atacado.

Conforme Ribeiro (2003), os bancos de atacado podem assumir algumas formas, dependendo do tipo de cliente. No capítulo anterior, abordamos a modalidade *private bank*, um nicho dos bancos de atacado direcionado a atender o público de renda elevada, normalmente pessoas físicas.

Mas, e quanto às demais modalidades existentes nesse segmento da indústria bancária?Primeiramente, é importante relembrar que os bancos do segmento de atacado atuam com operações mais complexas devido à imensa quantidade de recursos financeiros movimentadas nesse tipo de instituição. Além do *private bank*, os bancos de atacado podem trabalhar com as modalidades *personal bank* e *corporate bank*.

De acordo com as informações coletadas por Kohli, Leite e Kalache (2000), a modalidade *personal bank* foi desenvolvida pelo *BankBoston*, um banco de forte atuação no segmento pessoa jurídica nos Estados Unidos, com foco em clientes pessoa física com renda superior a quatro mil dólares por mês. Ao perceber a necessidade de dedicar atenção especial a esse público, o *personal banking* surgiu como uma estratégia mercadológica diferenciada, atuando nesse setor com a oferta de produtos e serviços diferenciados para atender expectativas e necessidades particulares ao público desse segmento.

No Brasil, Rocha, Polo e Quadros Jr. (2006) comentam que os bancos introduziram esse conceito estratégico em suas unidades de negócio a partir de 1994, com nomenclaturas e propostas diferentes. O objetivo das instituições financeiras brasileiras era adequar a estrutura do negócio às necessidades do mercado, conforme ocorreu com o *BankBoston*.

Rocha, Polo e Quadros Jr. (2006) apontam como o serviço de *personal banking* é oferecido em algumas instituições financeiras brasileiras. Confira no quadro a seguir.

Quadro 5.1 – *Personal banking* em instituições financeiras brasileiras

Instituição financeira	Estratégia utilizada
Banco do Brasil	"em 1994 promoveu uma grande reformulação na sua arquitetura organizacional, introduzindo o conceito de Unidades Estratégicas de Negócio" (Rocha, Polo e Quadros Jr., 2006, p. 6).
Itaú	"desenvolveu uma estratégia de penetração no segmento a partir da aquisição do Banco Francês e Brasileiro (BFB) em 1995, e lançou o banco **Itaú Personnalité**, utilizando a política de migração das contas dos clientes Itaú do Banco de Varejo, com renda superior a R$ 5.000,00 ou investimento igual ou superior a R$ 50.000,00, para seu *Personal Banking*" (Rocha, Polo e Quadros Jr., 2006, p. 6, grifo do original).
Unibanco	"lançou seu *Personal Banking* com o nome de *Uniclass*, e em 2001, destacou-se pelos altos investimentos que fez em Tecnologia da Informação (TI), como uma iniciativa dentro de sua estratégia de promover a continuidade do relacionamento com o cliente, acompanhando os passos e a mudança de hábitos de seus correntistas via internet, com o lançamento do seu novo portal [...]. Aumentou sua capacidade de armazenamento de dados dos clientes a fim de melhorar o suporte para campanhas de marketing, além de criar ações voltadas para todo o ciclo de vida dos clientes" (Rocha, Polo e Quadros Jr., 2006, p. 7-8).
Banco Real (Santander)	"reforçou seu *Personal Banking* em 2003, com o lançamento do **Van Gogh** usando o slogan 'arte em relacionamento', oferecendo atendimento diferenciado através de forte campanha na mídia de massa em dezembro de 2003" (Rocha, Polo e Quadros Jr., 2006, p. 8).
Bradesco	"visto apenas pelo seu gigantismo e pelo seu apetite em comprar outros bancos, também reformulou seu *Personal Banking* e atua com a estratégia de migração das contas que apresentam maior volume de aplicação, do tradicional Banco de Varejo para seu Personal Banking" (Rocha, Polo e Quadros Jr., 2006, p. 8).

Fonte: Elaborado com base em Rocha; Polo; Quadros Jr., 2006.

Os exemplos citados demonstram a disputa desse mercado nos bancos brasileiros e como a concorrência no segmento exige constantes modificações e elaboração de estratégias competitivas para conquistar os novos clientes e manter os atuais.

Conforme Ribeiro (2003), o *corporate banking* pode ser entendido como uma modalidade do segmento bancário de atacado focalizado nos clientes corporativos, isto é, empresas multinacionais, estrangeiras, locais, de pequeno, médio ou grande porte. O que categoriza a empresa como um cliente dessa categoria é, de fato, seu faturamento e o patrimônio financeiro.

Com o objetivo de atrair esses clientes, a estratégia corporativa das instituições financeiras é desenvolver produtos e serviços que ofereçam diversos benefícios para os clientes que são atendidos por essa categoria. A necessidade da diferenciação se explica devido ao fato de que esse tipo de cliente, com renda elevada, tem necessidades que não são as mesmas dos demais clientes, como linhas de crédito diferenciadas, oportunidades de investimento com bons retornos, aconselhamento e acessoria financeira, entre outros.

As instituições bancárias são muito favorecidas por esse tipo de cliente, pois a taxa de lucro que se obtém operando com enormes somas de recursos financeiros também é bem superior. Esse também é um motivo importante para entender a existência de setores de produtos e serviços especializados nesse tipo de cliente e por tantas instituições disputarem o segmento, aumentando a competitividade e a inovação no setor.

Exercício resolvido

O banco de atacado se caracteriza por atender clientes de alta renda e detentores de grandes fortunas, mas seus serviços são subdivididos por nichos. Assim, com base nos seus conhecimentos sobre essas modalidades de serviços dos bancos de atacado, analise as alternativas a seguir e assinale a correta:

    a. A modalidade *personal bank* presta serviços diferenciados com principal foco nas micro e pequenas empresas de alto faturamento.

    b. O *corporate bank* é uma modalidade que atende às necessidades das corporações que possuam renda inferior a quatro mil dólares.

    c. O *personal banking* é uma estratégia de diferenciação para públicos de alta renda que possuem necessidades diferentes de outros clientes com renda inferior.

d. A modalidade *corporate banking* é direcionada para grandes corporações e multinacionais, não oferecendo suporte a empresas pequenas, mesmo que seu faturamento e patrimônio financeiro sejam de grande porte.

Gabarito: c
***Feedback* do exercício**: O *personal bank* é uma estratégia de negócios dos bancos para atender de forma diferenciada aos clientes de alta renda, normalmente pessoas físicas, enquanto o *corporate bank* é uma modalidade que atende ao segmento de empresas com alto faturamento e patrimônio, independente do porte e da localização.

5.2 Competividade dos bancos de atacado

A nova dinâmica mundial, caracterizada pelo processo de globalização comercial e pelas ágeis transformações, vem empregando desafios constantes para as organizações da atualidade, que se esforçam para sobreviver e obter vantagem competitiva com suas estratégias. Nesse sentido, a gestão das empresas tem sofrido profundas transformações, com o objetivo de acompanhar as tendências do mercado.

Em meio a esse cenário globalizado e inovador, entre 1991 e 1998, a economia brasileira passou por um momento historicamente crucial (Pinheiro, 2018). Com o cenário pós-Plano Real, que ocasionou a queda das taxas de inflação, e com as políticas de estabilização econômica implementadas, o mercado financeiro brasileiro se tornou um ambiente altamente atrativo e favorável para os investidores estrangeiros. Isso ocorreu nos mais diversos setores empresariais do mercado nacional. No entanto, a indústria bancária foi um dos últimos setores a se abrir para a concorrência internacional, possibilitando o investimento dos novos concorrentes estrangeiros no território brasileiro.

O processo de abertura do mercado nacional para a entrada de bancos estrangeiros impactou com inúmeras fusões, incorporações e aquisições que deram origem a fortes marcas na história do SFB. Molina (2004) comenta que transações dessa natureza ocorreram não só com a intervenção das instituições internacionais, mas também entre os bancos nacionais.

O autor ainda afirma que podemos observar dois fenômenos distintos, embora sejam complementares, que resultam de um mesmo processo: "um significativo aumento da participação do capital estrangeiro no sistema financeiro nacional e um forte movimento de concentração registrado ao longo dos últimos anos" (Molina, 2004, p. 84).

A princípio, a participação estrangeira não era tão livre quanto se possa pensar. Em relação à aquisição de instituições em dificuldades financeiras pelo capital externo, era permitido apenas o que se encaixava na lógica dos programas de reestruturação e fortalecimento do sistema financeiro implementados pelo governo. No entanto, em 1998, essa lógica foi alterada. Molina (2004) ressalta, nesse sentido, o caso que se evidenciou com a venda do controle do Banco Real para os holandeses do ABN-AMRO.

O caso da venda do Banco Real gerou muita discussão, pois esse banco não estava enfrentando dificuldades financeiras, como vinha ocorrendo com os bancos vendidos até então. A esse respeito, o autor explica:

> *O governo recebeu críticas dos banqueiros nacionais, que foram rebatidas pelo então presidente do BC, Gustavo Franco, com o argumento de que se não existia reserva de mercado para empresas brasileiras no setor industrial não havia razão para que houvesse reserva na atividade bancária. De acordo com o presidente do BC, a competição no sistema bancário beneficiaria diretamente o usuário, que contaria com melhores serviços e menores custos.* (Molina, 2004, p. 85)

Nesse momento, a concorrência chegou ao mercado com novas formas de atuação e demonstrando muita força competitiva. O autor relata que a busca dos bancos nacionais para competir com gigantes internacionais que estavam ingressando no mercado brasileiro não se resumiu aos ganhos de escala.

Dessa forma, as instituições passaram a associar à competição uma necessidade em reformular os processos organizacionais na busca por melhores índices de rentabilidade, porém, baseados na eficiência administrativa (Rodrigues, 1999).

Surge daí uma questão, a ser analisada nas próximas linhas, relacionada ao processo pelo qual o setor bancário brasileiro se tornou, ao longo dos últimos anos, mais competitivo e, ao mesmo tempo, mais concentrado. À luz da teoria econômica, um aumento de competitividade em determinado setor geralmente se dá em decorrência de um aumento no nível de concorrência registrado neste setor. Porém, o que ocorreu no setor bancário brasileiro foge à regra: por um lado, o setor passou por um processo de modernização tecnológica e racionalização administrativa que o tornou de fato mais competitivo, num novo ambiente em que os lucros provenientes de altas taxas de inflação foram substituídos por receitas provenientes de serviços. Isso levou a uma valorização da figura do cliente, paralelamente à implementação de práticas gerenciais que buscavam a eficiência na geração de resultados, a promoção da qualidade etc. (Molina, 2004, p. 85)

Para melhor entender a lógica que associou concentração bancária e busca da eficiência nas instituições "sobreviventes", o autor sugere alguns pontos de trabalho em relação aos processos administrativos, que passaram a exigir maior atenção por demonstrarem, consequentemente, melhores resultados.

O mercado onde atuam os bancos de atacado se caracteriza por ser extremamente dinâmico e concorrido. Sendo assim, as decisões referentes a esse segmento necessitam ser tomadas com agilidade e segurança. Como fatores que levam à diferenciação no mercado, observe os pontos sugeridos a seguir.

Segmentação da clientela

A segmentação de clientes é um tema que já foi trabalhado no Capítulo 2, mas, na perspectiva dos bancos em geral, inclusive os de atacado. Molina (2004) comenta que essa sugestão é fundamental para que essas instituições se lancem numa corrida pela conquista de clientes, na qual o diferencial competitivo de um banco passou a residir na qualidade do atendimento e na busca da "fidelidade" dos clientes já existentes, além da procura por novas adesões aos produtos e serviços.

Para realizar o processo de segmentação, o autor ressalta que as instituições bancárias mesclaram as estratégias de aquisição dos concorrentes com o objetivo de garantir que a oferta de seus produtos e serviços sejam plenamente garantidos à demanda de seu público consumidor. Além disso, o processo de segmentação é estratégico, para que as instituições tenham clareza e organização sobre o que pode ser oferecido, de forma específica, a seu público dentro de seu mercado de atuação (Molina, 2004).

Entendendo com clareza quais são as demandas do público dentro do setor em que atuam, as instituições bancárias têm melhores condições de dedicar os esforços com maior eficiência, conseguindo aproveitar todo o potencial que se encontra em equilíbrio entre as necessidades do mercado e o seu potencial de trabalho, garantindo maiores níveis de rentabilidade sobre suas operações.

Investimento em tecnologia

Diante da chegada de uma concorrência inovadora, os bancos estrangeiros e nacionais de todos os segmentos sentiram a necessidade de acompanhar as tendências que compreendiam as inovações tecnológicas. Por isso, Molina (2004) ressalta que os investimentos em tecnologia foram imprescindíveis para promover mudanças que acompanharam as inovações dos novos concorrentes estrangeiros chegados ao SFB.

A respeito das intervenções tecnológicas nas instituições bancárias, o autor comenta:

> De um lado, os sistemas de informação desenvolvidos e disseminados por todas as grandes instituições bancárias permitiram, além de uma maior agilidade nas operações contábeis, a formação de grandes bancos de dados com informações sobre clientes, extremamente úteis tanto na avaliação de riscos para a concessão de créditos quanto nas estratégias de segmentação da clientela mencionadas acima. De outro lado, ao propiciar a automação das atividades bancárias, a tecnologia permitiu o redimensionamento das instalações físicas dos bancos, com terminais de autoatendimento e o uso da internet retirando clientes das agências. (Molina, 2004, p. 86-87)

Para um melhor entendimento, o Molina (2004) demonstra que os impactos deixados por esses processos de transformação são visíveis, físicos, de hábitos ou inteligência. Essa transformação se explica pelo fato de que os processos tecnológicos permitiram que os usuários passassem a ser beneficiados pelos serviços disponibilizados de forma digital com o uso da internet, a qual permite que o acesso seja feito de qualquer lugar em um dispositivo móvel.

Redimensionamento das agências

Como consequência de um dos impactos trazidos pelas inovações tecnológicas, Molina (2004) demonstra que as agências bancárias passaram a reduzir suas dimensões tanto em relação à infraestrutura física quanto ao quadro de funcionários. Essas mudanças na estrutura física e de pessoal das agências ocorrem devido ao fato de que várias funções sofreram adaptações ou modificações graças aos recursos tecnológicos.

No entanto, de acordo com o exposto pelo autor, em relação à redução na quantidade de funcionários, é importante frisar que os remanescentes passaram a seguir uma lógica também diferenciada, que se alinha às novas particularidades em decorrência da digitalização e dos propósitos de segmentação que passaram a ser desenhados pelas instituições. Um exemplo dessa diferenciação é a criação de novos setores, com o desenvolvimento e oferta de novos produtos e serviços, criados para atender às demandas identificadas na segmentação do mercado.

Dentro dos aspectos voltados às mudanças no quadro de pessoal para conquista de maiores resultados, Brito (1994) destaca que devem ser focalizados os seguintes pontos:

- **Aspectos motivacionais**: Brito (1994) ressalta que um gestor motivado tende a contribuir mais com a instituição para atingir metas e objetivos. Entre os fatores que levam à motivação, o autor destaca o programa de remuneração e o treinamento profissional. O modelo de avaliação de desempenho e resultados é utilizado para mensurar o nível de desempenho das atividades realizadas pelo profissional. Após essa avaliação, os líderes podem utilizar os resultados para trabalhar os pontos fortes e fracos do funcionário, motivando-o a melhorar.

  Há cuidados que se devem ter em relação à discordância em relação aos critérios de avaliação. Segundo o autor, esses pontos devem ser discutidos antes da realização das avaliações e comunicação dos resultados, pois se isso não for solucionado, o funcionário pode não se sentir avaliado adequadamente e, portanto, não se motivar.

Brito (1994) destaca que a alta administração tem papel fundamental nessa discussão, pois pontos divergentes sobre critérios de avaliação de gestores podem levar o modelo de avaliação de desempenho e resultados ao fracasso. Caso isso ocorra, é fundamental que se tenha atenção para que os *outputs* do modelo não sejam considerados isolados no processo de avaliação do desempenho.

Além disso, na perspectiva de um banco de atacado, alguns pontos particulares devem ser ressaltados, como:

> visita de gerentes aos clientes e o grau de sucesso destas visitas, operações propostas aos clientes e operações obtidas, grau de eficiência da área financeira quando fornece o custo do dinheiro para a área que requisitou o recurso financeiro (isto ocorre quando determinada área solicita a área financeira captação de recursos e esta o capta mais caro ou mais barato do que a média do mercado). (Brito, 1994, p. 4)

- **Grau de especialização**: Os profissionais do segmento de atacado se caracterizam pelo elevado nível de especialização no negócio, pois têm conhecimento sobre os detalhes que compõem os produtos e sobre como oferecer aos clientes os produtos que melhor satisfazem suas necessidades. Sendo assim, nada mais importante que direcionar esforços sobre o fator diferenciador do profissional desse segmento: seu treinamento. É importante que esse profissional esteja atualizado com relação ao mercado e que também conheça os objetivos do banco em que atua.

Além dos pontos relacionados ao quadro de pessoal, Brito (1994, p. 5, grifo do original) destaca outros fatores importantes em relação à construção de um diferencial de mercado quanto aos bancos de atacado:

b. Formação de preço

Os bancos de atacado, caracterizados por possuírem menor custo administrativo do que os bancos de varejo, apresentam preços diferentes para um mesmo produto. Esta diferenciação se dá, basicamente, devido a:

b.1 Custo

Certos bancos de atacado possuem custos administrativos inferiores a outros. Isto leva a [sic] possibilidade do banco oferecer taxa mais atraente ao cliente, já que o custo administrativo, parte relevante desta taxa, é inferior ao custo administrativo de outros bancos.

b.2 Margem de rentabilidade

Muitos bancos de atacado preferem reduzir a margem de rentabilidade da operação e conseguir a operação. Isto leva, geralmente, a um maior volume de negócios, reduzindo a margem de rentabilidade unitária e elevando a margem de rentabilidade global.

c. Sistema de informação

O banco de atacado que possui um sistema de informação com alta qualidade consegue melhor se colocar no mercado frente à concorrência, pois um bom modelo de avaliação de desempenho e resultados, componente importante do sistema de informação, possibilita ao banco conhecer melhor a contribuição dos produtos ao resultado global da instituição, qual o gestor que melhor desempenha seu papel e como melhor utilizar sua capacidade.

Com a adição de tecnologias que possibilitam maior agilidade, segurança, confiabilidade e inovação nos negócios, além de pessoal bem treinado e motivado, preços competitivos, custos que permitam margem de lucro mais acentuada, rentabilidade vantajosa e sistema de comunicação que forneça informações importantes sobre os clientes, as instituições financeiras de atacado estarão prontas para começar a competir de forma justa e vantajosa no mercado.

Exercício resolvido

Diante de um mercado extremamente competitivo, os bancos de atacado precisam estar em constante busca pela diferenciação, a fim de garantir a sustentabilidade dos seus negócios. Assim, com base em seus conhecimentos sobre os fatores que levam bancos de atacado à diferenciação no mercado, analise as seguintes alternativas e assinale a correta:

a. O baixo custo é um fator de diferenciação dos bancos de atacado, que conseguem oferecer esta vantagem por realizarem grandes operações e faturarem mais alto que os outros bancos.

b. O banco de atacado consegue vantagem ao se diferenciar, oferecendo propostas para fechar mais negócios, mesmo que seja necessário reduzir um pouco sua margem de rentabilidade.

c. O banco de atacado não consegue se diferenciar de sua concorrência por meio de seu sistema de informação, pois seu número de clientes é muito reduzido. Para isso, utiliza o sistema de informação disponibilizado pelos bancos de varejo parceiros.

d. Os bancos de atacado se diferenciam no mercado quando conseguem oferecer um preço menor por seus produtos. Isso é possível graças ao menor custo administrativo que esses bancos possuem.

Gabarito: d

***Feedback* do exercício**: Os bancos de atacado têm menor custo e conseguem oferecer menor preço por seus produtos graças ao fato de seu custo administrativo ser inferior ao dos bancos de varejo, pois funcionam com um número de agências reduzido e uma quantidade menor de funcionários. Além disso, diferenciam-se por utilizar estratégias de redução da margem de rentabilidade, uma vez que conseguem fechar maior volume de negócios. Também dispõem de um sistema de informação de alta qualidade, entrando em contato com os clientes para realizar ofertas mais adequadas e aumentando seus resultados.

5.3 Desafio do setor bancário para o atacado

O universo do mercado financeiro é, historicamente, marcado por crises e turbulências. As crises econômicas levam os indivíduos, famílias e organizações – privadas e até mesmo públicas – a recorrerem às instituições para sanar necessidades urgentes e preventivas quanto aos recursos financeiros.

Mas o cenário não tem deixado marcas dolorosas apenas nos tomadores; as instituições bancárias também sentem muitos problemas nos momentos de crise e fora deles. Esses problemas podem ser listados por várias perspectivas: além da intensa jornada relativa à corrida com os concorrentes, que comentamos na seção anterior, os problemas desencadeados pela crise financeira colocam as instituições bancárias em uma situação difícil diante de seus clientes.

Marques (2020) assinala que, com os recursos financeiros escassos para todos durante os momentos de crise, as instituições têm recorrido à atuação estatal, resultando em uma intervenção de medidas provenientes de fundos públicos que resultam, no fim das contas, em uma significativa oneração aos contribuintes.

Tal oneração, de acordo com o autor, tem gerado problemas às instituições financeiras, uma vez que seu público consumidor e seus principais clientes não têm visto com bons olhos essa oneração tão expressiva, resultando em pensamentos e comentários danosos a respeito da atuação e da imagem das instituições. Sobre isso, o autor comenta:

> *Os problemas sentidos pelas instituições bancárias na recente crise financeira, bem como a atuação do Estado perante os mesmos, correspondem a um importante ponto de discussão e de divisão na comunidade. Alguns censuram a atuação dos dirigentes destas instituições e alegam que o Estado as favorece de forma manifesta. Outros, assumindo o papel central e essencial destas instituições para a economia nacional, entendem que o Estado não pode deixar de atuar perante as dificuldades que ponham em causa a sua permanência no mercado.* (Marques, 2020, p. 10)

Por essa perspectiva, o autor demonstra que as diferentes opiniões em torno do Estado demonstram um pouco das exigências que as instituições enfrentam nesses momentos de instabilidade econômica. Isso se torna um problema, de acordo com Marques (2020), no momento em que essa questão passa a ser motivo de dúvida em relação à competência das instituições, prejudicando diretamente a imagem destas.

Por outro lado, podemos citar o fato de que, no atual mundo dos negócios, no qual as instituições bancárias estão inseridas, constantes e rápidas mudanças ocorrem diariamente, e as instituições se veem, de certa forma, obrigadas a se modificarem constantemente, uma vez que as mudanças normalmente elevam o nível de criticidade e de exigência do público consumidor, fazendo com que a corrida competitiva se torne cada vez mais acirrada na busca de dois fatores importantes: evitar perder clientes atuais e conquistar clientes novos.

Segundo Costa e Silva (2019), essas intensas transformações são geradas pelo avanço tecnológico e pelo mercado globalizado. De acordo com o autor, diante desse cenário extremamente competitivo, "os gestores que atuam nas agências bancárias se veem diante do desafio de criar e recriar seu cotidiano e, apesar das constantes pressões sofridas, esses profissionais buscam se adaptar a um contexto mercadológico de constantes mudanças" (Costa; Silva, 2019, p. 27).

Dessa forma, esse contexto de transformações, que pode ser considerado um ponto positivo, acaba gerando para as instituições financeiras – de todos os segmentos e setores – diversas dificuldades e desafios, principalmente em relação a proporcionar a satisfação de seus clientes.

Para atingir os objetivos de atender com excelência à demanda de seus clientes, cada vez mais exigentes, instruídos, conscientes e informados, as instituições bancárias devem focar na maior qualidade de seus produtos e serviços, proporcionar ambientes mais acolhedores e confortáveis aos seus clientes, bem como prestar um atendimento de excelência, feito por profissionais que, além de educados e solícitos, sejam competentes, preparados para objeções e esclarecimentos e especializados em sua área de atuação.

Além dos pontos assinalados, um dos efeitos que a globalização causa nas instituições bancárias, assim como nas empresas dos outros setores, é a necessidade de criar novas potencialidades de negócios, visando superar os desafios que surgem diariamente e demonstrar pontos inovadores em seus serviços perante a grande concorrência (Costa; Silva, 2019).

Diante desses desafios, os profissionais das instituições bancárias são conduzidos a se empenharem diariamente na busca pela obtenção de maiores lucros (Silva et al., 2017). Por isso, os bancos acabam exigindo de seus profissionais o alcance de metas e a obtenção de resultados financeiros rápidos. Isso pode ser visto positivamente de muitas formas, mas, por outro lado, a constante transformação pode gerar uma sensação de instabilidade e incerteza nos colaboradores da instituição, desencadeando situações de estresse e problemas emocionais, interferindo na qualidade de vida dos profissionais e, consequentemente, nos resultados da instituição.

Dessa forma, ocorre uma ameaça ao ambiente de harmonia e conforto, o que compromete o atingimento das metas da instituição. Nesse sentido, muitos desafios em relação à equipe são atribuídos às responsabilidades dos líderes. Sobre isso, Costa e Silva (2019, p. 28) afirmam:

> *Diante de tal realidade, aumentam os desafios a serem encarados pelos líderes e fica explícita a importância do papel desses profissionais e de seus conhecimentos, que surge como um diferencial competitivo para aquelas organizações que valorizam a atuação das pessoas, diante dos interesses e objetivos empresariais. Neste sentido, torna-se fundamental a posição ocupada pelo gerente bancário que precisa atuar na condição de um líder bem preparado e capaz de gerir equipes de alto desempenho.*
>
> *Liderar nem sempre é uma tarefa fácil, os gerentes das agências bancárias são considerados líderes intermediários, uma vez que eles ficam entre o dilema de atender as exigências da direção e fazer com que sua equipe cumpra metas, atue em sintonia e se sinta motivada. Logo, apesar do seu cargo ser de comando, esse profissional fica subordinado aos comandos de quem está acima e exposto ao nível de motivação, dedicação e comprometimento da sua equipe.*
>
> *Estudos já realizados apontam que muitas são as dificuldades encaradas todos os dias por gerentes de bancos, já que a maioria deles atuam [sic] sob constante pressão, deste modo acabam apresentando altos níveis de estresse que se reflete sobre suas condições físicas e emocionais, além dos reflexos negativos sobre a vida*

pessoal. Deles é exigido o domínio técnico de suas tarefas; eles precisam se manter firmes diante das constantes pressões para o atingimento de metas e cobranças por resultados rápidos; além de [...] saber se relacionar com a direção do banco, com a equipe e clientes.

Diante disso, podemos compreender que os desafios internos a que o autor se refere não são exclusividade de um ou de outro segmento, mas uma realidade existente nas instituições bancárias de modo geral. Esse papel atribuído ao gerente é esclarecido por Willmott (2005), quando ele comenta que os gerentes de banco, ocasionalmente, são vistos como supostos guardiães dos interesses das referidas instituições. Extensas responsabilidades são atribuídas a esses profissionais, cuja avaliação de desempenho está diretamente relacionada aos resultados finais da instituição.

Além disso, é importante evidenciar a questão mais importante, do ponto de vista dos clientes dos bancos, que é seu patrimônio financeiro. Reconhecendo que os bancos de atacado lidam com grandes somas de dinheiro e grandes fortunas de seus clientes, o nível de exigência e de responsabilidade cobrado dos profissionais desse segmento são ainda mais expressivos.

Nesse sentido, Costa e Silva (2019, p. 33) afirmam que, "um dos grandes diferenciais do setor financeiro é o seu objeto, ou seja, sua mercadoria é o dinheiro, que conferiu ao setor bancário o *status* de depositário da fortuna das pessoas que passa a ser administrada pelos bancos". Isso, consoante ao fato de que os bancos de atacado atuam diretamente na gestão de patrimônio e operações grandiosas de investimento, é um desafio estrondoso quando se trata dos momentos de crise econômica, uma vez que a responsabilidade pelos resultados que são prestados aos clientes depende diretamente dos gestores dos bancos de atacado – mais uma cobrança com que a instituição deve lidar.

Nesse cenário, podemos identificar três situações em cadeia: buscar um equilíbrio para contornar problemas de instabilidade e crise econômica; lidar com as exigências dos clientes; e promover o bem-estar aos profissionais da instituição.

Dessa forma, podemos compreender que inúmeros são os desafios das instituições bancárias tanto de varejo quanto de atacado. Diante de tantas mudanças rápidas, a resiliência mais do que nunca passa a ser um elemento imprescindível para ser trabalhado na cultura de uma instituição financeira.

5.4 Banco digital para o atacado

Como vimos nos Capítulos 1 e 2, os canais de prestação dos serviços bancários se diversificaram muito com a globalização e com o advento das inovações tecnológicas, passando a fazer parte da rotina do homem, tornando a sociedade cada vez mais alinhada às soluções digitais, tecnológicas e de informação. Não é novidade, assim, que podemos nos beneficiar diariamente dos serviços de varejo por meio dos canais de *internet banking*, que evoluíram muito nesses anos de história.

O que é

De acordo com Diniz, Porto e Angulo (2002), entende-se por *internet banking* a possibilidade de acesso a informações bancárias do cliente pela consulta a um *site*.

Conforme Diniz, Porto e Santos (2007), desde 1996, quando poucos bancos acreditavam na consolidação da *web* como um canal, inúmeras instituições apostaram nesse recurso e, nos dias atuais, os maiores *players* do mercado financeiro não conseguem mais imaginar seus clientes sem acesso aos dados de suas contas bancárias pela *web*. Nesse sentido, os autores afirmam que o *internet banking* deixou de ser uma experiência arrojada de poucos para se tornar o principal elemento no conceito de serviços bancários virtuais.

No entanto, apesar dos inúmeros benefícios e das marcas positivas que o contexto digital vem deixando nos negócios das instituições bancárias, nem todos os segmentos conseguem crescer na *web* com o mesmo desempenho. Alguns segmentos dentro do setor bancário são claramente menos ágeis quanto à adoção do *internet banking*.

Um desses segmentos é o dos bancos de atacado, que levaram mais tempo para consolidar seus serviços pelos canais digitais do que o segmento de varejo. Isso se explica devido ao fato de que os bancos de atacado têm um tipo de prestação de serviço mais complexo do que os bancos de varejo, tanto em termos de perfil de operação quanto em relação às especificações de atendimento ao cliente – tema trabalhado com maior ênfase no Capítulo 4.

Tendo em vista que o serviço de atacado é muito diferente do varejo, tanto em termos de tecnologia quanto de produtos, de cultura, de relacionamento e de administração, é possível compreender as razões pelas quais os fatores tecnológicos, em ambas as instituições bancárias, caminharam em velocidades diferentes. De acordo com Rogers (1993), enquanto o segmento de varejo necessita de tecnologia que atenda ao constante trabalho do dia a dia, no atacado, a tecnologia precisa estar voltada para o trabalho artesanal, a pesquisa e o desenvolvimento.

A evolução de cada tipo de segmento bancário na perspectiva digital e tecnológica depende basicamente do tipo de serviço, produto e atendimento prestado em cada agência. Os bancos de atacado dispõem de serviços separados em relação aos perfis de clientes e aos tipos de atendimento mais adequados a cada um deles.

Conforme vimos na Seção 5.1 deste capítulo, os nichos atendidos pelos bancos de atacado são classificados como *private bank*, *personal bank* e *corporate bank*, todos eles envolvendo clientes com rendas elevadas ou detentores de grandes fortunas.

De acordo com Diniz (2004, p. 38):

> *O número de famílias com mais de US$1 milhão para investir, mais do que dobrou nos últimos sete anos nos EUA. Cerca de 56% delas está on-line, número que deve chegar a 75% em 2004. Esta classe de lucrativos clientes são usuários da Internet e têm crescido rapidamente, demandando cada vez mais serviços on-line (ROMBEL, 2001).*
>
> *O cliente de private banking está mudando o seu perfil e quer utilizar a Internet para gerenciar seus ativos (LEYES, 2001; BOYLAND, 2000). São clientes que estão mais interessados em ter maior controle e acesso a sua carteira de investimentos do que manter uma lealdade a uma marca.*

O autor afirma que esses ricos e jovens clientes que querem manter acesso a suas fortunas pela internet podem ser uma ameaça para os tradicionais bancos de contas *private*, que construíram seus negócios, tradicionalmente, por meio do atendimento personalizado e presencial. No entanto, diante das novas necessidades e tendências, manter um *site* para um cliente *private* não é mais algo dispensável e não pode ser deixado de lado, pois se tornou uma necessidade na manutenção de *market share* e coloca em jogo os resultados da instituição.

As exigências não param por aí. De acordo com Diniz (2004), a disponibilização de serviços e produtos bancários pela internet, por meio de plataformas digitais, é algo que ocorre no mundo inteiro, não se trata apenas de uma característica dos países desenvolvidos. Nesse sentido, com base nas tendências abrangentes disponíveis no mercado, os clientes exigem que o atendimento digital não perca seu fator personalizado. Ou seja, no caso dos bancos de atacado, é requisito manter-se um alto grau de integração entre o *site* e os sistemas tradicionais do banco, com o objetivo de oferecer também ao gerente dessas contas instrumentos para melhorar seu papel de consultor financeiro.

Diniz (2004, p. 39) destaca que alguns componentes considerados importantes para a prestação dos serviços pelos canais digitais aos clientes dos bancos de atacado são: "agregador de contas, conteúdo globalizado (informações em diversas línguas e possibilidade de transação em diversas moedas), acesso simultâneo a múltiplas contas, serviços personalizados, e comunicação on-line com o gerente de sua conta via chat".

Cada um desses serviços será abordado com mais detalhes. A respeito do **serviço agregador de contas**, o autor afirma:

> *O serviço do agregador de contas permite que um cliente, através do site de um de seus bancos, tenha acesso às informações das contas de outros bancos. Clientes de alta renda geralmente possuem uma complexa rede de contas dispersas entre investimentos, instituições, consultores financeiros, países, moedas, demandando de sua instituição financeira uma plataforma para acesso a todas estas informações num ambiente único e simples de ser operado. A agregação de contas de um cliente de alta renda é muito mais complexa que a de um cliente tradicional de varejo, exigindo um alto esforço de integração tecnológica.* (Diniz, 2004, p. 39)

De forma geral, os investidores com alto patrimônio demandam um atendimento particular e personalizado devido à complexidade e à importância de suas operações. Além disso, esse atendimento deve ser prestado com a comodidade de que o cliente precisa, razão por que se deve alinhar, na plataforma de atendimento digital do banco de atacado, as particularidades necessárias a ele.

No mundo contemporâneo, no qual o empreendedorismo, a forma de realização e o fechamento de negócios acontecem frequentemente no mundo digital, os empreendedores da "nova economia" – realidade de negócios basicamente existente por decorrência da internet –, dotados de um perfil investidor agressivo e sofisticado, como afirma Rosa, Montardo e Kuhn Júnior (2017), necessitam que esse atendimento seja ágil e seguro, para garantir que as operações não tragam mais riscos.

Assim, Rimmer (2000, citado por Diniz, 2004, p. 39) afirma que "o toque personalizado do *private banking* ainda permanece como o foco central deste segmento", sendo que agora o desafio é oferecer esse caráter individual aos clientes pela internet.

Sobre esse novo perfil de clientes do segmento atacado, Diniz (2004, p. 39-40) comenta:

> *A nova geração de clientes de private banking é mais orientada a serviços. Disto resulta que a qualidade dos serviços de aconselhamento e a capacidade de acesso – de qualquer lugar e a qualquer hora – tendem a ser as principais demandas para o private banking. Fornecer soluções personalizadas para as cada vez mais complexas necessidades individuais é vital para quem quer se manter neste mercado. Isto faz com que a Internet seja crucial no relacionamento com clientes private.*
>
> *Pessoas com milhões para investir ainda querem gerenciamento profissional de seus ativos. Clientes querem serviços on-line combinados com interação humana com seus bancos. A Internet oferece a oportunidade de juntar a interação humana com o acesso on-line, embora vá exigir mais esforço para explorar esta vantagem (MOORE, 2000) . Por um lado os bancos focados no segmento private têm pouco a temer da Internet, mas um grande número de bancos falhou ao tentar alavancar sua base de clientes com sucesso através do uso deste canal.*

Corware (2001, citado por Diniz, 2004), afirma que a principal questão existente entre os clientes dos bancos de atacado em relação ao atendimento digital está fortemente ligada ao fato de que os bancos que atuam no mercado *private* se percebem antes como fabricantes e, depois, como distribuidores de produtos. Essa visão pode prejudicar a empresa, uma vez que o autor demonstra a fraqueza da estratégia devido ao fato de que os distribuidores estão cada vez mais concentrados em oferecer serviços aos clientes (Diniz, 2004).

Nesse caso, uma estratégia interessante para os bancos de atacado, sugerida por Kehr e Mendoza (2000, citados por Diniz, 2004), é focar nos clientes mais influentes e desenvolver novos produtos desenhados especificamente para eles. Dessa forma, Diniz (2004) demonstra que muitos serviços *private banks* têm modificado a imagem conservadora que esse segmento carrega em seu perfil de atendimento e prestação de serviço para uma imagem mais inovadora e acessível ao cliente.

Os serviços bancários voltados para o mercado corporativo ainda carregam valores conservadores e tradicionais. No segmento *corporate*, entretanto, os grandes *players* do mercado têm investido cada vez mais em demonstrar seu caráter inovador e suas potencialidades por meio do atendimento em canais digitais.

Nesse sentido, Diniz (2004, p. 41) afirma que:

> Se os bancos estavam lentos para utilizar a Internet como canal para mercados de renda fixa em 1999, esta situação mudou quando emissores de bonds notaram que até mesmo o Banco Mundial decidiu se concentrar em investidores que estão mais voltados para a Internet como fator decisivo para novas emissões.

As mudanças a que o autor se refere em 2004 podem ser visualizadas com maior clareza no ano de 2020, com o advento das *fintechs*, empresas financeiras de estruturas predominantemente tecnológicas que ditarão o futuro dos serviços financeiros no Brasil e em todo o mundo.

Para saber mais

Para entender melhor como as *fintechs* podem auxiliar os bancos de atacado a maximizar seus resultados, leia o artigo, escrito em inglês, intitulado "Fintechs podem ajudar grandes players do mercado".

O artigo demonstra como as *fintechs* podem cooperar com os bancos de atacado para otimizar seus processos de operação, garantindo relacionamento otimizado com seus clientes e melhorando a lucratividade. Não perca a oportunidade de entender melhor a tendência de operação dos bancos de atacado com intervenção de empresas tecnológicas que já ocorre no presente e será ainda mais forte no futuro.

DIETZ, M.; MOON, J.; RADNAI, M. Fintechs podem ajudar grandes players do mercado. **McKinsey & Company**, 25 jul 2016. Disponível em: <https://www.mckinsey.com.br/our-insights/fintechs-can-help-incumbents-not-just-disrupt-them/en>. Acesso em: 16 ago. 2021.

Além disso, Diniz (2004, p. 41) comenta:

> *Outros bancos estão focando em estratégias diversas para atender ao segmento de atacado e estão ampliando a oferta de serviços on-line, passando também a oferecer conteúdos diversos, além das tradicionais transações bancárias (FONSECA, 2001). Esta estratégia visa solidificar e ampliar o relacionamento com os clientes, garantindo uma maior lealdade destes graças ao uso de portais com serviços personalizados. Estes portais bancários procuram oferecer aos clientes a conveniência de acessar um conjunto mais amplo de serviços a partir de um local único.*
>
> *Mesmo grandes bancos de varejo com até milhões de clientes individuais tiram boa parte de seus lucros de uma parcela pequena de clientes corporativos (SCHNEIDER, 2001). A estratégia de portais voltados para o segmento corporativo tem sido utilizada por estes bancos no intuito de enfrentar a concorrência, já que estes clientes são muito visados por outros fornecedores de produtos financeiros (ATHITAKIS, 2003).*

Apesar de produtos e serviços financeiros serem considerados adequados para a Internet por causa da sua relativa homogeneidade, quando se fala no segmento de atacado, o que se busca é o desenvolvimento de um relacionamento com os clientes.

Diante do exposto, podemos compreender que, se o canal virtual tem o potencial de ampliar sua importância no contato com os clientes e no fechamento de novos negócios, é prudente e bastante natural que os gestores desenvolvam cada vez mais novas estratégias que levem a instituição a fazer uso desse canal digital como meio para estabelecer e manter relacionamentos comerciais com seus clientes atuais e clientes potenciais.

Dessa forma, saber utilizar os dados e as informações dos clientes é fundamental para o sucesso das estratégias de comunicação, publicidade e construção do relacionamento entre instituição bancária (seja de varejo, seja de atacado) e cliente.

Nesse sentido, Diniz (2004, p. 41) afirma que "os bancos têm acumulado grandes volumes de dados por anos, e necessitam de usar a tecnologia para melhorar o gerenciamento das informações dos clientes". Sendo assim, é importante chamar a atenção para o fato de que os bancos, assim como qualquer empresa que conseguir utilizar melhor as informações dos seus clientes para construir um relacionamento sólido, têm mais chances de sucesso em seus negócios. Isso se aplica perfeitamente ao segmento de atacado, seja no *private*, seja no *personal*, seja no *corporate* (Diniz, 2004).

Exercício resolvido

No mundo da sociedade da informação e do conhecimento, as pessoas estão cada vez mais conectadas, realizando simples e complexas tarefas por canais digitais, inclusive operações bancárias. Assim, com base nos seus conhecimentos sobre os bancos digitais para o atacado, analise as alternativas a seguir e assinale a correta:

a. Uma vantagem para o banco de atacado é reduzir ainda mais seus custos administrativos, pois o atendimento digital dispensa a personalização do atendimento presencial.

b. Os clientes de alta renda do banco de atacado não aderem ao atendimento por canais digitais por precisarem do atendimento personalizado de forma presencial.

c. O banco de atacado, por atuar com menor quantidade de clientes, sofre prejuízos financeiros ao investir em canais digitais para atendê-los.

d. Os clientes dos bancos de atacado estão cada vez mais exigentes e esperam que os serviços desse banco esteja disponível em canais digitais, mas sem perder a personalização do atendimento presencial prestado tradicionalmente.

Gabarito: d

Feedback **do exercício**: Os clientes dos bancos de atacado necessitam da facilidade das soluções digitais em seus atendimentos, pois são mais convenientes e podem ser resolvidos sem deslocamento. No entanto, devido à complexidade de suas operações, o atendimento digital não pode perder a característica de atendimento individualizado que os clientes conseguem ter de forma presencial.

Síntese

A seguir, apresentamos resumidamente os tópicos que foram discutidos neste capítulo:

- Os bancos de atacado são derivados dos bancos múltiplos e de investimento, mas aprimoraram seus produtos com o intuito de oferecer serviços cada vez mais direcionados às necessidades dos seus clientes que necessitam de serviços mais especializados e complexos.
- A modalidade *personal bank* é direcionada a clientes de alta renda, enquanto o *corporate bank* tem em sua carteira de clientes grandes corporações ou empresas com alto faturamento e alto patrimônio.
- Após a conversão do Pano Real, o mercado brasileiro se abriu para os bancos estrangeiros, aumentando ainda mais a concorrência interna e trazendo desafios aos bancos nacionais, como a adaptação às novas

formas de oferecimento de serviço, adoção de recursos tecnológicos em suas operações e processos de venda e de fusões mais intensas.

- O cenário de crise econômica interfere diretamente na imagem dos bancos, uma vez que a demanda por serviços e produtos aumenta e o caráter das operações necessita de intervenção dos fundos públicos, elevando a taxa de cobrança pelo serviço. Nesse sentido, a comunidade começa a enxergar os bancos de uma forma negativa, o que causa impactos negativos de larga dimensão e a longo prazo para a instituições.
- Além da concorrência, os bancos precisam reajustar metas, aderindo às inovações do mercado e cobrando cada vez mais de seus colaboradores. Esse cenário gera uma atmosfera de estresse e instabilidade em seus funcionários, sendo mais um dos graves problemas que a indústria bancária tem de lidar em seu cotidiano.
- A digitalização dos bancos de atacado é uma exigência do mercado, no entanto, os clientes precisam que o caráter particular do atendimento se estenda à forma digital. Esse é um desafio para os bancos de atacado, que precisam se adequar em seus canais para garantir a satisfação e a qualidade de seus serviços.
- A ausência da educação financeira reflete em problemas graves na vida das pessoas. Esses prejuízos podem ser notados de forma particular e alcançar dimensões sociais complexas. A educação financeira e o planejamento financeiro são as principais medidas para se obter mais sucesso na solução de problemas dos clientes dos bancos em geral.

Setor bancário de atacado

Conteúdos do capítulo:

- Técnicas de venda de produtos financeiros para o cliente de atacado.
- Aplicações financeiras/investimentos.
- Mercado de capitais e derivativos.
- *Cash management*.
- Agronegócio e negócios internacionais.

Após o estudo deste capítulo, você será capaz de:

1. utilizar as técnicas de vendas adequadas ao segmento de atacado;
2. compreender o contexto das aplicações financeiras e dos investimentos;
3. identificar o mercado de capitais e derivativos;
4. reconhecer a operacionalização e a importância do *cash management* para as empresas (principais clientes dos bancos de atacado);
5. entender o contexto do agronegócio e dos negócios internacionais.

A esta altura de nossos estudos, as características do processo de segmentação no mercado financeiro não são mais novidade para você.

A personalização do atendimento, ou seja, o direcionamento dos produtos e serviços adequados para cada tipo de público, é um ponto que demonstra a eficiência nas atividades das instituições bancárias e um requisito para conferir maior satisfação ao cliente, uma vez que a adequação dos elementos proporcionam maior qualidade dos serviços.

No entanto, no âmbito do segmento de atacado, compreender os principais fatores e produtos fornecidos, além das técnicas de vendas, é uma tarefa fundamental para o profissional que atua ou deseja atuar no mercado financeiro. Diante disso, apresentaremos, neste capítulo, conceitos e características relacionadas a esse segmento.

capítulo 6

6.1 Temas emergentes no setor bancário de atacado

Perante o mercado de produtos e serviços altamente competitivo, em que as organizações exigem profissionais cada vez mais especializados e competentes no desenvolvimento de sua função na área de vendas, cabe ao vendedor mostrar talento e capacidade compatível com o desenvolvimento de suas atividades, demonstrando, além disso, suas habilidades e a importância de seu papel na organização.

Nesse sentido, o profissional deve ter um olhar sistêmico para a mudança e para o aprimoramento das competências profissionais, porque tal conhecimento contribui para que se atinja os resultados tangíveis e intangíveis esperados.

6.2 Técnicas de venda de produtos financeiros para o cliente de atacado

O entendimento sobre as técnicas de vendas para o setor de atacado requer uma conjunção de diversos fatores. É possível que você imagine que as técnicas de vendas para os produtos bancários de atacado sejam muito semelhantes às técnicas utilizadas para o varejo, e, em parte, é isso mesmo. Mas o principal elemento que faz as técnicas de vendas para o atacado funcionarem está no seu contexto de aplicação; sendo assim, convém entendermos melhor esse universo.

Comecemos pelos requisitos básicos para um bom atendimento ao cliente para, em seguida, nos aprofundar no sentido das vendas em atacado.

Segundo Labadessa e Oliveira (2012, p. 4), os **requisitos básicos** são:

- **"Conhecer** – suas funções, a empresa, as normas e procedimentos
- **Ouvir** – para compreender o cliente
- **Falar** – utilizar um vocabulário simples, claro e objetivo
- **Perceber** – o cliente na sua totalidade".

As autoras explicam com mais detalhes cada um dos elementos citados. Observe no Quadro 6.1, a seguir.

Quadro 6.1 – Requisitos básicos para um bom atendimento ao cliente

Requisito	Descrição
Conhecer	"O vendedor ou atendente precisa ter conhecimento das suas funções dentro da empresa, como ela trabalha, quais são as normas a serem cumpridas e quais os procedimentos para que seu trabalho seja bem sucedido" (Labadessa; Oliveira, 2012, p. 4).
Ouvir	"Não é possível atender o cliente sem antes saber o que ele deseja. É necessário ouvir o que o cliente tem a dizer para estabelecer uma comunicação sem desgastes e sem adivinhações, para não correr o risco de frustrá-lo. *'Ouvir é ser sábio'*" (Labadessa; Oliveira, 2012, p. 4).
Falar	"Depois de ouvir atentamente o cliente, é necessário falar para estabelecer o processo de comunicação. Quando um atendente transmite uma informação ao cliente, deve utilizar-se de uma linguagem adequada, evitando termos técnicos, siglas, gírias. Enfim, ser claro, objetivo, respeitando o nível de compreensão do cliente" (Labadessa; Oliveira, 2012, p. 4-5).
Perceber	"Os gestos, as expressões faciais e a postura do cliente são ricos em mensagens, que se percebidas auxiliarão na compreensão do mesmo. As pessoas são diferentes umas das outras. Por esta razão a percepção é um fator fundamental que proporciona ao funcionário perceber as diferentes reações e assim dispensar um tratamento individual e único aos clientes" (Labadessa; Oliveira, 2012, p. 5).

Fonte: Elaborado com base em Labadessa; Oliveira, 2012.

Um bom atendimento, então, é fundamental para conquistar e manter clientes, além de ser primordial para garantir o fechamento de negócios no momento da apresentação dos produtos ou serviços.

Perguntas & respostas

Por qual motivo uma empresa perde um cliente?
Amaro (citado por Bogmann, 2002, p. 98) afirma que estudos comprovaram quais motivos levam o cliente a parar de comprar em uma empresa. São eles:

- 1% por falecimento;
- 5% por mudança de endereço;
- 5% por amizades comerciais ;
- 10% por maiores vantagens em outras organizações;
- 14% por reclamações não atendidas;
- 65% por indiferença do pessoal que os atende, ou seja, falta de qualidade no atendimento.

O atendimento deficiente ao cliente é o ponto-chave para que a empresa o perca, e consequentemente, tenha prejuízos em sua vantagem competitiva, resultando na diminuição de seus lucros e no risco de mortalidade do negócio. Entender os pecados de um atendimento ruim e da má prestação de serviço ao cliente é o primeiro passo para evitar que esse tipo de problema ocorra na instituição bancária.

Sendo assim, Cobra (2003, p. 32) afirma que "esses deslizes representam a maior ameaça ao negócio de qualquer empresa". Os deslizes a que o autor se refere são os sete "pecados" da qualidade do serviço ao cliente:

1. **Apatia**: Atitude de pouco caso dos funcionários da empresa, tais como vendedores, recepcionistas, pessoal de entrega etc.
2. **Dispensa**: Procurar livrar-se do cliente desprezando suas necessidades ou seus problemas, com frases como: "não temos" ou "ainda não chegou".

3. **Condescendência:** Tratar o cliente como se ele fosse uma criança e não soubesse o que quer.
4. **Automatismo:** Significa um atendimento indiferente ou robotizado.
5. **Passeio:** Jogar o cliente de um departamento para outro sem se preocupar em resolver o problema dele.
6. **Frieza:** Quando o cliente é atendido com indiferença, hostilidade, rispidez, desatenção ou impaciência.
7. **Livro de regras:** Essa é uma das desculpas mais frequentes para o mau atendimento, quando as normas da empresa são colocadas acima dos interesses de satisfação do cliente.

Diante desses "pecados", Cobra (2003) posiciona-se afirmando que as consequências de um serviço ou atendimento de baixa qualidade prestados ao cliente são graves. Segundo o autor, as práticas levam a empresa a correr um alto risco de perder clientes e ser desprezada e mal vista pelo mercado, ou seja, a inexistência de um bom relacionamento com os clientes é uma condenação à sua sobrevivência.

Diante disto, é preciso ressaltar que as organizações precisam estar cada vez mais atentas aos atendimentos que seus colaboradores prestam aos clientes, pois atitudes como as descritas anteriormente podem, segundo o autor, colocar qualquer empresa em uma péssima situação.

O atendimento do cliente de modo que suas expectativas e seus anseios sejam atendidos e superados é algo que deve ser buscado incansavelmente pela empresa. Mas, como saber qual é a expectativa do cliente em relação ao atendimento? O que o cliente espera da empresa em relação a sua abordagem e à prestação de seus serviços?

De acordo com Labadessa e Oliveira (2012), quando o cliente entra em contato com uma empresa com o objetivo de se beneficiar de seus produtos ou serviços, ele tem várias expectativas, entendidas de acordo com os pontos listados a seguir:

1. **O cliente quer ser bem-recebido quando chega à empresa:** De acordo com os autores, o cliente quer se sentir bem-vindo. Seja ele garagista, porteiro, vendedor, recepcionista ou presidente, dê a ele essa sensação; receba-o com um sorriso verdadeiro, que exteriorize o prazer que tem com a vinda dele à sua empresa.

2. **O cliente quer ser informado de maneira correta**: Labadessa e Oliveira (2012) comentam que a informação deve ocorrer de forma objetiva e clara a respeito daquilo que o cliente procura, um dos requisitos básicos. Algumas empresas não se preocupam em colocar funcionários bem treinados e capacitados para fornecerem as informações primárias ao cliente.

Sobre esse ponto, convém entender o que diz o Código de defesa do consumidor sobre a veracidade, a clareza e os objetivos das afirmações sobre o objeto de consumo:

> *Art. 6º São direitos básicos do consumidor:*
>
> *[...]*
>
> *III – a informação adequada e clara sobre os diferentes produtos e serviços, com especificação correta de quantidade, características, composição, qualidade, tributos incidentes e preço, bem como sobre os riscos que apresentem;*
>
> *[...]*. (Brasil, 1990)

3. **O cliente também deseja ser enxergado quando chega a qualquer empresa**: Sobre esse ponto, os autores chamam a atenção para um problema que ocorre comumente, principalmente em setores comerciais físicos, que é a desatenção com a chegada do cliente e o desinteresse em relação a seu atendimento. Nesse contexto, Labadessa e Oliveira (2012) demonstram que existem relatos de clientes que já esperaram até trinta minutos para que algum funcionário percebesse que estavam esperando atendimento e para adquirir algum produto daquela empresa, resultando em frustração por não efetuar a compra desejada.

4. **O cliente quer ser levado a sério e ser tratado com respeito**: Com base em Kotler (1991), um dos maiores consultores de *marketing* da atualidade, conquistar novos clientes custa entre cinco e sete vezes mais do que manter os existentes. O cliente não está apenas passeando, é dele que depende os resultados saudáveis da empresa e seus interesses devem ser levados a sério.

5. **O cliente quer priorizar suas necessidades e seus interesses**: Labadessa e Oliveira (2012) mostram que existem vários fatores responsáveis por gerar impacto positivo na satisfação de seus clientes. São exemplos: ouvir, encantá-lo, oferecer produtos e serviços de qualidade e preço justo, condições de pagamento flexíveis, prazos cumpridos, existência das mercadorias ou serviços demandados, atendimento gentil e comprometido, facilidades na entrega e oportunidade de descontos e ofertas especiais.

6. **O cliente está em busca de uma realização pessoal, um sonho ou até mesmo melhorar sua autoestima**: Os autores afirmam que, quando o cliente decide entrar em alguma empresa, na maioria das vezes, já sabe o que quer. Ante essa situação, a missão do profissional responsável pela venda é ajudar o cliente na concretização de seus objetivos, e não frustrá-lo com mau atendimento. O desejável é que o cliente sinta que o vendedor se importa com ele. Essa é também uma forma de fidelizar o cliente, com amizade e respeito, pois um cliente feliz e satisfeito falará de sua empresa, vendendo a imagem para vários amigos e parentes.

Dessa forma, podemos deduzir que a qualidade no atendimento é mais importante do que o preço do produto. É possível perceber que, muitas vezes, o cliente não se importa com o preço uma vez que já tenha se decidido pelo serviço ou produto que deseja adquirir. Nesse caso, a realização da compra vai depender somente da qualidade no atendimento que ele irá receber ao ser abordado pelo funcionário e por toda a equipe da empresa.

6.2.1 Entendendo o cliente do banco de atacado

Compreender algumas particularidades a respeito do cliente dos bancos de atacado, no sentido do atendimento, é um aspecto fundamental para a realização de boas vendas no setor. De acordo com Pithan (2007), além das transformações ocorridas no âmbito macro e micro-organizacional, os clientes de alta renda passaram a ter características e necessidades novas. Entre as alterações que produziram – e que ainda produzem e continuarão produzindo – impacto na vida dos clientes do *private banking*, destacam-se, conforme Pithan (2007, p. 15-16, grifo do original):

a) *O surgimento de uma nova geração e, com ela, novos temas se tornaram importantes:*
   - *A nova geração de clientes é **mais bem educada financeiramente**;*
   - *As demandas de clientes por **informação, comunicação** e atenção têm crescido;*
   - *Um número cada vez maior de clientes está selecionando seus bancos baseados em **capacitações eletrônicas** (acesso à conta e transações via internet, análise de portfólio eletrônico etc.).*

b) *Os clientes Private passaram a considerar muitos dos serviços apenas como qualificadores e os "assumem" presentes em suas relações:*
   - *Acesso pessoal e direto tanto ao gerente de relacionamento (RM) como aos especialistas de produtos;*
   - *Autorizações por e-mail e telefone;*
   - *Transferências em geral (ex.: testamentos, 'trusts');*
   - *Aconselhamento tributário avançado (ex.: transnacional);*
   - *Aconselhamento sobre doações e filantropia.*

c) *Clientes encaram cada vez mais Private Banking como uma atividade não apenas "off-shore", mas têm sofrido com as implicações, tais como:*
   - *Como transferir alguns de seus fundos de volta para o "on-shore";*
   - *O que utilizar no mercado "on-shore" como substituto para serviços de otimização tributária;*
   - *Como concretizar/converter ganhos de capital em obras de arte, antiguidades, imóveis e produtos financeiros.*

d) *Um período de mercados acionários voláteis e em baixa impactou vários clientes:*
   - *O "boom" do mercado acionário do final dos anos 1990 encorajou até mesmo os clientes mais **conservadores** a entrar em investimentos **de maior risco**;*
   - *Com o posterior colapso e a volatilidade do mercado, clientes tornaram-se bastante **preocupados com a preservação de capital**.*

O atendimento dos clientes do banco de atacado pode ser caracterizado como um atendimento de venda consultiva. A realização de uma venda consultiva está ligada à evolução e ao alto grau de exigências dos consumidores, uma vez que esse modelo de venda é baseado no entendimento de desejos, sonhos e necessidades do cliente. Nesse processo, o consultor vendedor desempenha um papel ativo na relação de compra e venda. Sua atividade, nesse caso, ocorre por meio da realização de uma avaliação minuciosa das informações apresentadas pelo cliente, suas expectativas e as reais necessidades para, então, apresentar as opções compatíveis.

Perguntas & respostas

O que é uma venda consultiva?

De acordo com Las Casas (2005), a venda consultiva é o meio de vendas no qual a proposta de valor do consultor vendedor vai além da que contém o produto e/ou serviço, inclusive, da que se possa construir em torno de uma solução. Nesse modelo de relação mais próxima e de confiança, o consultor vendedor transmite ao seu cliente informações adicionais as suas expectativas, reforça a missão de sua empresa em ajudá-lo no necessário e constrói um relacionamento duradouro com benefícios mútuos. No entanto, é pertinente a comunicação entre os setores da empresa para que a venda consultiva seja de maneira eficaz e eficiente na apresentação das informações necessárias, para que possa contribuir na tomada de decisão por parte do comprador. (Carvalho; Cruz, 2016, p. 236-237)

De acordo com Carvalho e Cruz (2016), a venda consultiva tem como objetivo oferecer mais do que apenso ao produto ou serviço, fornecendo uma visão sistêmica relativa ao que está sendo vendido. Nesse processo, a negociação passa a ser uma consultoria aplicada tanto durante a venda quanto no pós-venda. Assim, o cliente recebe uma série de informações baseadas no seu mercado, ficando estabelecido um grau de confiança maior e um *marketing* de relacionamento duradouro com eficiência e eficácia.

A utilização dessa modalidade de venda deve estar de acordo com a natureza dos produtos e/ou serviços que a empresa oferece. Segundo

Futrell (2003, p. 89), "o vendedor tem que recordar quem é o comprador dos seus produtos e serviços e deve considerar a participação de pessoal altamente qualificado". Isso ocorre devido ao fato de que o cliente de alta renda, principal cliente dos bancos de atacado, não interage com quem não é especialista, devido às necessidades de avaliação.

De acordo com Carvalho e Cruz (2016), a boa capacidade de comunicação é fundamental para qualquer profissional que se dedique às vendas, especialmente nesse setor. No entanto, mais do que falar, ele deve saber ouvir. Lembrando ainda que o comprador atual está mais informado, exigente e utiliza métodos de compra mais sofisticados que outrora. Normalmente, trata-se de um cliente que conta com muitas opções disponíveis no mercado e pode se utilizar desse fato para a conquista de mais vantagens e para fechar negócios melhores e mais conscientes.

Sendo assim, recomenda-se que o vendedor consultivo esteja preparado e se fortaleça em relação a sua capacitação e especialização, ou seja, aprimore seus conhecimentos para aplicá-los adequadamente, por meio de estrutura e de metodologia corretas. Além disso, Carvalho e Cruz (2016, p. 241) afirmam: "O vendedor consultivo deve ser determinado para atingir seus objetivos e demonstrar segurança na argumentação para desta forma conquistar a confiança do cliente".

Segundo Las Casas (2005, p. 208), para tornar-se competente, é preciso que o vendedor consultivo "conheça seus produtos e serviços, sua empresa e seus concorrentes". Assim, o profissional de vendas deve ter um amplo conhecimento do mercado, habilidades técnicas e profissionais, além de buscar constantemente informações, não apenas sobre seus produtos e sobre os dos concorrentes, mas todas as informações que auxiliem no relacionamento humano com seus clientes já ativos e com seus clientes potenciais.

Veja, no Quadro 6.2, os traços positivos que um profissional de vendas consultivas deve se esforçar para desenvolver.

Quadro 6.2 – Traços positivos do vendedor consultivo

Descrição	Conceito
Disciplina	Capacidade de planejar e elaborar estratégias.
Comunicação	Clareza e objetividade. Evitar jargões.
Criatividade	Ter alternativas ao buscar clientes. Criar novas oportunidades.
Capacidade Investigativa	Fazer perguntas e saber ouvir para entender as necessidades do cliente é essencial para uma venda de sucesso.
Adaptabilidade	É preciso aprender a lidar com diferentes perfis de clientes, influenciando todas as pessoas envolvidas.
Empatia	Criar identificação e inspirar confiança fazem toda a diferença na relação comercial.
Networking	Relacionamentos com pessoas e empresas.
Conhecimento técnico	Ter visão e informações técnicas sobre produtos e serviços.
Conhecimento das necessidades do cliente	Compreender o mercado do cliente.
Regularidade de visitas	Manter o pós venda em ação.
Tenacidade comercial	Capacidade de entrar em ação, buscar resultados, ser otimista e persistente proporcionam vitalidade ao dia a dia do vendedor profissional.

Fonte: Carvalho; Cruz, 2016, p. 241-242.

Seybold (2010, citado por Carvalho e Cruz, 2016, p. 243), afirma que existem "cinco passos para transformar o processo de uma venda tradicional consultiva a uma estratégia de inovação e colaboração com os clientes". São eles:

Passo 1 – Identificar e estudar muito bem os clientes lideres, entendendo como é o ambiente competitivo do negócio de seu cliente, compreender os fatores que geram liderança em seu setor e avaliar bem a posição competitiva dos seus clientes ou clientes potenciais; *Passo 2 – Fornecer aos clientes as ferramentas colaborativas para um trabalho conjunto*. Desenvolver os espaços para compartilhar com o seu cliente as informações, necessidades, e faça-o participar da forma como a sua solução pode ser aplicada ao negócio do seu cliente; *Passo 3 – Motivar o seu cliente a participar em espaços colaborativos*

com você ou com a comunidade que manifesta os mesmos interesses. Participar ativamente destas comunidades com conhecimento e valor agregado, não com o desmedido ânimo de tratar de vender, isto virá como resultado da sua estratégia; **Passo 4 – Reconhecer no cliente a sua contribuição e conhecimento.** Determinar os mecanismos para brindar os reconhecimentos do caso ao cliente que está colaborando com você. Neste caso, você deverá conhecer as motivações do seu cliente para colaborar e com base nessas motivações, definir reconhecimentos para fomentar colaborações subsequentes e utilizá-las como case de sucesso; **Passo 5 – Envolver o cliente no desenvolvimento da sua empresa.** Estabelecer os mecanismos para conseguir que o seu cliente se sinta partícipe no desenvolvimento das estratégias da sua empresa e do portfólio de soluções que a mesma oferece.
(Seybold, 2010, citado por Carvalho; Cruz, 2016, p. 243, grifo nosso)

Na venda consultiva, as possibilidades tanto para o cliente quanto para o profissional da venda são imensas. Em processos como esse, o cliente terá uma visão sistêmica sobre suas necessidades, enquanto o vendedor passa a ser um consultor de vendas, ampliando as possibilidades e vantagens para o cliente, além de transformar-se num profissional mais eficaz e eficiente no atendimento das necessidades do cliente.

Exercício resolvido

A venda consultiva é o meio de vendas mais adequado ao segmento dos bancos de atacado. Assim, com base em seus conhecimentos sobre o tema, analise as alternativas a seguir e assinale a correta:
   a. A venda consultiva é o meio de vendas no qual a proposta de valor do consultor vendedor demonstra com segurança, exclusivamente, o que contém o produto e/ou serviço no qual o cliente está interessado.
   b. Nesse modelo de relação mais próxima e de confiança, o consultor vendedor transmite a seu cliente informações adicionais às expectativas do cliente.
   c. O consultor vendedor reforça sua missão pessoal, e não a da empresa, em ajudar com o que for necessário, construindo um relacionamento duradouro com benefícios mútuos.

d. Nesse modelo de venda, não é necessária a comunicação entre os setores da empresa para que a venda consultiva ocorra de maneira eficaz e eficiente na apresentação das informações necessárias. Essa integração pode confundir o comprador, prejudicando na tomada de decisão.

Gabarito: b

***Feedback* do exercício:** O modelo de vendas consultivas caracteriza-se pelo fato de o vendedor apresentar informações mais completas sobre o contexto que envolve o produto ou serviço. Essa abordagem consultiva amplia o diálogo e, consequentemente, o relacionamento, demonstrando que a empresa e todos os seus setores estão dispostos a fornecer benefícios ao cliente.

6.3 Aplicações financeiras e investimentos

A aplicação financeira consiste na realização de um aporte financeiro em algum produto que tem o potencial de crescer e gerar redimentos. Normalmente, trata-se de uma ação na qual o indivíduo busca retornos com o intuito de conseguir auxílios para a realização de seus objetivos pessoais.

Sendo assim, podemos compreender que a realização dos sonhos pode se dar por vários meios, inclusive por intermédio do investimento, uma vez que é o retorno que vai possibilitar a realização de desejos, como uma viagem com a família, a aquisição de um imóvel, a compra de um automóvel, financiamento de estudos de qualidade para os filhos ou até a prevenção de situações difíceis, garantindo um futuro tranquilo, sem preocupações financeiras.

No entanto, para que esses sonhos sejam realizados como esperado, é fundamental que o investidor, assim como o profissional que o auxilia, sejam conhecedores das modalidades de investimento existentes, procurando realizar o investimento naquela que mais combina com o perfil do investidor e que possa ser mais vantajosa a seu aporte.

Sobre as modalidades existentes, Maksymiw (2019, p. 4) faz a seguinte afirmação:

> Atualmente, os indivíduos têm à sua disposição uma grande variedade de produtos financeiros para aplicar suas reservas, com diferentes características de risco e rentabilidade, o que torna fundamental perceber se eles estão dotados de conhecimentos sobre esses produtos que lhes permitam compreender e tomar decisões numa realidade complexa. Dentro do leque de decisões financeiras, o comportamento face ao risco é um dos temas centrais. A tolerância diante do risco é um fator-chave no processo de alocação de poupanças. Assim, ao selecionar os ativos que irão compor sua carteira, o investidor deverá estar consciente do nível de risco em que está disposto a incorrer. Para investidores mais conservadores, a caderneta de poupança acaba sendo um dos melhores investimentos pelo menor risco que possui. E para os que preferem se arriscar há uma gama de investimentos, cada qual com seus riscos, características e perfis. Cabe a cada investidor, estudar e analisar qual melhor se encaixa em seu perfil, pois há os investimentos em Renda Fixa e Variável, ações, dividendos, previdência privada, investimentos imóveis, entre outros.

A principal atenção que se deve ter no mundo das aplicações financeiras é em relação à escolha da modalidade de investimento adequado para o perfil de cada investidor, mesmo que ele não tenha maiores conhecimentos sobre essa área, sendo leigo e estranho a esse mercado arriscado e complexo. A seguir, apresentaremos as **alternativas de investimentos** existentes no mercado financeiro, de acordo com Domiciano et al. (2006).

6.3.1 Ativos de renda fixa

São investimentos que pagam, em períodos definidos, certa remuneração, que pode ser determinada no momento da aplicação (pré-fixado) ou no momento do resgate (pós-fixado). Em geral, são representados por títulos de empréstimos. Toda e cada vez que se compra um título de renda fixa, na realidade está se emprestando dinheiro ao emissor do título (que pode ser o seu banco, uma empresa ou o governo). Os juros cobrados são os pagamentos recebidos por emprestar o dinheiro, podendo ser os referidos títulos privados ou públicos (Levi, 1973).

6.3.2 Títulos privados

Domiciano et al. (2006, p. 3044-3045, grifo do original) indicam que os principais títulos privados são:

- **Caderneta de poupança**: *modalidade de investimento cuja rentabilidade é controlada e garantida pelo governo. O rendimento é de 0,5%+TR ao mês. A Taxa Referencial (TR) é calculada diariamente com base no Certificado de Depósito Bancário (CDB). Sobre a rentabilidade da poupança, não é preciso pagar o imposto de renda e a CPMF é devolvida caso a aplicação seja resgatada após três meses. A rentabilidade é paga por 30 dias e creditada no término deste período, se retirado antes, perde-se a remuneração do período.*
- **Fundos de Investimentos de Renda Fixa**: *pode ser de renda fixa ou de renda variável. Cabe ao gestor do fundo aplicar os recursos colocados sob sua gestão de forma a buscar a maior rentabilidade, com mínimo risco possível. Esse investimento é indicado para quem quer diversificar os investimentos, com a orientação financeira de especialistas na administração dos diversos tipos de ativos que compõem as carteiras de fundos.*

Com base em Levi (1973), Domiciano et al. (2006) afirmam que os títulos podem ser divididos em cinco partes, como demonstra a Figura 6.1.

Figura 6.1 – Divisão de títulos

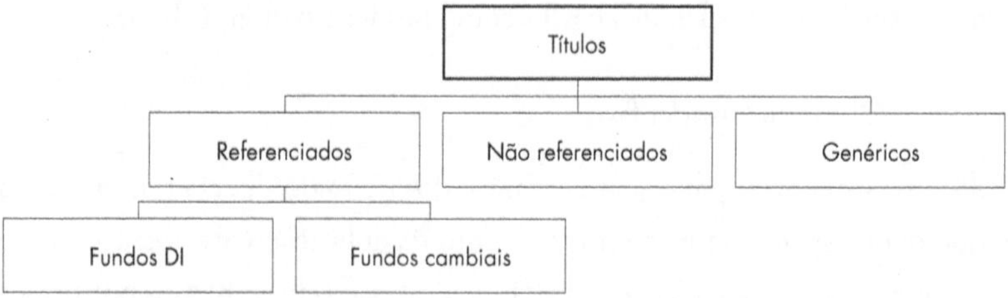

```
                    Títulos
        ┌──────────────┼──────────────┐
  Referenciados   Não referenciados  Genéricos
   ┌──────┴──────┐
 Fundos DI   Fundos cambiais
```

Fonte: Elaborado com base em Domiciano et al., 2006.

Dessa forma, Domiciano et al. (2006) descrevem as classificações dos títulos como:

Títulos referenciados

São atrelados a um índice como o CDI, dólar, euro ou Ibovespa. Alguns exemplos de fundos referenciados são:

- **Fundos DI** – Apresentam rendimento vinculados à variação do CDI (juros aplicados em empréstimos entre os bancos). De acordo com Domiciano et al. (2006, p. 3045), "esses fundos têm um perfil bastante conservador e são recomendados quando a taxa de juros está alta (taxa Selic)".
- **Fundos cambiais** – são fundos que aportam capital em títulos de renda fixa indexados ao dólar. Esse tipo de aplicação é recomendado para aqueles que desejam manter o valor de seu patrimônio em dólar ou detêm empréstimos nessa moeda.

Não referenciados

São fundos que não estão atrelados a um índice específico, cuja taxa de rentabilidade pode ser pré ou pós-fixada. Incluídos nesses títulos estão os fundos de renda fixa tradicionais, "cujo retorno varia de acordo com a estratégia adotada pelo gestor do fundo" (Domiciano et al., 2006).

Genéricos

São fundos que têm um perfil de investimento um pouco mais agressivo do que os anteriores. A ausência do padrão conservador nesse tipo de título se justifica pelo fato de que o investidor, nessa modalidade, tem liberdade para decidir como investir seus recursos. "Até 49% do patrimônio do fundo pode estar investido em ações. Dado o perfil de risco, recomenda-se uma análise ainda mais detalhada do estatuto do fundo" (Domiciano et al., 2006, p. 3045).

Fundos derivativos

De acordo com Domiciano et al. (2006, p. 3045), são fundos "que buscam superar a variação do CDI". Normalmente, atuam em diferentes mercados, tanto se suas tendências forem de alta quanto de baixa previsão. Os investidores dessas aplicações tendem a ter posturas mais agressivas com o objetivo de maximizar a rentabilidade.

Fundos multicarteira

De acordo com Domiciano et al. (2006, p. 3045), são aqueles em que parte deles

> é investido em renda fixa e em ações, podendo incluir os derivativos. As taxas e impostos têm grande importância na rentabilidade dos fundos, pois variam entre os diversos fundos existentes e bancos financeiros, por isso, e acaba reduzindo substancialmente o retorno do seu investimento. São cobradas taxas de administração sobre o valor aplicado que pode variar de 0,5 a 2% ao ano e 20% de imposto de renda, obre a rentabilidade auferida.

Certificados de depósito bancário (CDB)

São conhecidos por serem uma das principais fontes de captação de recursos das instituições financeiras. Os CDBs "são títulos emitidos por bancos com o objetivo de captar recursos em troca de uma taxa de juros que pode ser pré ou pós-fixada" (Domiciano et al., 2006, p. 3045).

Nessa modalidade, o banco atua verdadeiramente como intermediário financeiro, captando recursos de agentes superavitários e pagando uma taxa por isso, fornecendo, em seguida, recurso aos agentes deficitários por uma taxa bem superior ao que pagou. Sendo assim, o lucro da instituição é extraído da diferença entre as taxas pagas e recebidas.

Pré-fixado

É a modalidade em que o investidor sabe, de forma antecipada, "qual taxa de juros será praticada, quanto vai pagar de imposto de renda e quanto vai receber no vencimento do papel" (Domiciano etal., 2006, p. 3045).

Pós-fixado

São títulos em que os investidores tendem "a acordar um percentual sobre um determinado índice ou fixando o próprio índice. Exemplo, 101% ou 90%, ou outro percentual qualquer do Certificado de Depósito Interbancário (CDI)" (Domiciano etal., 2006, p. 3045), ou, ainda, de outro índice qualquer. Sobre essa modalidade, Domiciano et al. (2006, p. 3045) afirmam:

> A tributação desta modalidade de investimento tanto pré quanto pós-fixados é de 20% sobre o valor do rendimento, correspondente a Imposto de Renda na Fonte, e 0,38% de CPMF sendo este na hora da aplicação, e também no resgate quando houver movimentação e a cada renovação da aplicação. Diferente do que acontece com os fundos, onde a CPMF é cobrada uma única vez, quando se aplica o dinheiro. Além dos CDBs, os bancos também emitem os RDBs (Recibo Depósito Bancário), que tem as mesmas características de um CDB, com a diferença de que não há negociação antes da data do seu vencimento, ou seja, você não pode resgatar seu dinheiro antes do prazo de vencimento que normalmente pode variar de 30 a 180 dias.

Debêntures

São títulos emitidos pelas empresas e que têm prazo e remuneração certas. Esses títulos são garantidos pelos ativos das empresas e emitidos com o objetivo de financiar um empréstimo a longo prazo, o qual é representado por títulos. Assim, conforme Domiciano et al. (2006), ao investir numa debênture, está se emprestando dinheiro à empresa, correndo-se o risco de que ela não venha devolver esses valor. Sobre essa modalidade, Domiciano et al. (2006, p. 3045) afirma:

> É um investimento atraente com bons rendimentos (juros), nas grandes empresas de capital aberto, os riscos são geralmente são menores, pois estas empresas expõem seus balanços por meio de publicações em jornais, ou seja, são divulgados para o conhecimento de todos, permitindo ao público conhecer e analisar a saúde financeira da empresa. As debêntures não dão direito aos lucros ou bens da empresa e podem ter remuneração préfixada ou atrelada a um índice mais juros, tendo também rentabilidade definida pela valorização dos títulos (STROZEMBERG, 1971). A liquidez depende do interesse de outros compradores, ou seja, quando se compra títulos eles têm um prazo estipulado para empresa resgatar (normalmente o prazo é de 2 a 3 anos). A empresa emissora contrata os serviços de uma instituição financeira (bancos ou corretoras de valores) para ser intermediária na venda e resgate dos títulos, bem como na definição de prazos e taxas.
>
> A tributação é de 20% de imposto de renda sobre os juros recebidos mais 20% de imposto de renda sobre o rendimento líquido do título. Há incidência regressiva de IOF no caso de resgate antes de 30 dias.

6.3.3 Títulos públicos

Essa modalidade de aplicação é considerada adequada para o investidor de perfil conservador e realizada com a ocorrência da compra de dívida pública. Ou seja, os governos federal, estadual e municipal emitem títulos com a finalidade de captar recursos e financiar suas atividades com a população. São denominados *títulos da dívida pública*.

A compra desses títulos públicos pode ser realizada por qualquer pessoa residente no Brasil. A negociação dos títulos é feita, essencialmente, pelo *site* do Tesouro Direto, por um sistema seguro que só dá acesso à área exclusiva mediante validação do CPF e senha, sendo que o valor mínimo para compra é de R$ 30,00 (Pimentel et al., 2015).

De acordo com Domiciano et al. (2006, p. 3046, grifo do original), os principais títulos federais negociados são:

- *Letras Financeiras do Tesouro (LTF)*: *título com rentabilidade diária com base na taxa de juros da economia (taxa Selic);*
- *Letras do Tesouro Nacional (LTN)*: *rentabilidade definida no momento da compra; e*
- *Notas do Tesouro Nacional (NTN)*: *rentabilidade com base no IGP-M mais juros definidos no momento da compra.*

6.3.4 Ativos de renda variável

Os ativos de renda variável são determinados pela diferença entre o preço de compra adicionado a benefícios como aluguéis, no caso de imóveis, ou dividendos, no caso das ações, subtraído o preço de venda. De acordo com Domiciano et al. (2006), os investimentos de renda variável podem cobrir investimentos tanto em ações como em moedas, *commodities* e fundos de investimento de renda variável. A seguir, apresentamos descrições mais detalhadas:

Fundos de investimentos de renda variável

Segundo Domiciano et al. (2006, p. 3046), "os ativos que compõem a carteira dos fundos de investimentos podem ser: ações, renda fixa, mistos, cambiais, imóveis, títulos de empresas emergentes".

As possibilidades de aplicações em fundos de investimentos são bem diversificadas no mercado financeiro, cada um deles carrega características específicas e o investidor deve avaliar bem cada tipo, a fim de escolher um que seja mais adequado a seu perfil. Trintinalia e Serra (2017) afirmam que o valor mínimo de aplicação ou resgate pode variar muito de acordo com o fundo em questão, de instituição financeira para instituição financeira, mas, em geral, a aplicação mínima começa a partir de R$100,00, o que também vale para os resgates. A tributação sobre os rendimentos dessa modalidade de investimento também é semelhante à dos fundos de renda fixa, da taxa de administração e do imposto de renda sobre os ganhos (Domiciano et al. 2006).

Investimentos imobiliários

Modalidade de investimento que consiste na aquisição de bens imóveis, como casas ou terrenos. Esse tipo de investimento ocorre por que a aquisição de um imóvel próprio, tanto residencial quanto empresarial, no intuito de lucrar com o aluguel é um ato constantemente associado à segurança financeira.

Dólar

Geralmente o investimento na compra de moedas é realizado por pessoas que pretendem viajar ou mesmo enviar dinheiro ao exterior.

Ouro

Os rendimentos obtidos nos investimentos em ouro variam muito pelo fato de o preço do ouro, no Brasil, ser "fixado em função da variação do dólar e da variação do preço do metal no mercado internacional" (Domiciano et al., 2006, p. 3046). Sendo assim, o mercado que envolve a compra de ouro é de risco elevado, já que o rendimento depende da cotação do dólar, além da dificuldade de renegociação ou em desfazer a aplicação em casos de arrependimento (Domiciano et al., 2006).

Sobre isso, Domiciano et al. (2006, p. 3046) ressaltam:

> *Se decidir investir é necessário fazê-lo com uma pequena parcela de capital, as formas mais conhecidas de aplicação em metais são as operações nos mercados futuros da Bolsa de Mercadorias e Futuros (BM&F). Nesse caso, não compra diretamente o ouro físico, mas contratos que serão registrados e representados por um certificado de ouro, que fica depositado, sob custódia, na bolsa.*

Ações

São pequenas partes do capital de uma empresa. As empresas realizam a venda dessas pequenas partes quando precisam de dinheiro para financiar suas compras, ampliar instalações ou ampliar seus negócios (Domiciano et al., 2006).

De acordo com Domiciano et al. (2006, p. 3046, grifo do original):

Para não pegar esse dinheiro emprestado com os bancos onde os juros são altos, as empresas emitem ações com o objetivo de levantar o dinheiro sem o pagamento de juros, a baixo custo, e para compensar paga aos sócios (compradores das ações/ acionistas), a participação nos lucros (dividendos). As ações são conversíveis em dinheiro a qualquer tempo, sendo negociadas na Bolsa de Valores de São Paulo (Bovespa), e podem ser de dois tipos (FORBES, 1994):

- *Ordinárias Nominativas ou ON: têm direito a voto; e*
- *Preferenciais Nominativas ou PN: têm preferência na distribuição de dividendos.*

Pode-se comprar tanto ON quanto PN ou os dois tipos, dependendo do objetivo do comprador. As PN têm mais liquidez (são mais procuradas) por causa dos dividendos e por isso, seu valor é maior.

Os investimentos em ações são efetuados por diversas razões, confira as principais delas no Quadro 6.3.

Quadro 6.3 – Motivações para investimento em ações

Motivos para investir em ações	Descrição
Renda	É quando se compram ações de empresas que pagam bons dividendos relativos à cotação de suas ações, sendo o dividendo uma parte do lucro da companhia que é paga em dinheiro, proporcional à quantidade de ações de cada acionista; e quanto mais ações possuir, maior o dividendo que receberá. O dividendo mínimo é de 25% do lucro líquido.
Investimento	Quando se compra ação de companhias que estão em crescimento e apresentando lucros maiores a cada ano. Quando essas companhias reinvestem parte dos lucros e não distribuem os dividendos aos acionistas, elas reincorporam os lucros no seu patrimônio. Assim, com o patrimônio maior, o valor da ação sobe e o acionista também ganha com a valorização da mesma. Para formação de patrimônio e renda, o período de permanência com as ações deve ser de longo prazo para se tornar segura e lucrativa.

(continua)

(Quadro 6.3 – conclusão)

Motivos para investir em ações	Descrição
Especulação	É a compra e venda de ações para ganhar com a diferença no preço. Normalmente são operações de curto prazo, ou seja, compra-se uma determinada ação por um preço e amanhã ou depois, se ela subir, deve-se vendê-la. Especular com ações pode trazer ganhos altos, pois uma ação pode valorizar de 1% a 10% em um dia, o que significa que o dinheiro investido valorizou na mesma proporção. Mas, da mesma forma, os preços podem cair e o investimento desvalorizar; é preciso estar consciente dos riscos. Existem dois principais riscos ao comprar ações: o risco de mercado, que afeta a economia global e não depende da escolha de um papel ou de outro; e o risco do papel, associado especialmente ao ativo em questão (STROZEMBERG, 1971).
Risco de mercado	Afeta a economia global e não depende da escolha de um papel ou de outro; o valor das ações quanto ao preço de compra e de venda sofre mudanças resultantes da economia do país e do mundo.
Risco de papel	Varia em função do desempenho da empresa: quando a empresa tem problemas ou dívidas crescentes, notícias ruins ou maus resultados, o interesse pela compra das ações diminui e o valor das ações cai.

Fonte: Elaborado com base em Domiciano et al., 2006.

Muitos outros fatores influenciam os preços das ações, como a política de distribuição de dividendos e de divulgação de informação, razão por que é importante fazer uma análise detalhada antes de iniciar um investimento.

Exercício resolvido

As modalidades de investimentos disponíveis no setor financeiro são inúmeras. Considerando o que foi estudado até aqui sobre os investimentos em títulos públicos, analise as alternativas a seguir e assinale a correta:
  a. Os títulos públicos fazem parte de uma modalidade de aplicação financeira considerada de alto risco. Sua agressividade se refere ao fato de que a compra de dívidas públicas são aplicações duvidosas.
  b. Os títulos públicos fazem parte de uma modalidade de aplicação financeira adequada para o perfil de investidor agressivo e é realizada com a compra de dívida pública.

c. Os governos emitem títulos de dívida pública com o intuito de captar recursos dos acionistas para que auxiliem no financiamento das dívidas e de outras atividades.

d. A negociação desses títulos é feita pelo *site* do Tesouro Direto, por um sistema seguro, que só dá acesso à área exclusiva mediante validação do CPF e senha, sendo que o valor mínimo para compra é de R$ 30,00.

Gabarito: d

***Feedback* do exercício:** Os títulos públicos são aplicações de baixo risco, indicados para investidores de perfil conservador. A captação dos recursos ocorre com a aquisição dos títulos pela população brasileira.

6.4 Mercado de capitais e derivativos

De acordo com a cartilha *Introdução ao mercado de capitais* emitida pela BM&F Bovespa em 2010, o mercado de capitais é definido como um sistema criado para facilitar a capitalização das empresas, contribuindo para a geração de riqueza à sociedade.

Nessa ocasião, os investidores com perfis, portes e propósitos diferentes podem fazer parte desse mercado, tornando possível o funcionamento de um importante e alternativo mecanismo de financiamento das empresas: a abertura de capital mediante a emissão e venda de ações ao público.

O que é

Mercado de capitais, de acordo com BM&FBovespa (2010, p. 13):

> *é um sistema de distribuição de valores mobiliários que visa proporcionar liquidez aos títulos de emissão de empresas e viabilizar seu processo de capitalização. É constituído pelas bolsas, corretoras e outras instituições financeiras autorizadas. No mercado de capitais, os principais títulos negociados são os representativos do capital de empresas – as ações – ou de empréstimos tomados, via mercado, por empresas – debêntures conversíveis em ações, bônus de subscrição e commercial*

papers —, *que permitem a circulação de capital para custear o desenvolvimento econômico. O mercado de capitais abrange ainda as negociações com direitos e recibos de subscrição de valores mobiliários, certificados de depósitos de ações e demais derivativos autorizados à negociação.*

Ao emitir ações, a empresa "abre" seu capital à participação dos investidores. De acordo com a B3 Educação (2017, p. 13), sobre os investidores nessa modalidade:

- quem adquirir as ações torna-se sócio da empresa e mantém essa condição enquanto as mantiver sob sua propriedade;
- a qualquer momento, essas ações poderão ser vendidas, em mercados organizados, a terceiros (que se tornam "novos sócios"); o processo pode ser repetido indefinidamente.

Todavia, para que o procedimento funcione e para garantir os direitos dos novos sócios, é necessário um conjunto de normas que organizem e permitam o controle desde a emissão até a negociação em bolsa.

Exemplificando

É possível que você esteja se perguntando: "Por que e como os investidores aportam recursos no mercado de capitais?". Quanto a isso, a BM&F Bovespa (2010) esclarece que, quando o nível de poupança aumenta, também cresce a disponibilidade para investir. Isso pode ser explicado pelo fato de a poupança individual e a poupança das empresas constituírem a fonte principal do financiamento dos investimentos de um sistema financeiro.

Tais investimentos são conhecidos como a mola propulsora do mercado econômico, que geram renda de um ponto de vista macroeconômico, aumentando, em um movimento cíclico, a capacidade da poupança e as possibilidades de investimento (BM&FBovespa, 2010). Dessa forma, podemos compreender como funciona o esquema da circulação de capital presente no processo de desenvolvimento econômico.

Ao passo que as empresas se expandem, ocorre, invariavelmente, a necessidade de obterem mais recursos para atenderem a suas novas demandas. Sendo assim, esses recursos financeiros podem ser obtidos, conforme a BM&FBovespa (2010, p. 15), por meio de: "empréstimos de terceiros; reinvestimentos de lucros; participação de acionistas".

Os recursos vindos por meio de empréstimos de terceiros e pelo reinvestimento dos lucros são, de certa forma, limitados e costumam ser utilizados pelos gestores como recursos de subsistência da atividade operacional. Pelo caráter de possibilidade de aportar capital em expansão das atividades, a participação de acionistas é bastante desejada e recorrente no mercado, sendo que é pela participação de novos sócios ou acionistas que uma empresa consegue meios não exigíveis. Em troca do investimento, os acionistas passam a ter participação no capital da empresa.

Normalmente, os recursos obtidos por meio dos acionistas são direcionados ao desenvolvimento corporativo. Nesse caso, as empresas passam a ter melhores condições de investir em novos equipamentos ou no desenvolvimento de pesquisas, melhorando seu processo produtivo, tornando-o mais eficiente e beneficiando toda a comunidade. Segundo a CVM (2021), o mercado de capitais

> *surge como fonte de recursos capaz de financiar projetos de expansão ou de aperfeiçoamento tecnológico das empresas, na medida em que reúne condições para oferecer às companhias um volume adequado de recursos a custo satisfatório, através de instrumentos atraentes para o público, quanto a retorno, prazo, liquidez e garantia.*

Sendo assim, o investidor em ações, conhecido como *acionista*, passa a ter direitos sobre a empresa. A participação dele é importante, pois contribui diretamente com a produção de bens, além de ser sócio da empresa, o que indica que seu investimento retornará em forma de dividendos, sempre que houver obtenção de lucros.

Essas operações de compra e venda de ações são realizadas normalmente em corretoras financeiras, bolsas de valores e em bancos de atacado. Para ser um acionista de uma grande empresa, o investidor deve se dirigir a uma dessas instituições e buscar profissionais de vendas especializados, que possam lhe fornecer esclarecimentos e orientações sobre o produto que deseja adquirir ou orientar sobre o que for mais adequado ao perfil de negócio do investidor.

6.5 Cash management

O universo de negócios no mundo contemporâneo vem apresentando níveis cada vez mais desafiadores em termos de competitividade, o que é encarado por muitas empresas como um desafio a ser vencido ou uma motivação que as leva a buscar melhorias nos processos internos, com o objetivo de gerar valor e satisfação ao consumidor e proporcionar maiores níveis de lucratividade.

No contexto empresarial, o *cash management* – também conhecido como **gestão de caixa** – é um ponto de atenção que, se bem trabalhado, pode trazer clareza sobre os recursos disponíveis e as oportunidades de negócios, que são pontos importantes e estratégicos para o bom desempenho de qualquer organização (Santos; Carneiro, 2009).

Os efeitos benéficos de uma boa gestão de caixa, ante os resultados da empresa, são inúmeros, mas o centro de suas ações está diretamente ligado ao controle do saldo em termos financeiros. Essa gestão tem a finalidade de entender as demandas do caixa e proporcionar domínio em torno do custo mínimo total dos seus produtos e serviços, como esclarecem Brigham e Houston (2004).

No mesmo sentido, e de forma mais específica e complexa, existe o *cash flow management* – traduzido como **"gestão de fluxo de caixa"**. Essa gestão consiste na administração e no gerenciamento dos investimentos de curto prazo que a empresa realiza. A principal finalidade dessa atividade envolve o retorno financeiro que a empresa obterá ao final de cada período de execução das suas atividades. De acordo com Pacheco e Morabito (2010), a gestão de caixa e a gestão de fluxo de caixa são atividades distintas, mas que não ocorrem de forma isolada, pois, na prática, os dois modelos de gestão estão interligados e são interdependentes.

Nesse sentido, os autores esclarecem que:

> Enquanto o problema de gestão do caixa trata do suprimento de recursos financeiros nos momentos em que são demandados pelas atividades operacionais da empresa (GITMAN, 1987; VAN HORNE, 1974), sem levar em conta o processo evolutivo do fluxo de dinheiro, o problema de gestão do fluxo de caixa compreende a administração de um conjunto de fatos estruturados no tempo. O foco deste artigo está no problema mais amplo, ou seja, na gestão do fluxo de caixa, não havendo a preocupação com a diferenciação dos dois problemas. (Pacheco; Morabito, 2010, p. 251)

Na perspectiva abordada por Souza (2019), com o intuito de melhor compreender os objetivos do fluxo de caixa, a definição exposta na literatura desse campo de estudo explica que se trata de "um instrumento de planejamento financeiro, que tem por objetivo fornecer estimativas da situação de caixa da empresa em determinado período" (Santos, 2001, p. 57). Nesse sentido, Zdanowicz (2000, p. 23) apresenta outros objetivos do fluxo de caixa:

- *Buscar o equilíbrio entre os fluxos de entrada e saída de recursos;*
- *Saldar as obrigações incorridas dentro do prazo estabelecido;*
- *Prever desembolsos de caixa em volumes elevados em épocas de encaixe baixo;*
- *Proporcionar ao gestor financeiro uma visão estratégica da situação da empresa;*
- *Demonstrar em que período a empresa precisa captar recursos ou aplicá-los quando existir excedente de caixa;*
- *Visualizar o volume de vendas da empresa;*
- *Analisar a situação de inadimplência dos clientes.*

Já Stamato (2007) afirma que a área de *cash management* é dividida em dois setores distintos:

- vendas *cash;*
- suporte a vendas *cash.*

De acordo com o autor, o setor de **vendas cash** é responsável pela atuação basicamente de duas atividades: o funcionamento comercial e o atendimento ao cliente (Stamato, 2007).

Já o setor de **suporte a vendas** *cash* responsabiliza-se pelo tratamento de células especializadas no cadastramento e acompanhamento das operações fechadas junto aos clientes pela linha de frente.

Nesse sentido, o autor afirma: "A área de Vendas *Cash* tem uma missão declarada, que segundo Stoner e Freeman (1985), é um objetivo amplo criado em premissas de planejamento da organização, seus valores, suas competências e seu lugar no mundo" (Stamato, 2007, p. 55).

Em uma pesquisa realizada no ambiente de uma instituição bancária, Stamato (2007) exemplifica que a área de vendas *cash* na linha de frente dessa instituição é composta, basicamente, por dois níveis hierárquicos: a coordenação de uma área delimitada pelos coordenadores e a supervisão da atuação dos executivos.

A **atuação do executivo** *cash management* tem como principal atribuição entregar soluções e serviços de *cash management* por meio de uma venda consultiva, que, de acordo com Stamato (2007, p. 56), na perspectiva do ambiente bancário, consiste nas seguintes atividades:

- *Identificar oportunidades de negócio e prospectar novos clientes, atuando de forma compartilhada com o Executivo de Contas.*
- *Entender o negócio do cliente e conhecer as suas reais necessidades.*
- *Negociar preços e produtos que agreguem valor ao negócio do cliente.*
- *Buscar informações sobre a concorrência.*
- *Oferecer uma proposta de valor superior, mostrando compromisso com os resultados do cliente.*
- *Garantir a implantação dos produtos vendidos e assegurar a conversão da venda (uso do produto pelo cliente).*
- *Verificar a satisfação do cliente com relação ao atendimento prestado.*
- *Buscar fidelização do cliente pela ampliação de relacionamento com o banco.*
- *Gerenciar sua carteira, trazendo oportunidades de negócio que contribuam para a rentabilidade [...].*

De acordo com Stamato (2007), a área de *cash management* da instituição financeira estudada trabalha com projeções de crescimento que são estabelecidas ao final de cada semestre, com vistas ao próximo semestre.

Assim, de modo geral, é possível observar que o *cash flow management*, (gestão de fluxo de caixa), é uma ferramenta que proporciona ao gestor uma visão mais esclarecida sobre a situação financeira da empresa. Dessa forma, os profissionais envolvidos com as questões financeiras conseguem estar bem preparados no momento de efetuar investimentos, uma vez que, com base nas informações fornecidas por essa ferramenta quanto à origem e ao destino dos valores, a decisão tende a gerar frutos mais adequados.

Neste sentido, dependendo da necessidade da organização, o gestor irá realizar as análises referentes a um período determinado por ele – normalmente é o período definido no planejamento – e levantar hipóteses sobre os caminhos que precisarão ser seguidos para que a empresa alcance seus objetivos.

Sobre os **objetivos** que a ferramenta de *cash flow management* pode atingir, Ferreira (2003, p. 13) apresenta 10 deles:

1. *Avaliar e controlar ao longo do tempo as decisões financeiras importantes que são tomadas na administração da empresa.*
2. *Permitir o planejamento dos desembolsos de acordo com a disponibilidade de caixa, evitando-se o acúmulo de compromissos vultosos na mesma época.*
3. *Facilitar a análise das linhas de crédito a serem obtidas com as instituições financeiras.*
4. *Programar os ingressos e desembolsos de caixa de forma criteriosa, permitindo determinar o período em que deverá ocorrer carência de recursos.*
5. *Certificar-se de que os excessos monetários de caixa estão sendo devidamente aplicados.*
6. *Determinar quanto de recursos próprios a empresa dispõe em dado período.*
7. *Aplicar os recursos financeiros de forma mais rentável possível, bem como analisar os recursos de terceiros que satisfaçam as necessidades da empresa.*
8. *Projetar um plano efetivo de pagamento de débito, avaliando a capacidade de geração de caixa da empresa, se ela faz dinheiro hoje e demonstra capacidade de fazê-lo no futuro.*
9. *Analisar a viabilidade de serem comprometidos os recursos da empresa.*
10. *Participar de todas as atividades da empresa, facilitando assim os controles financeiros, proporcionando o intercambio dos diversos departamentos da empresa com a área financeira, possibilitando uma visão geral da situação financeira e administrativa.*

Enquanto isso, Matarazzo (1998, p. 369) explica que os **objetivos do fluxo de caixa** são:

- *Avaliar alternativas de investimento;*
- *Avaliar e controlar ao longo do tempo as decisões importantes que são tomadas na empresa com reflexos monetários.*
- *Certificar que os excessos momentâneos de caixa estão sendo devidamente aplicados.*

Considerando essas explicações, notamos que é imprescindível conhecer como se administra o fluxo de caixa, pois negligenciar essa ferramenta pode levar a empresa à falência. O controle correto do fluxo de caixa possibilita que os recursos da empresa sejam destinados às operações mais vantajosas de acordo com seus objetivos.

Com o intuito de obter melhor entendimento sobre os pontos positivos e negativos relacionados ao *cash flow management* nas empresas, Zdanowicz (2007, p. 145) considera os seguintes pontos:

- *Criar condições para que os recebimentos e os pagamentos sigam critérios técnico gerenciais e não fiscais.*
- *Análise e avaliação real de uma empresa, auxiliando a percepção sobre a movimentação dos recursos em um determinado período.*
- *Planejar pagamentos em datas corretas evitando a inadimplência.*
- *Ter um saldo de caixa para eventuais despesas.*
- *Programar aplicações depois de verificado o tempo de sobra de caixa, equilibrar entradas e saídas.*
- *Analisar empréstimos menos onerosos para eventual necessidade.*
- *Proporcionar à empresa um autoplanejamento utilizando-o como base.*
- *Proporcionar à empresa uma visão de curto e médio prazo.*
- *Proporcionar à empresa um planejamento de investimentos.*
- *Proporcionar à empresa capacidade de tomar decisões rápidas.*

Por outro lado, com o intuito de obter melhor compreensão a respeito dos possíveis efeitos, tanto negativos quanto positivos, que a implementação da ferramenta *cash flow management* causa em uma organização, Zdanowicz (2007, p. 153) apresenta os seguintes pontos:

- O custo adicional para se manter um profissional capacitado e com conhecimento das atividades operacionais da empresa, a falta de habilidade do administrador para coordenar a equipe a fim de serem repassadas informações com consistência e confiabilidade.
- A falta de atenção, pois basta um erro e todo o fluxo estará comprometido, falta de apoio da alta direção no planejamento e controle financeiro, distorções de valores projetados.

O *cash flow management* é uma ferramenta de gestão que pode ser criada para controlar as entradas e saídas de caixa de uma empresa, administrando suas necessidades. Essa ferramenta gera inúmeras informações aos gestores, o que permite a captação dos dados por meio dos saldos de caixa diários, semanais, mensais e anuais, além de demonstrar os dias em que se registram mais entradas e mais saídas, para que assim sejam realizados análise e planejamento de seus valores financeiros e os resultados da empresa sejam maximizados (Marçola; Gaviola, 2015).

Além desses benefícios, será possível perceber com maior facilidade a ocorrência dos principais tipos de embolso e retirada de caixa e o quanto a empresa terá para poder investir ou pagar dívidas de curto e longo prazos sem que o balanço financeiro saia do controle. Também com o auxílio dessa ferramenta a empresa poderá estabelecer metas e desenvolver estratégias que atendam a seus principais objetivos.

Assim, a implementação de um fluxo de caixa para qualquer empresa será de fundamental importância, pois, dessa maneira, o setor financeiro poderá comprovar de forma científica a precisão das decisões tomadas com os recursos financeiros disponíveis. Por meio dos dados e das informações utilizados para alimentar os registros, tanto no *cash management* quanto no *cash flow management*, os profissionais responsáveis terão uma visualização clara e no tempo certo a respeito das sobras ou das necessidades de recursos financeiros no período de tempo que for estabelecido.

A execução dessas ações irá colaborar com o aproveitamento e com a utilização eficiente das finanças disponíveis, proporcionando maiores possibilidades de ganhos e/ou até o crescimento da empresa de forma clara e efetiva.

6.6 Agronegócio e negócios internacionais

De acordo com FGV Think Agro (2015), as últimas quatro décadas foram marcadas pelo aprofundamento do fenômeno conhecido como *globalização*, e o setor de negócios agrícolas também entrou nesse modelo de comercialização. O mercado do agronegócio no Brasil exerce forte influência sobre o equilíbrio da balança comercial do país, pois frequentemente apresenta saldos positivos, se considerado separadamente (Santos; Carneiro, 2009).

De acordo com Santana et al. (2012), o fato de ser um mercado que sustenta a demanda interna em relação aos alimentos é um primeiro ponto a ser ressaltado. Em seguida, os autores citam a expressiva importância que o setor tem em absorver uma significativa oferta de mão de obra e, por fim, perante esse contexto, mencionam a geração de divisas provenientes das exportações, que significam uma importante parcela no movimento da economia do Brasil.

Para saber mais

Para entender melhor um dos setores mais importantes da economia brasileira e como os investimentos ocorrem nessa área, assista ao vídeo "Agronegócio: descubra como investir no setor que mais cresce", que aborda questões sobre as ações e segmentos na B3 que são ligados ao agronegócio. Na oportunidade, a discussão demonstra que o setor de agronegócio chega a representar 21% do Produto Interno Bruto (PIB) e se destaca no ano mesmo em meio à crise do coronavírus. Os profissionais especializados na área analisam quatro principais empresas do setor e quais vantagens e desvantagens oferecem para o investidor.

INVESTNEWS BR. **Agronegócio**: descubra como investir no setor que mais cresce. 1º out. 2021. Disponível em: <https://www.youtube.com/watch?v=rNe1uo8Zf34>. Acesso em: 16 ago 2021.

Por outro lado, as ações que originam o comércio globalizado de produtos e serviços do mercado agropecuário, como o processo de intercâmbio desses bens, tem o potencial de promover um relacionamento comercial e parcerias mais estreitas entre o Brasil e as outras nações, refletindo assim no crescimento dos fluxos comerciais.

No caso do Brasil, isso ocorre com a exportação de sua produção no setor agropecuário, como ressaltamos. Essa integração e relação comercial globalizada eleva o nível de exportações nas economias das nações, permitindo ao PIB mundial expandir-se a cada ano.

Conforme demonstra o FGV Think Agro (2015, p. 6), é possível destacar "um conjunto de fatores responsáveis por reduzir os obstáculos e aumentar os vínculos comerciais e produtivos entre as nações". São eles:

- **Melhorias na oferta de infraestrutura**, *reduzindo os custos de transporte (as chamadas "barreiras naturais" ao comércio) e de telecomunicação;*
- **A redução das barreiras e das restrições comerciais** *(tarifárias e não tarifárias), implicando menores custos de transação (custos de informação, custo de fazer valer os contratos, custos legais e regulatórios, custos alfandegários e administrativos etc.); e*
- **O grau de internacionalização das empresas** *e da produção mundial.* (FGV..., 2015, p. 6, grifo nosso)

Nessa perspectiva, é possível compreender que todos os fatores citados são explicativos no que diz respeito à expansão. Embora todos esses fatores sejam essenciais para explicar a expansão do comércio internacional envolvendo o agronegócio, o documento *Comércio internacional e agronegócio brasileiro* (FGV Thin Agro, 2015) destaca a ocorrência de dois fenômenos adicionais nesse contexto de debate: o surgimento das **cadeias globais de valor** e a **emergência da economia chinesa** como um dos principais *players* globais.

Conforme consta nesse relatório, a cadeia global de valor se refere basicamente ao comportamento comercial que as nações desempenham ao realizar trocas simultâneas dos produtos e serviços que são produzidos em seus territórios. Tais cadeias globais de valor permitem o crescimento simultâneo das nações em termos comerciais.

> No berço das Cadeias Globais de Valor, a significativa redução dos custos de transporte e de comunicação, aliada às menores restrições internacionais para comércio e investimentos, criou condições inéditas, inicialmente, para que as empresas coordenassem suas atividades em diferentes espaços competitivos do globo, levando à consolidação de sistemas de governança global por grandes corporações transnacionais. Aproveitando-se dos processos de desregulação e privatização em voga no mundo emergente, bem como da consolidação de um mercado consumidor internacional, as empresas passaram a controlar a produção e disputar mercados tanto nos países-sede, onde se localizavam as matrizes, como nos países em desenvolvimento, por meio do aumento do fluxo líquido de investimentos externos diretos (IED).
>
> A fragmentação e dispersão das cadeias produtivas pelo mundo se traduzem no aumento do fluxo internacional de bens intermediários (partes e componentes), vis-à-vis bens finais, fenômeno mediado pelo aumento do comércio intrafirma. Em uma ótica de valor adicionada, mais apropriada para avaliar o comércio entre os países, é possível destacar a parcela significativa do valor adicionado das exportações mundiais representada por partes, componentes e insumos importados. Do exposto anteriormente, fica claro que há duas proxies importantes para avaliar a inserção de um setor nas Cadeias Globais de Valor: o fluxo de investimentos diretos externos e o volume de comércio de bens intermediários, principalmente, na modalidade intrafirma. Em breve, serão apresentados esses números relativos ao agronegócio brasileiro para avaliar de que forma que o setor efetivamente conseguiu se inserir nas Cadeias Globais de Valor. (FGV..., 2015, p. 6-7)

Além disso, temos a participação do agronegócio brasileiro no comércio internacional, que, segundo dados da instituição, vem alcançando níveis econômicos cada vez maiores, além da elevação do grau de abertura que o país conquistou nas últimas décadas.

Nesta perspectiva, a instituição destaca alguns dados importantes que demonstram a relevância dessa atividade para a economia brasileira:

> Na esteira da expansão do comércio internacional, o agronegócio brasileiro elevou consideravelmente o grau de abertura do setor entre 1996 e 2014, passando de 14,3% a 22,6% – tendo atingido seu pico em 2004 25,9%. Entre 1989 e 2014, as exportações do setor passaram de US$ 13,9 bilhões para US$ 96,7 bilhões, o

equivalente a um aumento de 7,7% ao ano. No mesmo período, as importações evoluíram de US$ 3,1 bilhões para US$ 16,6 bilhões, crescendo a taxas anuais de 6,7% ao ano. Como resultado deste desempenho excepcional, o saldo da balança comercial do agronegócio elevou-se de US$ 10,8 bilhões, em 1989, para cerca de R$ 80 bilhões, em 2014, ano em que o setor movimentou 25% do fluxo comercial brasileiro (exportações e importações). No último ano da série, o Brasil exportou cerca de seis vezes mais do que importou em produtos agropecuários. Com base no desempenho do setor, suficiente para abastecer o mercado interno e gerar excedentes exportáveis, o Brasil consolidou-se como um dos mais importantes ofertantes de bens agropecuários no mercado internacional. Além de ampliar sua participação no comércio mundial, o agronegócio brasileiro se firmou também como o principal player em diversas cadeias. (FGV..., 2015, p. 7)

Entendendo como esse setor é tão importante para a economia do país, devemos estar atentos aos movimentos que essa atividade irá executar daqui por diante, pois fica claro que esse é um caminho viável para a economia brasileira trilhar para conquistar cada vez mais o equilíbrio das contas externas.

Exercício resolvido

O intercâmbio de produtos e serviços entre as nações contribui para estreitar os vínculos comerciais e produtivos. Com base no que você estudou, analise as alternativas a seguir e assinale a correta:
a. Um dos fatores responsáveis por fortalecer vínculos comerciais entre as nações é a possibilidade de melhorias na oferta de infraestrutura, que possibilita menor custo de transporte e de telecomunicação.
b. Os vínculos comerciais e produtivos entre as nações aumentam as restrições comerciais, implicando em maiores custos de transação.
c. A elevação de custos de informação, custos legais e custos alfandegários favorece os vínculos comerciais e produtivos entre as nações.
d. Quanto menor o grau de internacionalização das empresas e da produção mundial, maiores os vínculos comerciais e produtivos entre as nações.

Gabarito: a

Feedback **do exercício:** Os fatores responsáveis pelo crescimento dos vínculos comerciais e produtivos entre as nações incluem a redução de barreiras e restrições comerciais, refletindo em menores custos de transação. Quanto menores os custos, maiores as possibilidades de concretização de negócios, e quanto maior o grau de internacionalização das empresas, maiores os vínculos comerciais entre as nações.

Estudo de caso

Texto introdutório

Este estudo de caso retrata a necessidade de manter-se a qualidade, a produtividade e os serviços ao consumidor em meio à crise sanitária que desafia o mundo no contexto da pandemia do Covid-19, iniciada em 2020. Como em todo diagnóstico, para designar sua respectiva proposta de intervenção, a situação deve ser analisada no contexto mais amplo, abarcando vários aspectos envolvidos. Nesse caso específico, a situação como um todo. O desafio é propor intervenções práticas para as instituições bancárias considerando as concepções estudadas.

Texto do caso

Em 2020, o mundo inteiro passou por um momento de crise sanitária em que as mudanças implicaram em transformações em diversos âmbitos. As relações, as formas de trabalho e o mercado financeiro sofreram profundas alterações e enxergaram um ponto comum para utilizar como estratégia competitiva: a utilização dos meios digitais.

De acordo com Chiavenato (2003, 467, grifo do original), William H. Davidow e Bro Uttal, em sua obra *Total Customer Service: The UltimateWeapon* afirmam que as empresas podem melhorar simultaneamente a qualidade, a produtividade e os serviços ao consumidor, desde que sigam seis componentes:

1. **Desenvolver uma estratégia para o serviço ao consumidor.** *Definir as expectativas do cliente e desenvolver um plano para oferecer os produtos e serviços que ele deseja.*
2. **Comunicar a importância da estratégia de serviços e fazer com que seus líderes visitem pessoalmente os consumidores.** *É essencial que os executivos líderes da empresa deem o exemplo de serviços aos demais empregados.*
3. **Atribuir autoridade e responsabilidade aos funcionários para que respondam prontamente às demandas dos clientes.** *O serviço ao cliente somente ocorre quando os consumidores interagem com os funcionários da linha de frente.*
4. **Desenhar produtos e serviços com o cliente em mente.** *Tanto os engenheiros como os técnicos de campo devem desenhar o produto para atender às expectativas do cliente.*
5. **Reestruturar para criar equipes especiais devotadas ao produto ou serviço.** *Com o único propósito de visualizar as necessidades e desejos do consumidor.*
6. **Medir o desempenho da empresa através do serviço ao consumidor.** *Envolver empregados no desenvolvimento de objetivos para o serviço ao consumidor e analisar os registros para proporcionar retroação adequada.*

Partindo do pressuposto que você é um gestor de negócios de uma instituição financeira, diante do intenso desafio de conviver com uma situação de crise como a que ocorreu em 2020, ocasionada pela emergência sanitária – além de entender que o relacionamento com seu público consumidor, que já não pode se resumir a um contato pessoal, é determinante para manter a competitividade –, quais os possíveis caminhos a serem adotados para contornar essa situação?

Além disso, diante desse contexto, aponte de forma crítica os principais elementos em que as instituições devem focar para melhorar a comunicação com o cliente e manter a eficiência de seus serviços de modo a melhorar a qualidade, a competitividade e os serviços prestados ao consumidor.

Resolução

As instituições financeiras fazem parte de um ambiente altamente competitivo e complexo. Diante de um cenário adaptado a ferramentas de informação e conhecimento e a recursos tecnológicos, o setor financeiro também passa a acompanhar as transformações do mercado e do mundo contemporâneo.

Dessa forma, as sugestões devem envolver uma perspectiva que considere os componentes designados no texto, mas que não fuja do contexto das instituições financeiras em uma situação de crise sanitária, em que a presença física dos consumidores não seja necessária para a prestação dos serviços. Nesse contexto, podemos citar três perspectivas:

- **Digitalização**: O cenário de intensa competitividade no mercado financeiro leva as instituições financeiras a adotarem caminhos digitais para desenvolver inovações que as diferenciem diante da concorrência, proporcionando transformações internas e externas que buscam atender às novas necessidades da sociedade da informação. A integração digital dos produtos e serviços bancários por meio de aplicativos de celular possibilita a realização de transferências, aplicações, pagamentos, consultas de saldos e extratos com maior facilidade e segurança. Essa versão, de acordo com Carvalho (A. P. A. F. de, 2019), proporciona ao cliente uma nova experiência e maior comodidade. Não se trata apenas da oferta de serviços financeiros por *desktop* e *mobile* – todas as funções vitais do banco (*middle* e *back-end*) devem ser igualmente tecnológicas para que o banco seja considerado digital. Bancos digitais fazem parte de um contexto maior de transformação do setor bancário em direção ao *on-line banking*, em que serviços são entregues pela internet. O fenômeno de bancos digitais, portanto, não deve ser confundido com o processo de digitalização bancária.

- **Bancos digitais**: Os bancos digitais realizam todos os seus serviços de forma *on-line*, dispensando a grande estrutura física dos bancos tradicionais. Ainda, envolvem alto nível de automação de processos e serviços *on-line* e podem incluir *application programming interfaces* (APIs) que permitam diversas composições de serviços bancários. Fornecem aos usuários a capacidade de acessar dados financeiros por meio de serviços de *desktop*, móveis e máquinas de autoatendimento (ATM).
- **Fintechs**: Estruturalmente, as *fintechs* são empresas inicialmente de pequeno porte, com alto capital humano e, por conseguinte, com perfil diferente dos bancos e grandes *players* do mercado, que exigem um montante mínimo de capital para início das atividades. A estrutura das *fintechs* agregam algumas particularidades que oferecem um diferencial competitivo no setor bancário brasileiro. Andrade (2019, p. 17) afirma que "o uso da tecnologia permite a redução de custos e oferece um serviço mais ágil e satisfatório". De acordo com esse autor, essas características têm o potencial de atrair clientes não satisfeitos com as instituições tradicionais; portanto, atraem também uma série de investidores.

Dica 1

No contexto atual os requisitos de qualidade e produtividade e os serviços ao consumidor são indispensáveis para garantir a competitividade de uma instituição financeira em momentos de crise.

O vídeo que sugerimos a seguir demonstra que o Bacen tem conseguido ajudar na integração dos grandes bancos – muito regulados para operar no mercado financeiro – com as *fintechs*, mais flexíveis, gerando resultados extraordinários para os clientes, o principal foco da digitalização.

Com base no vídeo, demonstre a possibilidade de utilizar os mecanismos de digitalização para solucionar a questão da competitividade das instituições financeiras em tempos de crise.

CAPITAL DIGITAL. **Digitalização bancária**: papel do Banco Central como indutor do processo tem sido fundamental. 6 ago. 2021. Disponível em: <https://www.youtube.com/watch?v=8tr5R phW3mU>. Acesso em: 16 ago. 2021.

Dica 2

Utilizar a estratégia dos bancos digitais é uma saída para que as instituições financeiras consigam se manter competitivas em tempos de crise? Cada vez mais os consumidores estão ligados à tecnologia e fugindo da burocracia, de filas, do atendimento demorado e ruim das agências físicas dos bancos. Isso porque já é possível abrir contas, fazer aplicações e obter crédito exclusivamente pelo celular. Bancos de menor porte estão investindo milhões para se tornarem cada vez mais digitais e atrair o cliente com taxas mais baixas e até serviços de conta corrente sem taxa alguma. No vídeo que sugerimos a seguir, o debate é feito em torno do comportamento desse tipo de instituição bancária e dos consumidores de modo geral. Dessa forma, analise o conteúdo do vídeo e estude a possibilidade de utilizar essa abordagem como estratégia para que as instituições financeiras garantam a competitividade em tempos de crise.

PIOTTO, A. **Os bancos digitais estão tirando clientes dos bancões**. 16 maio 2017. Disponível em: <https://www.youtube.com/watch?v=RI-373PVWPY>. Acesso em: 16 ago. 2021.

Dica 3

A abordagem e a estrutura das *fintechs* podem auxiliar as instituições financeiras em um momento de transição digital para garantir a competitividade em tempos de crise? Assista ao vídeo, que parte do questionamento "Tudo vai virar *fintech*?", e reflita se esse elemento pode ser trabalhado no problema exposto.

VINDI. **Tudo vai virar fintech?** – Rodrigo Dantas (Vindi) no Innovation Pay. 5 fev. 2020. Disponível em: <https://www.youtube.com/watch?v=xw8I2xw-q3U>. Acesso em: 16 ago. 2021.

Síntese

A seguir, apresentamos resumidamente os tópicos que foram discutidos neste capítulo:

- As técnicas de venda dos bancos de atacado se diferenciam das técnicas aplicadas aos bancos de varejo devido ao fato de que, nos primeiros, o atendimento envolve serviços de aconselhamento, podendo ser caracterizados como um atendimento de venda consultiva.
- Os investimentos são formas de aplicar recursos financeiros para se obter mais ganhos. O investimento ideal se adequa ao perfil de cada investidor.
- O mercado de capitais compreende modalidades de investimentos que são disponibilizadas pelas empresas com o objetivo de expandir suas atividades.
- A gestão das empresas compreende várias dimensões, em termos financeiros, entre as quais podemos citar a gestão de caixa ou a gestão de fluxo de caixa, que, entre seus inúmeros benefícios, tem o objetivo de estabelecer diagnósticos claros sobre a situação de entrada e saída de recursos financeiros, subsidiando o gestor da empresa com informações que o direcionam a tomar decisões mais corretas.
- O setor de agronegócio é um dos mais importantes para a economia do Brasil. A comercialização de produtos e serviços com outras nações aumenta os fluxos comerciais, eleva o PIB global, melhora infraestruturas internas e reduz barreiras comerciais, aumentando vínculos produtivos entre as nações.

considerações finais

Ao apresentarmos as temáticas que abordamos e as discussões que propusemos neste livro, tivemos a intenção de possibilitar uma ampla compreensão do comportamento competitivo do mercado bancário. Além disso, nosso objetivo foi indicar um caminho adequado para o entendimento dos pontos estratégicos que visam às melhores práticas profissionais para as instituições financeiras, impactando diretamente nos resultados de todas as partes envolvidas.

Assim, na apresentação desta obra, expusemos alguns dos desafios enfrentados em sua elaboração, com destaque para a seleção dos temas (e as implicações ideológicas, filosóficas e educacionais dessa tomada de decisão), a articulação entre saberes teóricos e práticos (reconhecendo-se que tais saberes estão em constante transformação) e o foco na interdisciplinaridade, de forma a promover a aproximação entre vertentes de conhecimento que envolvem a indústria bancária e o mercado financeiro em seus contextos atuais.

Na tentativa de contornar os desafios na construção desse material, optamos por referenciar uma parcela significativa da literatura especializada e dos estudos científicos a respeito dos temas abordados. Além disso, apresentamos uma diversidade de indicações culturais para enriquecer o processo de construção de conhecimentos aqui almejados e procuramos oferecer aportes práticos para que agreguem positivamente esses conhecimentos, sugerindo atividades e incentivando você a elaborar as próprias concepções que envolvem os produtos financeiros em relação aos bancos de atacado e varejo.

Temos certeza de que nosso esforço não foi em vão, e, ao mesmo tempo, esperamos que você tenha extraído da leitura dessa obra um conhecimento útil para sua formação. A concretização de nosso trabalho se torna satisfatória se tivermos contribuído para sua jornada acadêmica. Desejamos ainda que você faça bom uso dos conhecimentos adquiridos no estudo deste livro, e que ele seja apenas um passo de uma caminhada contínua de aprendizagem rumo ao sucesso!

referências

6 MINUTOS. **Banco PAN lidera ranking de reclamações contra bancos no 2º tri; BMG e Inter vêm logo atrás**. 15 jul. 2020. Disponível em: <https://6minutos.uol.com.br/minhas-financas/pan-bmg-e-inter-lideram-ranking-de-reclamacoes-contra-bancos-dizbc/>. Acesso em: 1º nov. 2021.

ABREU, J. S.T. E. C. de. **Títulos de capitalização**. 53 f. Dissertação (Mestrado em Ciências Aturiais) – Instituto Superior de Economia e Gestão da Universidade Técnica de Lisboa, Lisboa, 2012. Disponível em: <https://www.repository.utl.pt/bitstream/10400.5/5100/1/DM-JSTECA-2012.pdf>. Acesso em: 16 ago. 2021.

ACHARYA, V. V.; ALMEIDA, H.; CAMPELLO, M. Aggregate Risk and the Choice Between Cash and Lines of Credit. **The Journal of Finance**, v. 68, n. 5, p. 2059-2116, Oct. 2013.

ALMEIDA, A. P. M. de; ALVES, C. G. M. de F.; REIS, G.V. de C. O processo de tomada de decisão: adoção de sistemas de apoio à decisão no jogo de empresas. In: CONGRESSO NACIONAL DE EXCELÊNCIA EM GESTÃO, 6., 2010, Niterói. **Anais...** Disponível em: <https://www.inovarse.org/filebrowser/download/9413>. Acesso em: 16 ago. 2021.

ALTO, C. F. M.; PINHEIRO, A. M.; ALVES, P. C. **Técnicas de compras**. Rio de Janeiro: FGV, 2009.

AMARAL, R. M. do. **O impacto da oferta de crédito bancário no caixa das empresas**. 67 f. Dissertação (Mestrado em Administração de Empresas) – Fundação Getulio Vargas, São Paulo, 2020. Disponível em: <http://bibliotecadigital.fgv.br/dspace/bitstream/handle/10438/28789/Defesa%20Final.pdf?sequence=1&isAllowed=y>. Acesso em: 16 ago. 2021.

AMORIM NETO, A. A.; CARMONA, C. U. De M. Modelagem do risco de crédito: um estudo do segmento de pessoas físicas em um banco de varejo. **Revista Eletrônica de Administração**, Recife, v. 10, n. 4, p. 1-23, jul./ago. 2004. Disponível em: <https://seer.ufrgs.br/read/article/view/41887/26508>. Acesso em: 16 ago. 2021.

ANBIMA. **Código Anbima de regulação e melhores práticas para atividade de private banking no mercado doméstico**. 2010. Disponível em: <https://www.anbima.com.br/circulares/arqs/cir2010000103_C%C3%B3digo%20de%20Melhores%20Pr%C3%A1ticas%20para%20Atividade%20de%20Private%20Banking_20101025.pdf>. Acesso em: 16 ago. 2021.

ANBIMA. **Sistema financeiro nacional e participantes do mercado**. Material de estudos da certificação CPA-10. 2018.

ANDRADE, I. J. F. de. **Avaliação de desempenho financeiro dos bancos digitais e dos bancos tradicionais**. 39 f. Monografia (Bacharelado em Ciências Contábeis) – Universidade Federal da Paraíba, João Pessoa, 2019. Disponível em: <https://repositorio.ufpb.br/jspui/bitstream/123456789/17323/1/IJFA24042020.pdf>. Acesso em: 16 ago. 2021.

ANNIBAL, C. A. **Inadimplência do setor bancário brasileiro**: uma avaliação de suas medidas. Brasília: Banco Central do Brasil, 2009. Disponível em: <https://www.bcb.gov.br/pec/wps/port/wps192.pdf>. Acesso em: 16 ago. 2021.

ARAÚJO, A.; TEIXEIRA, E. M.; LICÓRIO, C. A importância da gestão no planejamento de fluxo de caixa para o controle financeiro de micro e pequenas empresas. **Redeca**, São Paulo, v. 2, n. 2, p. 73-88, jul./dez. 2015. Disponível em: <https://revistas.pucsp.br/redeca/article/viewFile/28566/20053>. Acesso em: 10 nov. 2021.

ARAUJO, M. V. M. de. **Investimento em tecnologia nas instituições financeiras e a influência das fintechs**. 83 f. Dissertação (Mestrado em Economia) – Fundação Getulio Vargas, São Paulo, 2018. Disponível em: <https://bibliotecadigital.fgv.br/dspace/bitstream/handle/10438/24740/DISSERTACAO_MARCOS_ARAUJO_27AGO_2018.pdf?sequence=3&isAllowed=y>. Acesso em: 16 ago. 2021.

ARRUDA FILHO, A. V. **Estudo das relações corporativas entre bancos de atacado e grandes empresas de varejo, no âmbito do Rio Grande do Sul.** 175 f. Dissertação (Mestrado em Administração) – Universidade Federal do Rio Grande do Sul, Porto Alegre, 2003. Disponível em: <http://hdl.handle.net/10183/3949>. Acesso em: 16 ago. 2021.

ASSAF NETO, A. **Mercado financeiro.** 11. ed. São Paulo: Atlas, 2012.

AZEVEDO, H. D. de O. **500 perguntas (e respostas) avançadas de finanças:** para profissionais do mercado. Rio de Janeiro: Elsevier, 2007.

B3 Educação. **Por dentro da B3:** guia prático de uma das maiores bolsas de valores e derivativos do mundo. São Paulo: Associação BM&F, 2017. Disponível em: <http://bvmf.bmfbovespa.com.br/pt-br/download/LivroPQO.pdf>. Acesso em: 2 nov. 2021.

BACEN – Banco Central do Brasil. **Circular n. 3.614, de 14 de novembro de 2012.** Disponível em: <https://www.bcb.gov.br/pre/normativos/circ/2012/pdf/circ_3614_v2_P.pdf>. Acesso em: 16 ago. 2021.

BACEN – Banco Central do Brasil. Departamento de Riscos Corporativos e Referências Operacionais. **Gestão integrada de riscos no Banco Central do Brasil.** Ebook, 2017.

BACEN – Banco Central do Brasil. **Resolução n. 4.598, de 29 de agosto de 2017.** Disponível em: <https://www.bcb.gov.br/pre/normativos/busca/download Normativo.asp?arquivo=/Lists/Normativos/Attachments/50430/Res_4598_v1_O.pdf>. Acesso em: 16 ago. 2021.

BARBOSA, T. C. B. de M. (Coord.). **A revolução das moedas digitais:** Bitcoins e Altcoins. São Paulo: Revoar, 2016.

BARRETO FILHO, O. O crédito no direito. **Revista da Faculdade de Direito**, Universidade de São Paulo, v. 57, p. 204-217, 1962. Disponível em: <https://www.revistas.usp.br/rfdusp/article/download/66404/69014/87791>. Acesso em: 16 ago. 2021.

BASTOS, I. G. O. **DMIF II e a proteção dos investidores:** consultoria para investimento independente. 103 f. Dissertação (Mestrado em Ciências Jurídico-empresariais) – Universidade de Coimbra, Coimbra, 2019. Disponível em: <https://estudogeral.sib.uc.pt/bitstream/10316/90311/1/DMIF%20II%20e%20a%20 prote%C3%A7%C3%A3o%20dos%20investidores%20-%20consultoria%20para%20 investimento%20independente.pdf>. Acesso em: 16 ago. 2021.

BIFANO, E. P. et al. **O mercado financeiro e o imposto sobre a renda**. São Paulo: Quartier Latin, 2008.

BLATT, A. **Avaliação de risco e decisão de crédito**: um enfoque prático. São Paulo: Nobel, 1999.

BLOUNT, J. **Objeções**: como se tornar um mestre na arte e na ciência de superar um não. Tradução de Guilherme Calôba. Rio de Janeiro: Alta Books, 2019.

BM&FBOVESPA. **Introdução ao mercado de capitais**. 2010. Disponível em: <https://centraldefavoritos.com.br/wp-content/uploads/2016/09/mercado-de-capitais.pdf>. Acesso em: 16 ago. 2021.

BOGMANN, I. M. **Marketing de relacionamento**: estratégias de fidelização e sua implicações financeiras. São Paulo: Nobel, 2002.

BONA, A. **Como os bancos diferenciam o atendimento aos seus clientes?** 2012. Disponível em: <https://andrebona.com.br/como-os-bancos-diferenciam-o-atendimento-aos-seus-clientes/>. Acesso em: 16 ago. 2021.

BORGES, P. R. S. A influência da educação financeira pessoal nas decisões econômicas dos indivíduos. In: ENCONTRO DE PRODUÇÃO CIENTÍFICA E TECNOLÓGICA – EPCT, 8., 2013, Campo Mourão. **Anais...** Disponível em: <http://www.fecilcam.br/nupem/anais_viii_epct/PDF/TRABALHOS-COMPLETO/Anais-CSA/ECONOMICAS/04-Pborgestrabalhocompleto.pdf>. Acesso em: 16 ago. 2021.

BOTELHO, D.; GUISSONI, L. Varejo: competitividade e inovação. **Revista de Administração de Empresas**, São Paulo, v. 56, n. 6, p. 596-599, nov./dez. 2016. Disponível em: <https://rae.fgv.br/sites/rae.fgv.br/files/varejo_competitividade_e_inovacao.pdf>. Acesso em: 30 out. 2021.

BRADLEY, H.; HEBSON, G. **Breaking the Silence**: the Need to Re-Articulate "Class". **International Journal of Sociology and Social Policy**, v. 19, n. 9, p. 178-203, Sep. 1999.

BRASIL. Constituição (1988). **Diário Oficial da União**, Brasília, 5 out. 1988. Disponível em: <http://www.planalto.gov.br/ccivil_03/constituicao/constituicao.htm>. Acesso em: 3 nov. 2021.

BRASIL. Decreto-lei n. 73, de 21 de novembro de 1966. **Diário oficial da União**, Poder Executivo, Brasília, DF, 22 nov. 1966. Disponível em: <http://www.planalto.gov.br/ccivil_03/Decreto-Lei/Del0073.htm>. Acesso em: 16 ago. 2021.

BRASIL. Lei n. 8.078, de 11 de setembro de 1990. **Diário Oficial da União**, Poder Legislativo, Brasília, DF, 12 set. 1990. Disponível em: <http://www.planalto.gov.br/ccivil_03/leis/l8078compilado.htm>. Acesso em: 16 ago. 2021.

BRASIL. Ministério da Fazenda. Superintendência de Seguros Privados. **Circular Susep n. 365, de 27 de maio de 2008**. Disponível em: <https://www.cvg.org.br/adm/Legislacao/Circulares/CircSUSEP_365-08_TitCapitalizacao.pdf>. Acesso em: 16 ago. 2021.

BRASILEIRO, A. de F.; MORANDI, T. de A. As forças e estratégias de Michael Porter no ramo audiovisual: estudo de caso de uma produtora de São João Del-Rei (MG). **Revista Iniciacom**, v. 6, n. 1, p. 1-12, 2014. Disponível em: <http://www.portcom.intercom.org.br/revistas/index.php/iniciacom/article/view/1937/1726>. Acesso em: 28 out. 2021.

BRIGHAM, E. F.; HOUSTON, J. F. **Fundamentals of Financial Management**. 4. ed. South-Western: Thompson, 2004.

BRITO, N. R. O. de. **Alocação de ativos em** *private banking*. Porto Alegre: Bookman, 2009.

BRITO, O. **Mercado financeiro**. 3. ed. São Paulo: Saraiva Educação, 2019.

BRITO, O. S. de. Contribuição ao estudo de modelos para controle de gestão em bancos de atacado. **Caderno de Estudos**, São Paulo, n. 11, p. 1-12, jun. 1994. Disponível em: <https://www.scielo.br/j/cest/a/VyTLdP6H6P6YJPnS49WGCmh/?lang=pt&format=pdf>. Acesso em: 16 ago. 2021.

CAMARGOS, M. A. de; BARBOSA, F. V. Fusões, aquisições e *takeovers*: um levantamento teórico dos motivos, hipóteses testáveis e evidências empíricas. **Caderno de Pesquisas em Administração**, São Paulo, v. 10, n. 2, p. 17-38, abr./jun. 2003. Disponível em: <http://jperera.pro.br/site/wp-content/uploads/2017/10/fusaes-aquisicaes-takeovers-fundamentos200325301.pdf>. Acesso em: 16 ago. 2021.

CAOUETTE, J. B.; ALTMAN, E. I.; NARAYANAN, P. **Managing Credit Risk**: the Next Great Financial Challenge. New York: John Wiley & Sons, 1998.

CARRASQUEIRA, S. M. **Consultoria financeira em créditos bancários**: portfólio de estudos de caso. Coimbra: Universidade de Coimbra, 2010. Disponível em: <https://estudogeral.sib.uc.pt/bitstream/10316/14020/1/Relat%c3%b3rio%20final_Stephanie.pdf>. Acesso em: 16 ago. 2021.

CARVALHO, A. P. A. F. de. **Análise do comportamento dos bancos digitais** *versus* **bancos tradicionais quanto ao gerenciamento dos riscos corporativos**. 118 f. Dissertação (Mestrado em Administração Pública) – Instituto Brasiliense de Direito Público, Brasília, 2019. Disponível em: <https://repositorio.idp.edu.br/bitstream/123456789/2548/1/Disserta%c3%a7%c3%a3o_Ana%20Paula%20Alves%20Freire%20de%20Carvalho_ADMINISTRA%c3%87%c3%83O%20P%c3%9aBLICA_2019.pdf>. Acesso em: 16 ago. 2021.

CARVALHO, M. M. de; PALADINI, E. P. (Coord.). **Gestão da qualidade**: teoria e casos. 2. ed. Rio de Janeiro: Elsevier, 2012.

CARVALHO, N. J. de; CRUZ, J. A. S. A venda consultiva e gestão do conhecimento como ferramenta estratégica de negociação. **Comunicação & Mercado**, Dourados, v. 5, n. 12, p. 233-245, jan-jun. 2016.

CARVALHO, R. C. **Inovação no sistema financeiro**: estudo de caso de banco de varejo brasileiro. 113 f. Dissertação (Mestrado em Gestão de Negócios) – Fundação Instituto de Administração, São Paulo, 2019. Disponível em: <https://fia.com.br/wp-content/uploads/2019/05/Rodrigo-Caldoncelli-Carvalho_Vers%C3%A3o-Final_MPROF4.pdf>. Acesso em: 16 ago. 2021.

CASAGRANDE, F. de A. **Atendimento digital**: dinâmica de implantação de um modelo inovador em um banco de varejo. 58 f. Monografia (Bacharelado em Administração) – Universidade de Brasília, Brasília, 2017. Disponível em: <https://bdm.unb.br/bitstream/10483/17876/1/2017_FernandadeArrudaCasagrande.pdf>. Acesso em: 16 ago. 2021.

CASTRO, M. A. de. O processo de vendas no varejo. **Revista Santa Rita**, v. 3, n. 6, p. 57-76, 2008. Disponível em: <https://pt.calameo.com/read/005384636cff9f950980f>. Acesso em: 30 out. 2021.

CASTRO NETO, J. L. de; SÉRGIO, R. S. G. **Análise de risco e crédito**. Curitiba: Iesde Brasil, 2009.

CHAN, B. L. **Risco de subscrição frente às regras de solvência do mercado segurador brasileiro**. 109 f. Tese (Doutorado em Ciências Cotábeis) – Universidade de São Paulo, São Paulo, 2010. Disponível em: <https://www.teses.usp.br/teses/disponiveis/12/12136/tde-17122010-094901/publico/BettyLilianChan.pdf>. Acesso em: 16 ago. 2021.

CHIAVENATO, I. **Administração de vendas**: uma abordagem introdutória. Rio de Janeiro: Elsevier, 2005.

CHIAVENATO, I. **Administração nos novos tempos**. Rio de Janeiro: Elsevier, 2010.

CHIAVENATO, I. **Introdução à teoria geral da administração**: uma visão abrangente da moderna administração das organizações. 7. ed. Rio de Janeiro: Elsevier, 2003.

CLEMENTE, A.; KÜHL, M. R. Intermediação Financeira no Brasil: Influência da taxa de captação sobre a taxa de aplicação. In: CONGRESSO USP DE CONTROLADORIA E CONTABILIDADE, 6., 2006, São Paulo. **Anais** [...]. Disponível em: <https://congressousp.fipecafi.org/anais/artigos62006/236.pdf>. Acesso em: 30 out. 2021.

CNC – Confederação Nacional do Comércio de Bens, Serviços e Turismo. **Pesquisa de Endividamento e Inadimplência do Consumidor (PEIC)**. 2019. Disponível em: <http://cnc.org.br/editorias/economia/pesquisas/pesquisa-de-endividamento-e-inadimplencia-do-consumidor-peic-2>. Acesso em: 16 ago. 2021.

COBRA, M. H. N. **Administração de marketing no Brasil**. São Paulo: Cobra Editora & Marketing, 2003.

COIMBRA, F. **Riscos operacionais**: estrutura para gestão em bancos. São Paulo: Saint Paul, 2007.

CÔNSOLI, M. A.; CASTRO, L. T. e; NEVES, M. F. **Vendas**: técnicas para encantar seus clientes. Porto Alegre: Bookman, 2007.

CONTADOR, C. R. **Economia do seguro**: fundamentos e aplicações. São Paulo: Atlas, 2007.

CORWARE, B. Shop Around for Success. **The Banker**, v. 151, n. 907, p. 202-204, Sep. 2001.

COSTA, R.; SILVA, S. M. de C. Desafios enfrentados por gerentes de agências bancárias. **RECSA – Revista Eletrônica de Ciências Sociais Aplicadas**, Garibaldi, v. 8, n. 1, p. 26-49, jan./jun. 2019. Disponível em: <https://revista.fisul.edu.br/index.php/revista/article/view/97>. Acesso em: 16 ago. 2021.

CVM – Comissão de Valores Mobiliários. **O que é a CVM?** Disponível em: <https://www.gov.br/cvm/pt-br/acesso-a-informacao-cvm/servidores/estagio/2-materia-cvm-e-o-mercado-de-capitais>. Acesso em: 16 ago. 2021.

DANTAS, E. B. A importância da pesquisa para a tomada de decisões. **BOCC – Biblioteca On-Line de Ciências da Comunicação**, p. 1-19, 2013. Disponível em: <http://www.bocc.ubi.pt/pag/dantas-edmundo-2013-importancia-pesquisa-tomada-decisoes.pdf>. Acesso em: 30 out. 2021.

DEMAC – Desarollo Empresarial de Monterrey, A.C. **Programa de impacto a la comunidad**: conviertase en empreendedor. Monterrey: N. L., 1990.

DINIZ, E. H. Evolução e segmentação no perfil dos serviços bancários pela Internet. **Relatório de pesquisa n. 40**, FGV: EAESP, 2004. Disponível em: <https://pesquisa-eaesp.fgv.br/publicacoes/gvp/evolucao-e-segmentacao-no-perfil-dos-servicos-bancarios-pela-internet>. Acesso em: 16 ago. 2021.

DINIZ, E. H.; PORTO, R. M.; ANGULO, M. J. Strategic Differences on Web Use by Corporate and Retail Banks. **Proceedings of the Business Administration Latin America Studies**, 2002.

DINIZ, E. H.; PORTO, R. M.; SANTOS, H. M. dos. Relacionamento virtual via *internet banking*: uma análise de respostas de *e-mail*. **RAC-Eletrônica**, v. 1, n. 1, p. 84-99, jan./abr. 2007. Disponível em: <https://pesquisa-eaesp.fgv.br/sites/gvpesquisa.fgv.br/files/arquivos/diniz_-_relacionamento_virtual_via_internet_banking_uma_analise_de_respostas_de.pdf>. Acesso em: 16 ago. 2021.

DOMICIANO, W. C. et al. Análise das alternativas de aplicações financeiras e investimentos no Brasil. In: ENCONTRO LATINO AMERICANO DE INICIAÇÃO CIENTÍFICA, 10.; ENCONTRO LATINO AMERICANO DE PÓS-GRADUAÇÃO, 6., São José dos Campos. São José dos Campos: Univap, 2006. p. 3044-3047. Disponível em: <http://www.inicepg.univap.br/cd/INIC_2006/epg/06/EPG00000615_ok.pdf>. Acesso em: 16 ago. 2021.

FERRARO, R. A. **Análise conceitual e setorial das fintechs na área de crédito (peer-to-peer lending) e suas perspectivas dentro do sistema financeiro brasileiro**. Monografia (Graduação em Ciências Econômicas) – Universidade Federal do ABC, São Bernardo do Campo, 2018. Disponível em: <https://cmsarquivos.febraban.org.br/Arquivos/documentos/PDF/1%20categoria%20B%20vale%20este.pdf>. Acesso em: 30 out. 2021.

FERREIRA, N. de S. **A importância da gestão do fluxo de caixa no processo decisório das empresas**. 58 f. Monografia (Especialização em Controladoria) – Universidade Federal da Paraíba, João Pessoa, 2003.

FGV THINK AGRO. **Comércio internacional e o agronegócio brasileiro**. Rio de Janeiro: FGV, 2015. Disponível em: <https://bibliotecadigital.fgv.br/dspace/bitstream/handle/10438/17858/Com%C3%A9rcio_Internacional_e_o_Agroneg%C3%B3cio_Brasileiro_Sum%C3%A1rio_Executivo.pdf?sequence=2&isAllowed=y>. Acesso em: 16 ago. 2021.

FIEBIG, E. A.; FREITAS, E. C. de. Canais de atendimento, satisfação e lucratividade de clientes em serviços: um caso bancário. **Revista Eletrônica de Administração**, Porto Alegre, v. 17, n. 3, p. 742-775, set./dez. 2011. Disponível em: <https://www.scielo.br/j/read/a/kkqz9tXvWqT5dLBMM6VTJnM/?lang=pt&format=pdf>. Acesso em: 16 ago. 2021.

FREITAS, M. C. P. de. A evolução dos bancos centrais e seus desafios no contexto da globalização financeira. **Estudos Econômicos**, São Paulo, v. 30, n. 3, p. 397-417, jul./set. 2000. Disponível em: <https://www.revistas.usp.br/ee/article/view/117651/115330>. Acesso em: 16 ago. 2021.

FURTADO, E. de O.; MENDONÇA, V. L. A. de. **Dinâmica competitiva entre bancos tradicionais e bancos digitais no Brasil**: uma perspectiva do cliente. 151 f. Projeto (Graduação em Engenharia) – Universidade Federal do Rio de Janeiro, Rio de Janeiro, 2020. Disponível em: <http://repositorio.poli.ufrj.br/monografias/monopoli10031105.pdf>. Acesso em: 16 ago. 2021.

FUTRELL, C. M. **Vendas**: fundamentos e novas práticas de gestão. Tradução de Cecília C. Bartalotti e Lenke Peres. São Paulo: Saraiva, 2003.

FUTRELL, C. M. **Vendas**: o guia completo. Tradução de Théo Amon e Celso Roberto Paschoa. 12. ed. Porto Alegre: AMGH, 2014.

GAUGHAN, P. A. **Mergers, Acquisitions, and Corporate Restructurings**. 5. ed. New Jersey: John Wiley & Sons, 2011.

GOBE, A. C. et al. **Administração de vendas**. 2. ed. São Paulo: Saraiva, 2017.

GOMES, E. M. de M. **As especificidades e as características jurídico/regulatórias que dão legitimidade aos títulos de capitalização**: uma análise sobre o novo marco regulatório. 68 f. Monografia (Bacharelado em Direito) – Universidade Federal do Ceará, Fortaleza, 2019. Disponível em: <http://www.repositorio.ufc.br/bitstream/riufc/49278/1/2019_tcc_emmgomes.pdf>. Acesso em: 16 ago. 2021.

GOMES, K. de L. **Planejamento financeiro**: levantamento de ferramentas para administradores atuantes em assessoria pessoal financeira. 57 f. Monografia (Bacharelado em Administração) – Faculdade de Educação e Meio Ambiente, Ariquemes, 2018. Disponível em: <http://repositorio.faema.edu.br/bitstream/123456789/2337/1/PLANEJAMENTO%20FINANCEIRO%20LEVANTAMENTO%20DE.pdf>. Acesso em: 16 ago. 2021.

GONÇALVES, A.; KOPROWSKI, S. O. **Pequena empresa no Brasil**. São Paulo: Edusp, 1995.

GUIMARÃES, A. B. da S.; CARVALHO, K. C. M. de; PAIXÃO, L. A. R. Micro, pequenas e médias empresas: conceitos e estatísticas. **Radar Ipea**, n. 55, p. 21-26, fev. 2018. Disponível em: <https://www.ipea.gov.br/portal/images/stories/PDFs/radar/180209_radar_55.pdf>. Acesso em: 16 ago. 2021.

GUIMARÃES, S. R. Seguros de vida: particularidades e mecanismos utilizados pelas seguradoras para minimizar os riscos operacionais. **ConTexto**, Porto Alegre, v. 2, n. 3, p. 1-15, jul./dez. 2002. Disponível em: <https://seer.ufrgs.br/ConTexto/article/view/11602/6827>. Acesso em: 30 out. 2021.

HENS, T.; BACHMANN, K. **Behavioural Finance for Private Banking**. Chichester: John Wiley & Sons, 2012. Disponível em: <https://onlinelibrary.wiley.com/doi/pdf/10.1002/9781118467329.fmatter>. Acesso em: 16 ago. 2021.

HERRERA, L. J. **A economia comportamental e a formação de poupança vinculada a sorteios**: o caso da *prize-linked saving* e dos títulos de capitalização. 82 f. Dissertação (Mestrado em Economia) – Universadade Federal do Rio Grande do Sul, Porto Alegre, 2018. Disponível em: <https://lume.ufrgs.br/bitstream/handle/10183/188409/001086882.pdf?sequence=1&isAllowed=y>. Acesso em: 16 ago. 2021.

KATORI, F. Y. **Impactos das fintechs e do blockchain no sistema financeiro**: uma análise crítico-reflexiva. 33 f. Monografia (Bacharelado em Ciências Contábeis) – Universidade de Brasília, Brasília, 2017. Disponível em: <https://bdm.unb.br/bitstream/10483/19517/1/2017_FernandaYumiKatori.pdf>. Acesso em: 16 ago. 2021.

KEHR, B.; MENDOZA, D. Alternatives for Consolidated Hgih-Net-Worth Wealth Management. **Trusts & Estates**, v. 139, n. 11, p. 30-38, Nov. 2000.

KOHLI, A.; LEITE, J.M; KALACHE, P. Vantagens competitivas: um estudo de caso exploratório em Banco Nacional. **Revista de Administração da Unimep** – Cadernos Discentes Coppead, Rio de Janeiro, n. 5, p. 20-39, 2000.

KONDO, E. K. et al. Marketing de relacionamento e estratégias de fidelização de clientes pessoas físicas. **Revista Angrad**, v. 10, n. 3, jul./ago./set. 2009. Disponível em: <https://raep.emnuvens.com.br/raep/article/view/189/168>. Acesso em: 16 ago. 2021.

KOTLER, P. **Administração de marketing**: análise, planejamento, implementação e controle. Tradução de Ailton Bomfim Brandão. 2. ed. São Paulo: Atlas, 1991.

KOTLER, P. **Marketing de A a Z**: 80 conceitos que todo profissional precisa saber. Tradução de Afonso Celso Cunha Serra. Rio de Janeiro: Campus, 2003.

KOTLER, P.; ARMSTRONG, G. **Princípios de marketing**. Tradução de Cristina Yamagami. 12. ed. São Paulo: Pearson Prentice Hall, 2007.

LABADESSA, L. S.; OLIVEIRA, L. J. de. A importância da qualidade no atendimento ao cliente: um estudo bibliográfico. **Revista Fiar**, Ariquemes, v. 1, n. 1, p. 1-16, 2012. Disponível em: <https://silo.tips/download/a-importancia-da-qualidade-no-atendimento-ao-cliente-um-estudo-bibliografico>. Acesso em: 16 ago. 2021.

LAGIOIA, U. C. T. **Fundamentos do mercado de capitais**. 3. ed. São Paulo: Atlas, 2011.

LAS CASAS, A. L. **Marketing**: conceitos, exercícios, casos. 7. ed. São Paulo: Atlas, 2005.

LEITE, J. C.; CORREIA NETO, J. F. **Decisões de investimentos em tecnologia da informação**: vencendo os desafios da avaliação de projetos de TI. Rio de Janeiro: Elsevier, 2015.

LEVI, B. **História das finanças no Brasil**. Rio de Janeiro: IBMEC, 1973.

LIMA, C. A. R.; CALAZANS, J. de H. C. **Pegadas digitais**: "Big Data" e informação estratégica sobre o consumidor. In: SIMPÓSIO EM TECNOLOGIAS DIGITAIS E SOCIABILIDADE – SIMSOCIAL, 2013, Salvador. **Anais...** Disponível em: <http://gitsufba.net/anais/wp-content/uploads/2013/09/13n2-pegadas_49483.pdf>. Acesso em: 16 ago. 2021.

LINS, K. V.; SERVAES, H.; TUFANO, P. What Drive Corporate liquidity? An International Survey os Cash Holdings and Lines of Credit. **Journal of Financial Economics**, v. 98, n. 1, p. 60-176, out. 2010.

MAIA, V. I. et al. Gestão financeira de micro e pequenas empresas: o setor varejista na região de Pará de Minas. **Synthesis Revistal Digital Fapam**, Pará de Minas, v. 1, n. 1, p. 261-273, out. 2009. Disponível em: <https://periodicos.fapam.edu.br/index.php/synthesis/article/view/19/16>. Acesso em: 16 ago. 2021.

MAKSYMIW, M. M. **Aplicações financeiras de pequenos investidores brasileiros**. 38 f. Monografia (Bacharelado em Ciências Econômicas) – Universidade do Sul de Santa Catarina, Palhoça, 2019. Disponível em: <https://repositorio.animaeducacao.com.br/bitstream/ANIMA/8037/2/Aplic%20Financ%20de%20Peq%20Invest%20Brasileiros.pdf>. Acesso em: 5 out. 2020.

MANICA, L. **O contrato de seguro de vida**. 110 f. Monografia (Bacharelado em Direito) – Universidade Federal do Rio Grande do Sul, Porto Alegre, 2010. Disponível em: <https://www.lume.ufrgs.br/bitstream/handle/10183/26993/000762919.pdf?sequence=1>. Acesso em: 16 ago. 2021.

MARÇOLA, R. G.; GAVIOLA, T. F. J. Gestão de fluxo de caixa através de planilhas eletrônicas. **Universitária – Revista Científica do Unisalesiano**, Lins, ano 6, n. 12, jan./jun. 2015. Disponível em: <http://www.unisalesiano.edu.br/biblioteca/monografias/57473.pdf>. Acesso em: 16 ago. 2021.

MARQUES, F. **Guia prático da qualidade total em serviços**: construindo um futuro melhor para nós mesmos, em nosso país. São Paulo: APMS, 1997.

MARQUES, P. G. **Auxílios de Estado e setor bancário em tempos de crise**. Coimbra: Almedina, 2020.

MARTINS, J. G. F.; LEONE, R. J. G.; LEONE, N. M. de C. P. G. Proposta de método para classificação do porte das empresas. **Connexio**, Natal, ano 6, n. 1, p. 139-155, ago. 2016/jan. 2017. Disponível em: <https://repositorio.unp.br/index.php/connexio/issue/view/79>. Acesso em: 30 out. 2021.

MATARAZZO, D. C. **Análise financeira de balanços**: abordagem básica e gerencial. 5. ed. São Paulo: Atlas, 1998.

MATIAS, A. B.; LOPES JÚNIOR, F. **Administração financeira nas empresas de pequeno porte**. São Paulo: Manole, 2002.

MATTOS, C. A. de; GUEDES, J. V. Análise de uma fintech a partir da taxonomia de serviços. **Brazilian Journal of Business**, Curitiba, v. 1, n. 2, p. 356-369, abr./jun., 2019. Disponível em: <https://www.brazilianjournals.com/index.php/BJB/article/view/2370/2387>. Acesso em: 16 ago. 2021.

MATTOS NETO, P. **A relevância da transformação digital na indústria de *private banking***. 86 f. Dissertação (Mestrado em Administração) – Fundação Getulio Vargas, Rio de Janeiro, 2019. Disponível em: <https://bibliotecadigital.fgv.br/dspace/bitstream/handle/10438/28780/Versa%cc%83o%20para%20publicac%cc%a7a%cc%83o.pdf?sequence=1&isAllowed=y>. Acesso em: 16 ago. 2021.

MATTOSO, C. L. de Q. Classes sociais: uma discussão sobre os conceitos na sociologia e antropologia e sua incorporação ao marketing. **Revista Eletrônica de Ciência Administrativa**, v. 5, n. 2, p. 1-13, nov. 2006. Disponível em: <http://www.periodicos ibepes.org.br/index.php/recadm/article/view/260/179>. Acesso em: 16 ago. 2021.

MENDES, B. de F. et al. Estratégias de relacionamento no segmento bancário: um estudo com um banco do Nordeste do Brasil e seus clientes de micro e pequenas empresas. **REA – Revista Eletrônica de Administração**, v. 16, n. 2, p. 367-386, jul./dez. 2017. Disponível em: <https://periodicos.unifacef.com.br/index.php/rea/article/viewFile/1304/1114>. Acesso em: 16 ago. 2021.

MENDES, J. J. de S. **Bases técnicas do seguro**. São Paulo: Manuais Técnicos de Seguros, 1977.

MIYAZAKI, E. T. **Valuation aplicado ao setor bancário: definição de um modelo de avaliação de bancos**. 79 f. Monografia (Bacharelado em Administração) – Universidade de Brasília, Brasília, 2009. Disponível em: <https://bdm.unb.br/bit stream/10483/774/1/2009_EmersonTetsuoMiyazaki.pdf>. Acesso em: 16 ago. 2021.

MOLINA, W. de S. L. A reestruturação do sistema bancário brasileiro nos anos 90: menos concorrência e mais competitividade? **Revista Intellectus**, São Paulo, ano 2, n. 3, p. 76-95, ago./dez. 2004. Disponível em: <http://www.revistaintellectus.com. br/artigos/3.28.pdf>. Acesso em: 16 ago. 2021.

MORENO, S. M. de B. M. **O bitcoin e seu impacto para a sociedade e para o setor financeiro**. Projeto de Pesquisa (Graduação em Ciências Econômicas) – Universidade do Sul de Santa Catarina, Palhoça, 2017. Disponível em: <https://repositorio. animaeducacao.com.br/bitstream/ANIMA/7997/1/O%20BITCOIN%20E%20 SEU%20IMPACTO%20PARA%20A%20SOCIEDADE%20E%20PARA%20O%20 SETOR%20FINANCIERO.pdf>. Acesso em: 29 out. 2021.

MOUGAYAR, W. **Blockchain para negócios**: promessa, prática e aplicação da nova tecnologia da internet. Tradução de Vivian Sbravatti. Rio de Janeiro: Alta Books, 2018.

NASCIMENTO, I. M. C. do **Efeito do processo de mudança organizacional sobre a qualidade de vida no trabalho**: um estudo de caso em uma Instituição de Ensino Superior no Recife-PE. 104 f. Projeto de Pesquisa (Mestrado em Gestão Empresarial) – Faculdade Boa Viagem, Recife, 2014. Disponível em: <https://silo. tips/download/faculdade-boa-viagem-fbv-trabalho-de-conclusao-de-curso-mestrado-em-gestao-empre>. Acesso em: 16 ago. 2021.

NESELLO, P.; FACHINELLI, A. C. Big data: o novo desafio para gestão. **Revista Inteligência Competitiva**, v. 4, n. 1, p. 18-38, jan./mar. 2014.

NEWLANDS JR., C. A. **Sistema financeiro e bancário**: teoria e questões. 3. ed. Rio de Janeiro: Elsevier, 2011.

NOVAES, R. P.; SANTOS, E. A. dos; LARA, F. L. **Gestão da inadimplência e métodos de cobrança**: um estudo nas instituições bancárias. In: SIMPÓSIO DE CONTABILIDADE E FINANÇAS DE DOURADOS, 8., 2018, Dourados. **Anais...** Disponível em: <https://ocs.ufgd.edu.br/index.php?conference=scf&schedConf= siconf2018&page=paper&op=viewFile&path%5B%5D=556&path%5B%5D=563>. Acesso em: 16 ago. 2021.

PACHECO, J. V. de A.; MORABITO, R. Otimização de fluxos em rede na gestão financeira do caixa: aplicação em uma empresa agroindustrial. **Produção**, v. 20, n. 2, p. 251-264, abr./jun. 2010. Disponível em: <https://www.scielo.br/j/prod/a/w3MgqWjhYkcsJ NnrY7pGwGg/?lang=pt&format=pdf>. Acesso em: 16 ago. 2021.

PAIVA, J. C. N. de; BARBOSA F. V.; RIBEIRO, Á. H. P. Proposta de escala para mensurar o valor percebido no varejo bancário brasileiro. **RAC – Revista de Administração Contemporânea**, Curitiba, v. 13, n. 2, p. 310-327, abr./jun. 2009. Disponível em: <https://www.scielo.br/j/rac/a/9NJX9GF7sPVF8GKnmdfw8kb/?format=pdf&lang =pt>. Acesso em: 16 ago. 2021.

PAULA, S. L. de; ALMEIDA, B. C. Gestão da qualidade dos serviços no setor bancário: um estudo de caso. In: ENCONTRO NACIONAL DE ENGENHARIA DE PRODUCÃO, 36., 2016, João Pessoa. **Anais...** Disponível em: <http://www.abepro.org.br/biblioteca/TN_STO_227_329_30629.pdf>. Acesso em: 16 ago. 2021.

PEREIRA, F.; CAVALCANTE, A.; CROCCO, M. Um plano nacional de capacitação financeira: o caso brasileiro. **Economia e Sociedade**, Campinas, v. 28, n. 2, p. 541-561, maio/ago. 2019. Disponível em: <https://www.scielo.br/j/ecos/a/7dmpbx8Yh LdbQ5bBRf45PLd/?lang=pt&format=pdf>. Acesso em: 16 ago. 2021.

PIMENTEL, B. C. et al. Títulos públicos: uma alternativa de investimento com ganhos reais e seguro. In: SIMPÓSIO DE EXCELÊNCIA EM GESTÃO E TECNOLOGIA, 12., 2015, Resende. **Anais...** Disponível em: <https://www.aedb.br/seget/arquivos/artigos15/28822325.pdf>. Acesso em: 16 ago. 2021.

PINHEIRO, H. M. do S. **A importância do Plano Real no controle da inflação e seus impactos na economia, entre 1994 a 1998.** Projeto de Pesquisa (Bacharelado em Ciências Econômicas) – Universidade do Sul de Santa Catarina – Virtual, São Paulo, 2018. Disponível em: <https://repositorio.animaeducacao.com.br/bitstre am/ANIMA/7960/1/HENRIQUE_MARQUES_DO_SACRAMENTO_PINHEIRO-%5b51410-687-1-773995%5dTCC4.pdf>. Acesso em: 24 set. 2020.

PINTO, A. A. B. **Fintechs**: o futuro dos serviços financeiros no Brasil. 33 f. Monografia (Especialização em Gestão Financeira) – Universidade Tecnológica Federal do Paraná, Curitiba, 2018. Disponível em: <http://repositorio.roca.utfpr.edu.br/jspui/bitstream/1/13784/1/CT_GESFIN_III_2018_02.pdf>. Acesso em: 21 ago. 2021.

PITHAN, V. T. N. **A implantação da unidade de alta renda – escritório** *private* **e a sua relação com as agências de varejo do Banco do Brasil**. 49 f. Monografia (Especialização em Gestão de Negócios Financeiros) – Universidade Federal do Rio Grande do Sul, Porto Alegre, 2007. Disponível em: <https://lume.ufrgs.br/bitstream/handle/10183/14217/000649510.pdf?sequence=1&isAllowed=y>. Acesso em: 16 ago. 2021.

PORTAL DO FOMENTO. **Bradesco reformula seu banco de atacado**. 11 mar. 2019. Disponível em: <http://www.portaldofomento.com.br/noticia.php?id=4971>. Acesso em: 16 ago. 2021.

PORTER, M. E. **Competitive Advantage, Creating and Sustaining Superior Performance**. New York: The Free Press; London: Collier Macmillan, 1985.

PORTER, M. E. **Estratégia competitiva**: técnicas para análise de indústrias e da concorrência. Tradução de Elizabeth Maria de Pinho Braga. 2. ed. Rio de Janeiro: Elsevier, 2004.

PÓVOAS, M. S. **Na rota das instituições do bem-estar**: seguro e previdência. São Paulo: Green Forest do Brasil, 2000.

QUANDT, C. O.; FERNANDES, A. C. C. B. Aplicação do conceito de inteligência competitiva e seu impacto no processo estratégico em organizações do terceiro setor. In: ENCONTRO ANUAL DA ANPAD – ENANPAD, 27., 2003, Atibaia. **Anais...** Disponível em: <http://www.anpad.org.br/admin/pdf/enanpad2003-eso-1810.pdf>. Acesso em: 16 ago. 2021.

RAMOS, R. R. **Experiência do cliente no ponto de venda varejista**. 143 f. Dissertação (Mestrado em Administração) – Universidade Estadual do Ceará, Fortaleza, 2009. Disponível em: <http://www.uece.br/ppga/wp-content/uploads/sites/49/2020/08/Roberto_Ramos.pdf>. Acesso em: 30 out. 2021.

RATTO, L. **Vendas**: técnicas de trabalho e mercado. São Paulo: Senac, 2019.

REIS, D. L.; FORNARI, M. S. B.; MARTINS, E. Finanças pessoais: a importância da educação financeira e a relação com outras áreas de finanças. **Revista Calafiori**, v. 3, n. 1, p. 115-129, jun. 2019. Disponível em: <https://calafiori.emnuvens.com.br/Calafiori/article/view/53/36>. Acesso em: 16 ago. 2021.

RIBEIRO, B. C. de A. **Bancos de atacado na internet**. 2003. Disponível em: <https://pesquisa-eaesp.fgv.br/sites/gvpesquisa.fgv.br/files/publicacoes/bancos_de_atacados_na_internet.pdf>. Acesso em: 16 ago. 2021.

RIBEIRO, H. C. M. Produção acadêmica da área temática mercados financeiro, de Crédito e de Capitais (MFC) divulgada no Anpcont de 2007 a 2016. **Revista Evidenciação Contábil & Finanças**, João Pessoa, v. 5, n. 3, p. 79-98, set./dez. 2017. Disponível em: <https://periodicos.ufpb.br/ojs2/index.php/recfin/article/view/32897/17707>. Acesso em: 16 ago. 2021.

RICARDO, F. A. **Gestão da qualidade total**: a qualidade como valor percebido pelo cliente. 63 f. Monografia (Graduação em Administração) – Faculdade Instituto de Ensino Superior de Bauru, Bauru, 2010.

RIMMER, P. Private Banking: Pushing Forward the Frontiers. **Euromoney**, Supplement: The 2000 Guide to Switzerland, p. 8-9, Mar 2000.

RISSATO, M. **O cliente por um fio**: o que você precisa saber sobre marketing e call center. São Paulo: Nobel, 2004.

ROCHA, T.; POLO, E.; QUADROS JR., A. O uso da estratégia de orientação para o mercado pelo setor bancário: um estudo de caso exploratório em Banco Nacional. **Revista de Administração Unimep**, São Paulo, v. 4, n. 2, p. 91-110, maio/ago. 2006. Disponível em: <https://www.redalyc.org/articulo.oa?id=273720539005>. Acesso em: 16 ago. 2021.

RODRIGUES, A. C. **O emprego bancário no Brasil e a dinâmica setorial (1990 a 1997)**. Dissertação (Mestrado em Economia) – Pontifícia Universidade Católica de São Paulo, São Paulo, 1999.

ROGERS, D. The Future of American Banking: Managing for Change. New York: McGraw-Hill, 1993.

ROMACHO, J. C. P. **Competição na indústria de gestão de ativos financeiros**: análise em diferentes cenários. SEMINÁRIO DE I&DT, 3., 2012, Porto Alegre. Porto Alegre: C3i-IPP, 2012. Disponível em: <https://comum.rcaap.pt/bitstream/10400.26/4068/1/Jo%C3%A3o%20Romacho.pdf>. Acesso em: 16 ago. 2021.

ROSA, S. C. da; MONTARDO, S. P.; KUHN JÚNIOR, N. Empreendedores digitais: a geração millenium frente às novas modelagens de negócios. **Animus – Revista Interamericana de Comunicação Midiática**, Santa Maria, v. 16, n. 32, 2017. Disponível em: <https://periodicos.ufsm.br/animus/article/view/26154/pdf>. Acesso em: 24 set. 2020.

ROSSETTI, J. P. **Introdução à economia**. 19. ed. São Paulo: Atlas, 2002.

ROSS, S. A.; WESTERFIELD, R. W.; JAFFE, J. F. **Administração financeira**. Tradução de Antonio Zoratto Sanvicente. São Paulo: Atlas, 1995.

SAITO, E. S.; HORITA, R. Y. *Business Intelligence* como uma ferramenta de gestão. In: ENCONTRO CIENTÍFICO E SIMPÓSIO DE EDUCAÇÃO UNISALESIANO, 5., 2015, Lins. **Anais**... Disponível em: <http://docplayer.com.br/5779324-Business-inte lligence-como-uma-ferramenta-de-gestao-business-intelligence-as-a-management-tool.html>. Acesso em: 16 ago. 2021.

SANCHEZ, L. O conceito de crédito imobiliário no sistema de financiamento imobiliário. **Revista Juris UniToledo**, Araçatuba, v. 5, n. 3, p. 151-163, jul./set. 2020. Disponível em: <http://www.ojs.toledo.br/index.php/direito/article/view File/3597/631>. Acesso em: 16 ago. 2021.

SANTANA, C. A. M. et al. **Brazilian Agriculture Development and Changes**. Brasília: Embrapa, 2012.

SANTOS, A. M. M. M.; COSTA, C. S. **Características gerais do varejo no Brasil**. 1997. Disponível em: <https://web.bndes.gov.br/bib/jspui/bitstream/1408/7125/2/BS%2005%20Caracteristicas%20gerais%20do%20varejo%20no%20Brasil_P.pdf>. Acesso em: 16 ago. 2021.

SANTOS, E. O. dos. **Administração financeira da pequena e média empresa**. São Paulo: Atlas, 2001

SANTOS, C. da C.; CARNEIRO, E. J. D. M. **Fluxo de caixa como ferramenta de gestão financeira**. Goiânia, 2009.

SANTOS, L. M. dos; FERREIRA, M. A. M.; FARIA, E. R. de. Gestão financeira de curto prazo: características, instrumentos e práticas adotadas por micro e pequenas empresas. **Revista de Administração da Unimep**, v. 7, n. 3, p. 70-92, dez. 2009.

SANTOS, S. dos. **A qualidade no atendimento bancário da agência do Banco do Brasil em Estância (SE)**. 77 f. Trabalho de Conclusão de Curso (Graduação em Administração de Empresas) – Universidade Federal de Sergipe, São Cristóvão, 2017. Disponível em: <https://ri.ufs.br/bitstream/riufs/10228/2/Silvania_Santos.pdf>. Acesso em: 16 ago. 2021.

SCHERMANN, D. **Inteligência de mercado**: o que é e por onde começar. 2019. Disponível em: <https://blog.opinionbox.com/inteligencia-de-mercado/>. Acesso em: 16 ago. 2021.

SCHRICKEL, W. K. **Análise de crédito**: concessão e gerência de empréstimos. 5. ed. São Paulo: Atlas, 2000.

SEBBEN, A. **Mercado financeiro**: produtos mais oferecidos no mercado de renda fixa e variável como referência para composição da carteira de investimentos segundo o perfil dos investidores. 81 f. Monografia (Bacharelado em Ciências Contábeis) – Universidade de Caxias do Sul, Farroupilha, 2011. Disponível em: <https://repo sitorio.ucs.br/xmlui/bitstream/handle/11338/1477/TCC%20Alexandre%20Sebben. pdf?sequence=1&isAllowed=y>. Acesso em: 16 ago. 2021.

SEBRAE – Serviço Brasileiro de Apoio às Micro e Pequenas Empresas. **Participação das micro e pequenas empresas na economia brasileira**. 2014. Disponível em: <https://www.sebrae.com.br/Sebrae/Portal%20Sebrae/Estudos%20e%20Pesquisas/ Participacao%20das%20micro%20e%20pequenas%20empresas.pdf>. Acesso em: 16 ago. 2021.

SEGURA, A. C. **O comportamento do cliente de** *private banking* **em relação aos seus investimentos e benefícios procurados**: uma proposta de segmentação. 226 f. Dissertação (Mestrado em Administração) – Centro Universitário FEI, São Paulo, 2009. Disponível em: <https://repositorio.fei.edu.br/bitstream/FEI/243/1/fulltext. pdf>. Acesso em: 16 ago. 2021.

SHENG, H. H.; CHEN, W. **Caso BBM**: expansão do private banking no Brasil. 2019. Disponível em: <http://bibliotecadigital.fgv.br/dspace/bitstream/ handle/10438/28383/Caso-BBM_Expans%c3%a3o-do-Private-Banking-no-Brasil. pdf?sequence=1&isAllowed=y>. Acesso em: 16 ago. 2021.

SILVA, A. C. et al. Qualidade de vida e endividamento. **Desafio Online**, Campo Grande, v. 8, n. 2, p. 353-377, maio/ago. 2020. Disponível em: <https://desafioonline.ufms.br/ index.php/deson/article/view/9473/7810>. Acesso em: 16 ago. 2021.

SILVA, A. J.; PAIXÃO, R. B.; MOTA, F. L. Planejamento financeiro pessoal: uma abordagem sobre as contribuições da administração financeira na gestão dos recursos pessoais. In: CONGRESSO BRASILEIRO DE CUSTOS, 21., 2014, Natal. **Anais...** Disponível em: <https://anaiscbc.emnuvens.com.br/anais/article/view/3644/3645>. Acesso em: 16 ago. 2021.

SILVA, E. B. da; FISCHER, L. L.; PAULI, M. K. **Controladoria em micro e pequenas empresas**: um estudo de caso. In: SALÃO DO CONHECIMENTO UNIJUÍ; JORNADA DE PESQUISA, 23., 2018, Ijuí. Disponível em: <https://publicacoes eventos.unijui.edu.br/index.php/salaoconhecimento/article/view/10243>. Acesso em: 30 out. 2021.

SILVA, E. R. G. da; OLIVEIRA, T. P. S. de. **Economia do Conhecimento**. Palhoça: Unisul Virtual, 2012.

SILVA, F. A. da et al. Análise da atuação do gerente bancário como líder de equipe em agências do interior paulista. **Refas**, v. 3, n. 4, jun. 2017. Disponível em: <http://www.revistarefas.com.br/index.php/RevFATECZS/article/download/102/122>. Acesso em: 30 out. 2021.

SILVA, J. P. da. **Gestão e análise do risco de crédito**. 3. ed. São Paulo: Atlas, 2000.

SILVA, L. Tomada de decisão baseada em dados (DDDM) e aplicações em informática em educação. In: CONGRESSO BRASILEIRO DE INFORMÁTICA NA EDUCAÇÃO, 4.; JORNADA DE ATUALIZAÇÃO EM INFORMÁTICA NA EDUCAÇÃO, 4., 2015, Maceió. **Anais...** p. 21-46. Disponível em: <https://www.br-ie.org/pub/index.php/pie/article/view/3550>. Acesso em: 30 out. 2021.

SILVA, R. F. da. **200 dicas de cobrança e recuperação de dívidas para reduzir sua inadimplência**. 2. ed. São Paulo: Hedge, 2011a.

SILVA, R. F. da. **Chega de Inadimplência**: cobrança e recuperação de valores. 2. ed. São Paulo: Hedge, 2011b.

SILVA, S. A. da. **O planejamento regional brasileiro pós-Constituição Federal de 1988**: instituições, políticas e atores. 518 f. Dissertação (Mestrado em Geografia) – Universidade de São Paulo, São Paulo, 2014. Disponível em: <https://www.teses.usp.br/teses/disponiveis/8/8136/tde-13012015-190859/publico/2014_SimoneAffonsoDaSilva_VOrig.pdf>. Acesso em: 16 ago. 2021.

SILVA, S. W. et al. O sistema financeiro nacional brasileiro: contexto, estrutura e evolução. **Revista da Universidade Vale do Rio Verde**, Três Corações, v. 14, n. 1, p. 1015-1029, jan./jul. 2016. Disponível em: <http://periodicos.unincor.br/index.php/revistaunincor/article/view/3043>. Acesso em: 30 out. 2021.

SOUSA, A. F. de; CHAIA, A. J. Política de crédito: uma análise qualitativa dos processos em empresas. **Caderno de Pesquisas em Administração**, São Paulo, v. 7, n. 3, p. 13-25, jul./set. 2000. Disponível em: <https://docplayer.com.br/2766273-Politica-de-credito-uma-analise-qualitativa-dos-processos-em-empresas.html>. Acesso em: 16 ago. 2021.

SOUZA, M. D. de. **Gestão financeira**: um estudo de fluxo de caixa da empresa Trich Jeans. Trabalho de Conclusão de Curso (Graduação em Administração) – Universidade do Sul de Santa Catarina, Florianópolis, 2019.

SOUZA NETO, A. F.; FONSÊCA, F. R. B.; OLIVEIRA, P. A. S. Dimensões do relacionamento e variáveis demográficas: uma investigação com base nas opiniões dos clientes de um grande banco brasileiro. In: ENCONTRO NACIONAL DA ASSOCIAÇÃO NACIONAL DOS PROGRAMAS DE PÓS-GRADUAÇÃO EM ADMINISTRAÇÃO, 29., 2005, Brasília. **Anais...** Rio de Janeiro: Anpad, 2005. Disponível em: <http://www.anpad.org.br/diversos/down_zips/9/enanpad2005-mktc-2049.pdf>. Acesso em: 16 ago. 2021.

STAMATO, G. V. G. de A. **Síntese da análise da participação do resultado gerado pela área de** *cash management* **no segmento empresas no 2° semestre de 2006**: um estudo de caso do Unibanco. 75 f. Monografia (Graduação em Administração) – Universidade Federal de Santa Catarina, Florianópolis, 2007. Disponível em: <http://tcc.bu.ufsc.br/Adm293699.PDF>. Acesso em: 16 ago. 2021.

STEHLING, P.; ARAÚJO, M. **Alfabetização financeira**: quanto mais cedo as crianças aprendem a lidar com dinheiro, mais cedo terão independência econômica. 2014. Disponível em: <https://empreendedorcapixaba.files.wordpress.com/2009/12/alfabetizacao_financeira1.pdf>. Acesso em: 16 ago. 2021.

STONER, J. A. F.; FREEMAN, R. E. **Administração**. 5. ed. Rio de Janeiro: Prentice-Hall do Brasil, 1985.

STURMER, A. et al. Comunicação estratégica: públicos de interesse e persona organizacional. **Revista Visão – Gestão Organizacional**, Caçador, v. 8, n. 1, p. 25-43, jan./jun. 2019. Disponível em: <https://periodicos.uniarp.edu.br/index.php/visao/article/view/1728/950>. Acesso em: 16 ago. 2021.

SWIFT, R. **CRM**: Customer Relationship Management – o revolucionário marketing de relacionamento com o cliente. Tradução de Flávio Deny Steffen. 7. ed. Rio de Janeiro: Campus, 2001.

TRINTINALIA, C.; SERRA, R. G. Otimização de uma carteira de fundos de investimento disponíveis à aplicação de recursos dos regimes próprios de previdência social (RPPS), conforme a legislação aplicável. **Revista Ambiente Contábil**, Natal, v. 9, n. 2, p. 277-295, jul./dez. 2017. Disponível em: <https://periodicos.ufrn.br/ambiente/article/view/10808/8606>. Acesso em: 16 ago. 2021.

VARGAS, H. C. O comércio e os serviços varejistas: principais agentes e sua inserção urbana. **Geousp**, v. 8, p. 77-87, 2000. Disponível em: <https://www.revistas.usp.br/geousp/article/view/123484/119764>. Acesso em: 16 ago. 2021.

VICENTE, E. F. R. **A estimativa do risco na constituição da PDD.** 163 f. Dissertação (Mestrado em Controladoria e Contabilidade) – Universidade de São Paulo, São Paulo, 2001. Disponível em: <https://www.teses.usp.br/teses/disponiveis/12/12136/tde-31012002-000545/publico/DissertacaoEFernando.pdf>. Acesso em: 16 ago. 2021.

VIEIRA, F. R. C. **Dimensões para o diagnóstico de uma gestão estratégica voltada para o ambiente de empresas de pequeno porte.** 221 f. Tese (Doutorado em Engenharia de Produção) – Universidade Federal de Santa Catarina, Florianópolis, 2002. Disponível em: <https://repositorio.ufsc.br/xmlui/bitstream/handle/123456789/83066/192604.pdf?sequence=1&isAllowed=y>. Acesso em: 16 ago. 2021.

VIEIRA, J. A. G.; PEREIRA, H. F. S.; PEREIRA, W. N. do A. Histórico do sistema financeiro nacional. **Revista Científica e-Locução**, v. 1, n. 2, p. 146-162, 2012. Disponível em: <http://periodicos.faex.edu.br/index.php/e-Locucao/article/view/102/83>. Acesso em: 16 ago. 2021.

VILLAÇA, M. J. O conceito de liquidez. **Revista de Administração de Empresas**, Rio de Janeiro, v. 9, n. 1, p. 33-53, jan./mar. 1969. Disponível em: <http://bibliotecadigital.fgv.br/ojs/index.php/rae/article/view/40536/39265>. Acesso em: 16 ago. 2021.

WARNER, W. L. **Social Class in America**: the Evaluation of Status. New York: Harper Torchbooks, 1960.

WERTHEIN, J. A sociedade da informação e seus desafios. **Ciência da Informação**, Brasília, v. 29, n. 2, p. 71-77, maio/ago. 2000. Disponível em: <http://revista.ibict.br/ciinf/article/view/889/924>. Acesso em: 16 ago. 2021.

WILLMOTT, H. Theorizing Contemporary Control: Some Post-Structuralist Responses to Some Critical Realist Questions. **Organization**, v. 12, n. 5, p. 747-780, Sep. 2005.

WISNIEWSKI, M. L. G. A importância da educação financeira na gestão das finanças pessoais: uma ênfase na popularização do mercado de capitais brasileiro. **Revista Intersaberes**, Curitiba, v. 6, n. 11, p. 155-170, 2011.

YAMASHITA, R. A. Fatores que motivam as pessoas a procurarem trabalho no setor bancário, assim como os motivos para se manterem ou desistirem de trabalhar nele. **Revista Facthus de Administração e Gestão**, v. 1, n. 1, p. 145, 2016. Disponível em: <http://publicacoes.facthus.edu.br/index.php/administracao/article/view/78>. Acesso em: 16 ago. 2021.

ZACHARIAS, M. L. B.; FIGUEIREDO, K. F.; ALMEIDA, V. M. C. de. Determinantes da satisfação dos clientes com serviços bancários. **RAE Eletrônica**, São Paulo, v. 7, n. 2, jul./dez. 2008. Disponível em: <https://rae.fgv.br/sites/rae.fgv.br/files/artigos/10.1590_S1676-56482008000200002.pdf>. Acesso em: 16 ago. 2021.

ZDANOWICZ, J. E. **Planejamento financeiro e orçamento**. Porto Alegre: Sagra Luzzatto, 2000.

ZEITHAML, V. A.; BITNER, M. J.; GREMLER, D. D. **Marketing de serviços**: a empresa com foco no cliente. Tradução de Felix Nonnenmacher. 6. ed. Porto Alegre: AMGH, 2014.

bibliografia comentada

ASSAF NETO, A. **Mercado financeiro**. 11. ed. São Paulo: Atlas, 2012.

Essa obra oferece uma visão ampla e moderna dos mercados financeiros e de capitais, abordando o funcionamento de suas instituições e operações financeiras e mostrando os principais modelos de avaliação dos ativos negociados e seus riscos. O autor adota como premissa para o estudo dos mercados financeiros um modelo de desenvolvimento econômico baseado principalmente na participação do setor privado. Procura, em essência, esclarecer as seguintes questões: Como funcionam os mercados financeiros? Qual sua participação e importância no desenvolvimento da economia e no contexto de seus diversos agentes? Como são avaliados os instrumentos financeiros negociados no mercado? Como são tomadas as decisões financeiras e estabelecidas as estratégias de investimentos? Como utilizar os mercados financeiros e de capitais na gestão de risco?

BRITO, N. R. O. de. **Alocação de ativos em** *private banking*. Porto Alegre: Bookman, 2009.

Esse livro oferece uma visão renovada sobre uma dimensão importante no mercado financeiro. O autor apresenta os aspectos relevantes nas tomadas de decisão de investimentos em áreas de *private banking*, seguindo as práticas internacionais atuais na prestação de serviços de alocação de ativos. Além disso, discute fundamentos e conceitos relevantes para a gestão de alocação de ativos em geral, e para serviços de *private banking*, em particular.

KOTLER, P. **Marketing de A a Z**: 80 conceitos que todo profissional precisa saber. Tradução de Afonso Celso Cunha Serra. Rio de Janeiro: Campus, 2003.

Philip Kotler revê, nesse livro, os conceitos básicos de *marketing*. Inicialmente, o autor listou 80 conceitos considerados de grande importância em um formato acessível, selecionável e digerível, refletiu sobre esses princípios básicos revendo questões e pensando sobre novas abordagens e informações, produzindo, enfim, um livro que abrange os conceitos de *marketing* sob uma perspectiva atual. O livro é indicado para profissionais de *marketing* ou leitores em geral que desejam atualizar seus conhecimentos sobre as ideias essenciais relacionadas ao *marketing* e conhecer o pensamento mais recente a respeito do *marketing* de alto desempenho.

RATTO, L. **Vendas**: técnicas de trabalho e mercado. São Paulo: Senac, 2019.

O tema *vendas* é um dos mais abrangentes da área comercial. Esse livro trata basicamente do varejo, apresentando os conceitos mais direcionados aos processos de trabalho do vendedor em lojas. A carreira, o mercado, a importância do relacionamento com o cliente e as técnicas de venda são alguns dos assuntos analisados com clareza e atualidade, fazendo do livro um instrumento valioso para aqueles que escolheram a atividade comercial como opção de carreira.

TRANJAN, R. **Os sete mercados capitais**: a jornada para levar a sua empresa a atingir o estado de graça da nova economia. São Paulo: Buzz, 2020.

O mundo corporativo vive em constante desorientação e perturbação, e o resultado tem sido um desgaste intenso para os líderes e suas equipes na busca desenfreada por resultados, uma luta que não cessa e que se torna cada vez mais árdua. Com mais de trinta anos de experiência empresarial, Roberto Tranjan afirma que a maior parte das empresas e dos líderes insiste em atuar na "arena de guerra", um mercado de escassez no qual os esforços são em vão. Segundo o autor, existem mercados prósperos, geradores de lucros superiores e oportunidades esperando ser descobertos e desbravados.

sobre as autoras

Stephanie Freire Brito é graduada em Administração pela Universidade Estadual da Paraíba (UEPB). Atualmente, cursa MBA em Marketing e Inteligência de Mercado e mestrado em Administração, ambos pela Universidade Federal de Campina Grande (UFCG). Já atuou profissionalmente no setor de saúde pública, como encarregada de controle de qualidade em organização industrial e como gestora comercial, e tem experiência na área administrativa, com ênfase em gestão estratégica e *marketing*. No campo científico, tem desenvolvido pesquisas na área de sustentabilidade, estratégia, cidades sustentáveis e indicadores de sustentabilidade, setores produtivos e empresas.

Dayanna dos Santos Costa Maciel é mestre em Administração (2019) pelo Programa de Pós-Graduação em Administração da Universidade Federal da Paraíba (UFPB), área de concentração Administração e Sociedade, e em Recursos Naturais pelo Programa de Pós-Graduação em Recursos Naturais (2014) da Universidade Federal de Campina Grande (UFCG), com ênfase na linha de pesquisa sustentabilidade e competitividade. É graduada em

Administração (2010) pela UFCG. Atuou como pesquisadora do Grupo de Estratégia Empresarial e Meio Ambiente (Geema), cadastrado no diretório de grupos de pesquisa do CNPq, na linha de pesquisa estratégia ambiental e competitividade, com ênfase em modelos e ferramentas de gestão ambiental com foco nos seguintes temas: administração geral e gestão ambiental. Atua como pesquisadora no Grupo de Estudos em Gestão da Inovação Tecnológica (Gegit) da UFCG, cadastrado no diretório de grupos de pesquisa do CNPq, na linha de pesquisa inovação e desenvolvimento regional com foco nos seguintes temas: administração geral, gestão da inovação e desenvolvimento regional.

Os papéis utilizados neste livro, certificados por instituições ambientais competentes, são recicláveis, provenientes de fontes renováveis e, portanto, um meio **responsável** e natural de informação e conhecimento.

MISTO
Papel produzido a partir de fontes responsáveis
FSC® C103535

Impressão: Reproset
Fevereiro/2023